福建省『十三五』
名校长丛书

长善教育

陈利灯　著

厦门大学出版社
XIAMEN UNIVERSITY PRESS
国家一级出版社
全国百佳图书出版单位

图书在版编目(CIP)数据

长善教育/陈利灯著.—厦门:厦门大学出版社,2021.12
(福建省"十三五"名校长丛书/郭春芳主编)
ISBN 978-7-5615-8464-4

Ⅰ.①长⋯ Ⅱ.①陈⋯ Ⅲ.①中学—校长—学校管理 Ⅳ.①G637.1

中国版本图书馆 CIP 数据核字(2021)第 264786 号

出 版 人	郑文礼
责任编辑	郑 丹

出版发行 厦门大学出版社

社 址	厦门市软件园二期望海路 39 号
邮政编码	361008
总 机	0592-2181111 0592-2181406(传真)
营销中心	0592-2184458 0592-2181365
网 址	http://www.xmupress.com
邮 箱	xmup@xmupress.com
印 刷	厦门集大印刷有限公司

开本	720 mm×1 020 mm 1/16
印张	19.25
插页	2
字数	336 千字
版次	2021 年 12 月第 1 版
印次	2021 年 12 月第 1 次印刷
定价	58.00 元

本书如有印装质量问题请直接寄承印厂调换

厦门大学出版社
微信二维码

厦门大学出版社
微博二维码

◎ 总　序

"百年大计,教育为本;教育大计,教师为本。"教师队伍建设是教育质量提升的关键。2018年,中共中央、国务院印发《关于全面深化新时代教师队伍建设改革的意见》,吹响了新时代教师队伍建设改革的集结号,提出教师队伍建设改革的目标是"到2035年,教师综合素质、专业化水平和创新能力大幅提升,培养造就数以百万计的骨干教师、数以十万计的卓越教师、数以万计的教育家型教师"。福建省委、省政府牢记习近平总书记"福建没有理由不把教育办好"的殷切嘱托,以高度责任感、使命感,坚持教育优先发展,始终将建设一支师德高尚、业务精湛、结构合理、充满活力的高素质专业化教师队伍作为基础工作,出台了一系列政策措施,激发广大教师投身教育综合改革的积极性、主动性、创造性。福建省教育厅为打造基础教育高层次领军人才队伍,实施"强师工程"核心项目——中小学名师名校长培养工程,旨在培养一批在省内外享有盛誉的名师名校长,促进我省教育高质量发展。

"十三五"期间,福建教育事业紧紧围绕"新时代新福建"发展战略,坚定不移走以提升质量为核心的内涵发展之路,着力推动规模、质量和效益的协调发展,努力让教育改革发展成果更多地惠及民生,让人民群众有更多的获得感。2017年,省教育厅会同财政厅启动实施了"十三五"中小学名师名校长培养工程,在全省遴选培养100名名校(园)长、培训1000名名校(园)长后备人选、100名教学名师和1000名学科教学带头人。通过全方位、多元化的综合培养,造就一批师德境界高远、政治立场坚定、理论素养深厚、教学能力突出(治校能力突出)、教学风格鲜明(办学业绩卓越)、教育视野宽阔、富有开拓创新精神、在省内外有较大影响力的名师名校长,为培育闽派教育家型校长和闽派名师奠定基础,带动和引领全省中小学教师队伍建设,为推进我省基础教育优质均衡发展、办好人民满意教育,为"再上新台阶、建设新福建"提供有力的人才保障。

为扎实推进福建省"十三五"中小学名师名校长培养工程,保障实现预期培养目标,福建教育学院作为本次名师名校长培养工程的主要承担单位,自接到任务起,就精心研制培养方案,系统建构培训课程,择优组建导师团队,不断创新培养方式,努力做好服务管理,积极探索符合名师名校长成长规律的培养路径,确保名师名校长培养培训任务高质量完成,助力全省名师名校长健康成长,努力将培养工程打造成全省乃至全国基础教育高端人才培养示范性项目。

在培养过程中,我们从国家战略需求、学校发展需求和教师岗位需求出发,积极探索实践以"五个突出"为培养导向,以"四双""五化"为培养模式的基础教育高端人才培养路径。其中"五个突出":一是突出培养总目标。准确把握目标定位,所有培养工作紧紧围绕打造教育家型名师名校长而努力。二是突出培养主题任务。2017年重点搞好"基础性研修",2018年重点突出"实践性研修",2019年重点突出"个性化研修",2020年重点抓好"辐射性研修"。三是突出凝练教学主张(办学思想)。引导培养对象对自身教学实践经验(办学治校实践)进行总结、提炼、升华,用先进科学理论加以审视、反思、解析,逐步凝练形成富含思想和实践价值,具有鲜明个性的教学主张(办学思想)。四是突出培养人选的影响力与显示度。组织参加高端学术活动,参与送培送教、定点帮扶服务活动,扩大名师名校长影响。五是突出研究成果生成。坚持研训一体,力促培养人选出好成果,出高水平的成果。

"四双":一是双基地培养。以福建教育学院为主基地,联合省外高校、知名教师研修机构开展联合培养、高端研修、观摩学习。二是双导师指导。按照理论联系实际原则,为每位培养人选配备学术和实践双导师。三是双渠道交流。参加省内外及境外高端学术交流活动,积极承办高水平的教学研讨活动,了解教育前沿情况,追踪改革发展趋势。四是双岗位示范。培养人选立足本校教学岗位,同时到培训实践基地见学实践、参加送培(教)活动。

"五化"：一是体系化培养。形成"需求分析—目标确定—方案设计—组织实施—效果评估"的培养链路，提高培养专业化、精细化、科学化水平。二是高端化培养。重视搭建高端研修平台，采取组织培养人选到全国名校跟岗学习、参加国内高层次学术会议和高峰论坛、承担省级师训干训教学任务等形式，引领推动名师名校长快速成长。三是主题化培养。每次集中研修，都做到主题鲜明、内容聚焦，坚持问题导向和结果导向，努力提升培养的针对性和实效性。四是课题化培养。组织培养对象人人开展高级别课题研究，以提升理性思维、学术素养和科研水平，实现从知识传授型向研究型、从经验型向专家型的转变。五是个性化培养。坚持把凝练教学主张（办学思想）作为个性化培养的核心抓手，引导培养人选提炼形成系统的、深刻的、清晰的教育教学"个人理论"。

通过三年来的艰苦努力，名师名校长培养工作取得了显著成效，积累了丰硕成果，达到了预期目标。名校长培养人选队伍立志有为、立德高远的教育胸襟进一步树立，办学理念、政策水平和管理能力进一步提升，立功存范、立论树典的实践引领能力进一步提高，努力实现名在信念坚定、名在思想引领、名在实践创新、名在社会担当。名师培养人选坚持德育为先、育人第一的教育思想进一步树立，教书育人责任感、使命感和团队精神进一步强化，教育理论素养进一步提升，先进教育理念进一步彰显，教育教学实践和创新能力进一步增强，独特教学风格和教学主张逐步形成，教育科研和教学实践均取得了丰硕成果。一是专项研究深。围绕教学主张或教学模式出版了 38 部专著。二是成果级别高。84 位名校长人选主持课题 130 项，其中国家级 6 项；发表 CN 论文 239 篇，其中核心 16 篇；53 位名师培养人选主持省厅级及以上课题 108 项，其中国家级 7 项；发表 CN 论文 261 篇，其中核心 81 篇。三是奖项层次高。3 位获 2018 年教育部基础教育国家级教学成果奖二等奖；15 人获得 2017 年、2018 年福建省基础教育教学成果奖，其中特等奖 3 位、一等奖 7 位、二等奖 5 位；1 位评上国家级"万人计划"教学名师；34 位培养人选评上正高级职称教师；13 位获"特级教师"称号；2 位获"福建省优秀教师"称号。四是辐射引领广。开设市级及以上公开课、示范课 203 节；开设市级及以上专题讲座 696 场；参加长汀帮扶等"送培下乡"活动 239 场次；指导培养青年骨干教师 442 人。

教育是心灵的沟通，灵魂的交融，思想的碰撞，人格的对话，名师名校长应该成为教育的思想者。在我省名师名校长培养对象即将完成培养期时,福建教育学院培养基地组织他们把自己的教学(办学)思想以著作的形式呈现给大家,并资助出版了"福建省'十三五'名校长丛书""福建省'十三五'名师丛书",目的就是要引领我省中小学教师进一步探究教育教学本质,引领我省中小学校长进一步探究办学治校的规律,使名师名校长培养对象成为新时代引领我省教师奋进的航标,成为办人民满意教育的先行者。结束,是下一阶段旅程的开始,希望我省名师名校长培养对象不忘立德树人初心,牢记为党育人、为国育才使命,积极投身新时代新福建建设,为福建教育高质量发展再建新功。是为序。

福建教育学院党委书记、教授、博士

郭春芳

2020 年 8 月

深耕教育园地,洞见真理光芒

近日,读到福建省尤溪县第七中学陈利灯校长寄来的《长善教育》稿样。陈校长很客气,请我作序。从内心说,我离开学校多年,这个任务对我来说真有点"战战兢兢"。陈校长1987年从福建师范大学毕业从事教育工作,深耕于尤溪一中、尤溪职业中专、尤溪七中、尤溪县教师进修学校等校园,历任科任教师、班主任、教导主任、副校长、校长,其对教育的理解、感悟、业绩,都非常人能及。但鉴于朋友之缘,盛情难却,恭敬不如从命。

我读了一遍《长善教育》,觉得这真是一本好书。

一是教育思想正确、深刻。全书贯穿了党的十八大、十九大以来党中央关于要把立德树人作为教育根本任务的要求。陈校长用生动的个人学习经历和教育生活中的典型事例,深入浅出地阐述了教书和育人的关系;阐述了向善、求善的原则和途径;阐明了"只有关注生命,关注生活的教育才能真正做到摆脱外在力量的束缚和功利性"。

二是理论阐述恰到清如许。全书在理论阐述部分,做到古为今用,洋为中用,引经据典且恰到好处,有清如许。"长善"概念,出自《礼记·学记》:"教也者,长善而救其失者也。"善心,即是本心,包括孟子所说的恻隐之心,羞恶之心,辞让之心和是非之心。王阳明在贵州龙场悟出:"圣人之道,吾性自足,向之求理于事物者误也。""见父自然知孝,见兄自然知悌,见孺子入井自然知恻隐,此便是良知,不假外求。"长善教育的理论和实践与王阳明龙场悟道一脉相承。善心是人的天性使然,教育的使命是启发诱发人的善心,教育者首先是育人,通过教育使受教育者全面发展。

三是理论与实践紧密结合。长善教育思想的提出,首先是来自著者教育和学习实践,来自校园,来自一起工作的教师和学生,并用于指导教育教学实践,指导学校管理、队伍建设、课堂教学等教育教学过程,因此具有推广价值,具有指导性和可操作性。

　　中国古代教育家、思想家孔子一生热爱教育，从事教育事业，在人类历史上第一次提出并践行了有教无类、因材施教、学思结合、启发式等伟大的教育思想、教育原则、教育方法，"弟子三千、贤人七十二"，受到全中国人民乃至全世界人民的尊敬。苏联教育家苏霍姆林斯基，一生在帕夫雷什中学从事教育工作，践行并研究教育、教师、学生，被人们称为"教育思想泰斗"。他的书被称为"活的教育学""学校生活的百科全书"，他所领导的帕夫雷什中学被列为世界上最著名的学校之一。孔子、苏霍姆林斯基之所以能有这么高的成就，原因之一就在于他们终身从事教育事业，无论是受到大千世界的诱惑还是艰难困苦的磨炼，始终不改初心。我的理解，成为教育家不是仅靠理论、说教，不是靠搬教条，更主要的是躬耕于校园，融入教师、学生之中，实践、研究、总结、提炼，才能为后人留下有意义的思想和精神文化。

　　千千万万的教育工作者年轻时怀揣梦想、满怀激情走进校园，可是若干年以后，很多人平平庸庸、碌碌无为，感到苦闷、彷徨，究其根本，是没有把教师职业升华成事业。陈利灯校长，坚韧不拔、知难而进、求真务实，几十年坚持做一件事，走教育科研之路，走教育家成长之路。从岗位职责来看，无怨无悔；从人生成就来看，留下了自己的思考和求索，值得我们借鉴和学习。

　　2016 年，我参加教育部全国义务教育发展基本均衡督导检查，有幸到福建尤溪结识了陈利灯校长，后又有幸受陈利灯校长之邀到尤溪七中作《孔子的教育思想和当代教育》的讲座，考察了尤溪七中。陈利灯校长的高尚品格和治学精神以及尤溪七中的勃勃生机，在我心中留下了深刻的印象。现在，再读此书，感到陈利灯校长从事的工作和研究都已实现了新的跨越，他的视野和思考根植于尤溪，走向了更为广阔的空间。

陈仕儒

2020 年 12 月 15 日于贵阳

◎ 前　言

明朝哲学家王守仁在《答顾东桥书》中说："学校之中,惟以成德为是。"尽管立德树人这一教育的根本任务已经成为全社会的共识,但是,仍有一些学校以中考和高考指挥棒为由,让许多从事教育教学和学校管理的人无法淡定,急功近利地选择"简单而且高效"的应试教育,仍然热衷于功利地强调智力技能教育,片面追求名校和高考的升学率;有些学生也仅以考高分、上名校、求技能、找"钱"途为能事;有些家长一味强求孩子成龙成凤以光耀门楣,忽视孩子立德、做人、成人的教育目标。立德树人从来都是学校的首要工作,思想品德教育则是学校办学的灵魂所在,离开德育的教学不仅会失去方向,更会失去动力;没有动力,即使绞尽脑汁采用再多的办法,提高教育教学质量也难以实现。那么,要取得优异的教学质量,到底有没有科学的办法呢?我认为一定有,而且必须有,这是党和国家的要求,也是新时代的要求,更是教育规律之所在。

习近平总书记在全国教育大会上强调:"教师是人类灵魂的工程师,是人类文明的传承者,承载着传播知识、传播思想、传播真理,塑造灵魂、塑造生命、塑造新人的时代重任。"明确指出:"培养什么人,是教育的首要问题。我国是中国共产党领导的社会主义国家,这就决定了我们的教育必须把培养社会主义建设者和接班人作为根本任务,培养一代又一代拥护中国共产党领导和我国社会主义制度、立志为中国特色社会主义奋斗终身的有用人才。"习近平总书记的重要讲话高屋建瓴,为广大教育工作者指出了教育工作的目标和使命。

2019 年 10 月 27 日,中共中央、国务院印发的《新时代公民道德建设实施纲要》明确指出:"把立德树人贯穿学校教育全过程。学校是公民道德建设的重要阵地。要全面贯彻党的教育方针,坚持社会主义办学方向,坚持育人为本、德育为先,把思想品德作为学生核心素养、纳入学业质量标准,构建德智体美劳全面培养的教育体系。"《新时代公民道德建设实施纲要》强调,加强公民道德建设、提高全社会道德水平,是全面建成小康社会、全面建设社会主义现代化强国的战略任务,是适应社会主要矛盾变化、满足人民对美好生活向往的迫切需要,是促进社会全面进步、人的全面发展的必然要求。因此,积极探索学生的良好品德的养成和全面发展的有效途径,是新时代教育教学必须解决的迫切问题。

对于身处教育教学一线的我们来说,新时代的德育工作,应当严格按照习近平总书记提出的教育的根本任务和使命,紧紧围绕党和国家新时代公民道德建设要求,自觉对标习近平总书记提出的"培养德智体美劳全面发展的社会主义建设者和接班人"的新要求,更加积极主动地探索学生德育的有效途径。目前,已经有很多开展基础教育的学校和老师用自己的德育实践探索,证明了不仅有培养学生良好品德和全面发展的有效途径,而且正是这些有效途径使教育教学质量得以全面提升。也就是说,通往教学高质量的途中一定有一条绿色通道,这条绿色通道就是遵循人的成长规律的德育路径——明方向,强动力。

尤溪县第七中学(以下简称"七中")在教育教学实践中,自觉以习近平总书记在全国教育大会上的重要讲话精神和中共中央、国务院印发的《新时代公民道德建设实施纲要》为指针,坚持立德树人,以"超越自我,追求至善"为校训,建设优良校风;用校训励志,积极营造有利于学生修德立身的良好氛围,倡导实践长善教育,开发长善教育系列课程,发现学生的善心和特长,挖掘学生的潜能,发展学生的长处,推进学生德智体美劳全面发展,促进学生道德品质的提升和良好行为习惯的养成,造就学生成为社会主义建设者和接班人。

本书旨在以习近平新时代中国特色社会主义思想为指导,以让师生过有成长体验的教育生活为使命,落实立德树人这一根本任务,探讨长善教育的理论依据、文化建设、管理制度、课堂教学、教师成长、课程方案、家校共育等学校发展的核心内容,探索引导学生做社会主义核心价值观的积极践行者和时代新人的教育教学途径。

由于才学粗浅,本书不足之处,祈请方家批评指正。

陈利灯

2020 年 3 月

目　录
CONTENTS

第一章　走进长善教育

关于什么是教育，德国哲学家雅斯贝尔斯和美国教育家菲利普·W.杰克森都各写了一本以《什么是教育》为书名的书。在网络上，搜索"什么是教育"，更是多达上亿条信息。真可谓"横看成岭侧成峰""一千个读者心中就有一千个哈姆雷特"。综观各种表述，笔者认为，我们的先哲对于教育的理解更加精练，更加精准，更加科学。那就是《礼记·学记》对教育的解释："教也者，长善而救其失者也。"把教育的本质归纳为长善、救失。近代许多教育名家，也对教育作出：是点燃，是唤醒，是生长等的解释，笔者认为都没有超越我们先哲的提炼。

第一节 长善教育的缘起

提出"长善教育"办学思路,第一是缘于对学校办学历史的梳理及现状的思考,第二是与全国新教育实验的结缘,第三是对教育根本任务——立德树人的理解,第四是新时代对教育本质的呼唤。

一、满目山河增感慨——对学校办学现状的思考

尤溪七中坐落在宋代著名理学家、教育家朱熹的诞生地——尤溪县城关水南。学校创办于 1985 年 3 月,1993 年 1 月成为省三级达标学校,2001年 3 月晋升为省二级达标学校。2016 年 9 月迁址城关西苑教育村。

笔者于 2011 年 8 月任该校校长。此前,学校提出,以"办永续发展之校,育追求成功之人"为办学目标,坚持"管理立校、质量兴校、科研强校"的办学思路,倡导"人人做追求成功之人"的办学理念。多年来,凭着"敢于吃苦、敢于挑战、敢于创新、敢于成功"的精神,迎难而上,奋力拼搏,学校形成了"勤奋、严谨、求实、进取"的优良校风。

时过境迁,受教育大环境的影响,学校办学削弱了对教育的真谛——真、善、美的追求,尤其是"求善"被忽视已久。一段时期以来,人们更多地强调教育既是一门科学,又是一门艺术,因此,很少有人关注教育中的善。正是这种忽视,使教育从一定意义上丧失了"根",从而把注意力集中到了"花"与"果"上,才有了应试教育的盛行。

应试教育表现在教师身上,就是把教育简单为教学,继而又把教学简单为教书,直至把教书再简单为教题,最为致命的是,教师实际上不懂得教题,因为,教师在资讯如此发达的时代,已经不会命题。

应试教育表现在学生身上,就是只读要考试的书,学习方法简单化为"刷题",而且还不知道所"刷"的题到底有没有用。

教育缺乏对善的关注,还忽视了教育作为"生活世界"的存在。有"生活世界"的教育是立足于人的生长性,关注学生发展的真实需要,力求创造更加丰富多彩的生活,并通过对生活视野的开拓,改造和完善人性。只有

关注生命、关注生活的教育才能真正做到摆脱外在力量的束缚和功利性。

教育缺乏对善的关注，还从根本上忽视了德育。北宋历史学家司马光主持编纂的《资治通鉴·周纪》指出"才者，德之资也；德者，才之帅也"。意思是说，所谓的才学，是道德的资本；所谓的德行，是才学的主帅。这其实是说，个人的道德素质，要比个人的才学更重要。所以，培养人才，首先是培养思想品质和道德水平，然后才是培养知识、技能水平。人无德不立，育人的根本在于立德。

总之，缺乏善的教育，不用说"求美"，连"求真"的影子都已难以寻觅了，这种教育弊端在现实中已经暴露无遗，后患无穷。因为善是教育的"根"，唯有对善"根"勤勉呵护，才有真"枝"与美"叶"需要爱护，也才有最终的真善美之"果"。追求至真至善至美乃是教育的至高境界。如果教育没有了善，真和美也就没有了根基，没有了归宿。

二、只缘身在此山中——对自我成长过程的反思

笔者十分相信成长是人生最快乐之事，能一直感受自己的成长是人生最大的财富。以下是笔者的成长历程及感悟，助推了长善教育的发起。

笔者上小学一年级时，与同伴上山玩，捡了一根木棍带回家，当晚得到两个蛋作为奖励，母亲说这是对笔者第一次劳动的奖励，正是这一奖励，让笔者从此不能说喜欢上，至少是愿意去砍柴，周日、假期基本上都去砍柴，直到大学毕业那一年。

上初三之前，笔者对学习根本没有感觉，更不用说有什么目标，一直被分在"差"班。初二结束时，因为数学稍好一点，上初三时，被数学老师也是"好"班的班主任调到了"好"班，因为这个激励，笔者感觉到要学习，并开始投入学习。

初三这一年，笔者尽管很努力，但还是感觉难以考上一中，因此，一直都比较胆小的笔者，在中考前，居然还会壮着胆子去找班主任蒋连生老师，他也是教务处主任。笔者问："蒋老师，今年我很努力，但可能考不上一中，如果考不上，能否让我再读一年？"蒋老师很爽快地答应可以。老师的允诺，又给笔者增添了信心，更为重要的是，中考进考场一点都不担心，因为考不上还可以复读，因此，可以说在考场上是百分百发挥出了水平，结果考上了一中。被一中录取使笔者再次受到鼓励，到一中学习就更加勤奋。笔者是当年福建省最后一届高中读两年就可以参加高考的，以后的学生都要

读完高三才能参加高考,因此,高中学习两年后,笔者走进高考考场的想法又是今年考不上,明年就接着读高三,结果考上了福建师范大学化学系。

1987 年,笔者分配到尤溪一中教书,校长是笔者中学化学老师张烺光,他爱人游梅英老师又恰好成为笔者到一中任教高一化学的学科指导老师,他们一直都鼓励并引导笔者向优秀教师学习,多听课、多解题。遵循他们的教导,结果让笔者有机会从高一教到高三,而且教学成绩优异。在尤溪一中任教 8 年,其中教了 4 年高三。

1995 年,笔者调到尤溪县教师进修学校当办公室主任兼初中化学教研员,是进修学校原校长刘显华亲自到尤溪一中做笔者的思想工作后才去的,一待就是 8 年,没有读什么书,更没有写什么文章,就读了一个福建师范大学教育学硕士。

2003 年,笔者调到尤溪职专(六中)任副校长,分管教学,才开始读书,写讲话稿,一直坚持到现在。曾经最怕写作,逐渐地开始不怕,从写得慢开始逐渐快了起来,这种感受其实坚持 3 年就有了。

2007 年 12 月,笔者调任尤溪一中副校长,分管后勤,教一个生源最好的班级,才教了一年半,2009 年 12 月调尤溪进修学校当校长,20 个月后,2011 年 8 月又调到尤溪七中任校长。

笔者的成长经历很普通,因为笔者受到的启蒙太迟,能力也很有限,但笔者真切地感受到了自己的成长过程,这个过程使做教育的笔者有四点较为深刻的感悟。

(一)在鼓励中健康成长

首先是得到母亲的鼓励,笔者的父亲连自己名字都不会写,母亲会识的字也屈指可数,但正是她,让笔者感悟到知识与文化的区别,她知识不多,但她有点文化,包括激励文化、礼仪文化、敬畏文化等,而且懂得传承,懂得鼓励,懂得放手。之后是得到老师、校长、同事、专家等的鼓励。因此对德国著名的教育家第斯多惠说的"教育就是激励、唤醒和鼓舞"感同身受。

鼓励的反义词应该是打击,打击最常用的方式就是指责与谩骂。在参加国家心理咨询师考级培训及考级后,笔者更加感受到最有效促进人成长的方式就是激励。相反,指责、谩骂是最无效的方式,甚至起反作用。沟通才是解决所有问题的绿色方式。

（二）在吃苦中健康成长

小时候生活的艰苦、劳动的辛苦，笔者现在回想起来，真感觉都是财富。笔者至今，一不会在意伙食的好坏，二做事没有觉得辛苦，因为特别会吃苦，所以脸上基本没有"苦"了。

（三）在渐进中健康成长

遵循人的成长规律，从底层做起，一步一个脚印，踏踏实实走过来很重要。笔者从普通老师、班主任做起，学校安排做什么就做什么，从不拒绝，更不报怨。在尤溪一中做副段长、团委副书记、少先队总辅导员等都没有什么待遇，但只要是学校安排的都做。从中层副职做到现在校长，没有跳级，每一个级别的上升，也都是有领导认为可以胜任了，从没有去找过什么关系。

（四）在坚持中感受成长

笔者非常赞同作家刘震云总结的，如果一个人既不傻也不很聪明，那这一辈子就只能做一件事。所以，笔者就专心做教育。韩国首尔大学金兰都教授写的一本书叫《因为痛所以叫青春》，在书中他结合自己的成长总结了一个让自己有小成就的"1＋1"法则，即每天用一小时做一件事，坚持一年，就能取得小成就。金教授自己在1986年坚持每天抽出一小时背诵英文单词，再读一些英文时事报刊。神奇的是，对其他事情慵懒无比的他，竟然足足坚持了一年时间。那段时间，他的英语水平可谓突飞猛进。所以在写这本书时，他说："1986年，一天一个小时的投资，一直养活我至今。"当然，如果你想成为精英，那就要坚持"3＋10"法则。

因此，笔者感受到"鼓励、吃苦、渐进、坚持"是做教育的人应当敬畏的四个词，对这四个词敬畏的背后应该就是相信人的无限潜能，充分发现人的善根。

三、一经相遇心相随——与全国新教育实验结缘

2002年，笔者时任尤溪县教师进修学校化学教研员兼办公室主任，在网络上偶遇"教育在线"，认识了朱永新、卢志文等新教育的旗手，他们对教育本质的执着憧憬和不懈追求深深地感染了笔者，使笔者当时就闪过一个

念头,如果以后有机会做校长就义无反顾地做新教育。

2003 年,笔者调任尤溪职业中专学校(尤溪县第六中学)任副校长,分管教学。新教育的读写理念,引领笔者开始了读书写稿,即写讲话稿,包括面对学生、家长、老师等的讲话稿,坚持做到先写再讲,刚开始讲就是照着读。之所以照着读,是因为当时的想法很质朴,就是做有准备的事,讲自认为有用的话,不说废话。后来逐渐过渡到先写后脱稿说,就因为有人说过:"如果你讲的东西自己都记不住,就别指望别人记住。"通过几年的坚持,最大的感悟就是,书读多了不一定爱写,但写多了就会爱读;也常常感受到"昨夜江边春水生"给自己的教育教学与管理工作带来"此日中流自在行"的得心应手;也还感受到人的精神成长离不开读写,读写能够滋养人的善根,让善杆不断壮大、善叶更加茂密。

2007 年,笔者调任尤溪县第一中学任副校长,继续读写。2009 年,调任教师进修学校任校长,要求所有教研员建博客写博文和周工作日志,要求教研员要带头进行专业读写。

2011 年 9 月,笔者调任尤溪七中任校长,到任后,首先推进的一项重要工作就是创建书香校园。2012 年春季开学初举行了隆重的书香校园创建启动仪式,并从同读一本书开始做起,同时向全国新教育研究院递交了加盟申请报告;同年 7 月,在山东临淄的全国新教育实验第十二届研讨会上,尤溪七中被吸纳为全国新教育实验学校。2013 年 7 月,在浙江萧山召开的全国新教育实验第十三届研讨会上,七中被授予"全国新教育优秀实验学校";七年级林锋老师的"追梦班"荣获全国新教育实验"十佳教室"提名奖。2018 年 7 月,在成都的全国新教育实验第十八届年会上,笔者被授予全国新教育实验年度十佳智慧校长。

全国新教育实验是以教师专业发展为起点,以十大行动为路径,以帮助师生共同过一种幸福完整的教育生活为使命的教育实验,十大行动分别是"营造书香校园、师生共写随笔、聆听窗外声音、培养卓越口才、构筑理想课堂、建设数码社区、研发卓越课程、缔造完美教室、推进每月一事、家校合作共育",这些行动都能促进人的长善。我们还通过举办隆重的"教师专业成长月"和"班主任节"活动,让师生共同展示"长善"成果,有力促进师生的共同成长,至今已经举办了 8 届。对全国新教育实验的追随与实践,正是七中借力全国新教育实验,扎实开展"长善教育"的实践。

四、众星烁烁环北辰——长善教育与立德树人

党的十八大进一步明确了"立德树人是教育的根本任务",党的十九大又进一步强调了"落实立德树人根本任务"。从党的十九大提出的"培养德智体美全面发展的社会主义建设者和接班人",再到全国教育大会提出的"培养德智体美劳全面发展的社会主义建设者和接班人",习近平总书记着眼新时代中国特色社会主义教育要求,不断调整立德树人的育人目标,进一步丰富了立德树人的时代内涵,为学校的德育工作指明了方向。习近平总书记在2018年的全国教育大会上强调:"要把立德树人融入思想道德教育、文化知识教育、社会实践教育各环节,贯穿基础教育、职业教育、高等教育各领域,学科体系、教学体系、教材体系、管理体系要围绕这个目标来设计,教师要围绕这个目标来教,学生要围绕这个目标来学。凡是不利于实现这个目标的做法都要坚决改过来。"在新时代,立德树人的最终目标是"培养德智体美劳全面发展的社会主义建设者和接班人"。"长善教育"的最高层次,与党的十九大提出的立德树人的最终目标相一致,是让学生德性"止于至善",是"培养德智体美劳全面发展的社会主义建设者和接班人"。长善教育就是朝着这个目标出发,立学生之德,长学生之善,正学生之行,成学生之才。

长善教育,首先要长教师之善,正教师之行。长教师之善,就是要以习近平新时代中国特色社会主义思想为指导,以习近平总书记提出的有理想信念、有道德情操、有扎实学识、有仁爱之心的"四有"好老师为目标,坚持读书写作、坚持有思考的行动、坚持实践反思,从而不断增强理想信念、提升道德情操、扩充扎实学识、增长仁爱之心。正教师之行,就是要做习近平总书记提出的"四个"引路人——学生锤炼品格的引路人,学生学习知识的引路人,学生创新思维的引路人,学生奉献祖国的引路人;正教师之行,还要做到习近平总书记强调的"四个相统一",即坚持教书和育人相统一,坚持言传和身教相统一,坚持潜心问道和关注社会相统一,坚持学术自由和学术规范相统一,从而以德立身、以德立学、以德施教。长教师之善,才能正教师之行,从而以"四个相统一"的要求做实学生的"引路人",其中,理想信念是根本,道德情操是前提,扎实学识是基础,仁爱之心是关键。一名优秀的老师,能够引领学生树立正确的世界观、价值观和人生观,见其长而助其善,培育出杰出人才,推动国家发展,为社会和人类做贡献。康有为说

过,"师道既尊,学风自善",意思是说,如果大家都遵从师道,学风自然就会好,这句话深刻道出了教师道德素养的重要性。只有坚持长教师之善,正教师之行,建设一支德才兼备的教师队伍,才能落实好"立德树人"的根本任务,才能培养出一代又一代品学兼优的人才,培养出担当民族复兴大任的时代新人,助力实现中华民族伟大复兴中国梦。

长善教育做好"立德树人",主要从以下四方面抓起:第一,牢固树立"以人为本"的教育理念。尊重人、相信人是"以人为本"的基础,关心人、赞美人是"以人为本"的落实,激励人、发展人是"以人为本"的最高境界。以教师发展为本,就是让教师在学校感受到自我的价值,激发主观能动性,忘我地投入工作;以学生成长为本,就是要平等对待、尊重、理解每一个学生,要教会学生做人,让学生成为健康、快乐、有理想、有志向、会学习的人才。第二,坚持把先进的理念变成明明白白的工作要求。抓"立德树人",就要牢牢抓住养成教育主线,要在常规方面抓"好"、在细节方面从"严"、在过程方面求"实";要从大处着眼,从小处入手,注重高标准、低起点、严要求、重落实。第三,积极营造良好的育人氛围。以活动教育人,做到年年有主题,期期有创新;以文化熏陶人,用无处不在的校园文化标示,展现出学校"长善教育"的文化特色,让师生在工作、学习和生活中铸就自己的灵魂和人格。第四,扎实构建多彩课程体系。立足学生发展核心素养,依托国家课程,构建面向所有学生的丰富多样的课程体系。为了提高学生的审美情趣、艺术修养、心理素质、协作精神、创新创造能力和社会适应能力,学校开足开齐全部国家课程,并创办书法、足球、游泳、轮滑、跆拳道、棋艺、陶艺、创客机器人等40多个社团,为学生的个性化成长搭建了实现梦想的舞台。

五、天光云影共徘徊——长善教育与信息时代

在民进中央教育委员会举行的智慧教育论坛上,全国政协常委、民进中央副主席朱永新介绍,美国联邦教育部部长邓肯曾在国际教育技术领域提出了"乔布斯之问":为什么在教育领域信息技术的投入很大,却没有产生像生产和流通领域那样的变革效果?世界上所有政府对教育信息化的投入之巨,是所有其他行业不能匹敌的,但是为什么没有生产和流通那样的效率,投入与产出不成比例?邓肯认为,原因在于教育没有发生结构性的改变。

是的,人类社会早已进入信息时代,当下已经进入人工智能时代,可

是,我们的教育范式还停留在"工厂模式",为过时的就业需求(服从、守时、有毅力、标准化)培养学生,而不是为信息时代的需求(知识劳动、复杂性、系统思考、多样化技能、合作、主动创新)培养学生,严重不符合当下学生的需求。表面上,是这种教育结构性改变的滞后导致了"乔布斯之问",而本质上,还是教育的主角教师和学生的问题。

人大附中校长翟小宁认为,云教育、人工智能、互联网,对学习方式的改变是巨大的,可能是颠覆式的,甚至会远远超出人们的想象。"但是教育的本质是亘古不变的,不管用什么手段,不管在什么时候,都应该是关注生命的、关注心灵的、关注精神的,这是技术做不到的。"正因为教育的本质是"关注生命的、关注心灵的、关注精神的,这是技术做不到的",所以,在信息时代对学生进行"长善教育",不仅可能,而且有充分的理由。

一者,教师的"善心"不够,就会让课堂教学趋于简化。一张嘴巴加一支粉笔,教师同样能完成教学"任务"(实质上是教学进度),尽管课堂上相当费劲,但课前可以很省心,课堂时间毕竟才是一天中的 45 分钟或 90 分钟。这样的课堂让教师"心安"——"我完成教的任务,没有学会是学生的事",而学生的学习能力没有得到发展,"善心"更是无法吸收"营养"而没有增长。

二者,教师的"善心"不够,就会缺乏挑战新技术的勇气。新技术的使用,起初一定会遇到各种问题,包括不熟练、机器故障、要花更多时间准备等,一时极可能导致师生均不适应,甚至影响教学进度和教学质量。但是,教师若有借力做教育的理念,坚持增长"善心"、提升能力,多花时间研究信息技术与学科教学的融合,就会让技术有效助力自己的教学。

三者,教师的"善心"不够,就会缺乏变革课堂的勇气。改"满堂灌"的课堂为"自主、合作、探究"的课堂,起初也一定会遇到各种问题,包括学生的不适应、家长的不理解、环境的不支持等,一时也极可能导致教学进度变慢、教学质量下降等,这就是让很多学校、老师不坚持改革的重要"理由"。但是,让学生养成"自主、合作、探究"能力一定是教学的重要目标,而且教师如有足够的"善心",通过课前精心备课、课堂用心组织、课后专心指导,就会让课堂通过变革而焕发出生命的活力。

四者,学生的"善心"不够,就会缺乏做好学问的动力。处于信息爆炸时代的学生不缺知识,也不缺方法,缺的是为什么而学习的方向和动力。当下教育不能满足学生需求,是导致学生缺乏动力的重要原因;同时,不按规律做学问,为学而学,把"考好大学、找好工作、过好日子"作为学习目标,严重挫伤学生学习的积极性和主动性。只有把学生的学习目标引到"长善"——"想做好人、能做好人、争做好人",能孝敬父母、回报社会、报效祖国,能为更多人提供更优质服务的境界,才能确保有持久的学习动力。

我们的先贤就极具智慧,编撰的《弟子规》就阐明了进德修身道理:"首孝悌,次谨信;泛爱众,而亲仁;有余力,则学文。"首先要孝敬父母、友爱兄弟,其次要严谨思考、诚信做事;同时,要有大爱,爱父母、爱老师、爱他人、爱社会、爱大自然;要与有道德、有仁义的人交往。把这些事情都做了,还有余力,再去学习。学习是为了什么呢?学习是为了把孝悌、谨信、爱众、亲仁做得更加完满。先做好人,再做学问,做学问是为了更好地做人。树立这样的学习目标,才会有持久的动力。

当然,也有学者把"乔布斯之问"归结为:"变的永远是技术,不变的永远是人文精神。教育不是工厂的加工设备,也不是商业物流的沟通,人的能力和情感体系不能通过技术、工具完全实现。"其实质还是道出了这样一个道理:人的"善心"增长是不能完全靠技术解决的。正如翟小宁校长所说,"'互联网+教育'无法替代或者完全替代教师的作用,教育要向学生推送生命的气息,而向学生推送生命气息最直接、最温暖的方式,还是人与人之间面对面的交流。家庭、学校、社会、团体的作用永远不可或缺"。

总之,无论技术发展到什么程度,归根结底还是人开发的技术。人肯否使用技术、能否使用技术、使用得如何,还是取决于人的"善心"是否得以增长,能力是否得以提升。因此,无论什么时代,长善教育都是不可缺少的,甚至于,越是技术发达的时代,人的"善心"增长越发重要。

第二节 长善教育的内涵

提出"长善教育"办学思路,就是想做有地域特色的新教育实验,让教育回归其本真。

一、长善教育的概念界定

"长善"这个词,出自中国的教育经典《礼记·学记》:"教也者,长善而救其失者也。"由"救其失"来理解"长善"的意思,应该是激发、增长人的善行和善心。善行是本善,包括利他、忍让、明辨、诚敬等。善心,亦本心,包括孟子说的恻隐之心、羞恶之心、辞让之心和是非之心,还有好奇心、感恩心、进取心等。长善和赏识有相似之处,即对孩子好的表现予以认同和促进,但对培养孩子心性和人生观却不相似。长善是关注孩子心性成长,是帮助孩子确定正确的人生观;而赏识,却不一定。

"教育"这个词,东汉许慎在《说文解字》中的解释是:"教,上所施,下所效也;育,养子使作善也。"也就是说,教育的过程是效仿,是使人之本善得以生长的过程,其本质就是长善和救失。

综合"长善"和"教育"这两个词的本义,对长善教育的概念界定如下:让每一个人与生俱来的"善心"(特长)得以激发和增长,促进其养成良好习惯、培养高尚品德、开发个体潜能及健康快乐成长的教育。

二、长善教育的本质内涵

长善教育的本质内涵要回答:善从何而来?善可否生长?善如何生长?长善教育是否合乎规律?

(一)善是与生俱来的

"育,养子使作善也。"孩子在母亲肚子里的时候,母亲就在播种善心,极少有母亲在怀上孩子后,希望自己肚子里的生命是不好的。

《孟子·告子上》说，恻隐之心、羞恶之心、恭敬之心、是非之心，人皆有之。恻隐之心，仁之端也；羞恶之心，义之端也；恭敬之心，礼之端也；是非之心，智之端也。仁义礼智，非由外铄我也，我固有之也，弗思耳矣。孟子认为，人性之所以是善的，是因为人有仁义礼智的善端。这"四心"同人的四肢一样，是上天赋予的，是与生俱来的，是人区别于其他动物的主要标志。当"四心"不受到感官的控制，能够独立地活动，"四心"在此时便会发现自我，恢复自我本来善良的本性。

古罗马的马可·奥勒留也持类似的观点，他宣称："善的源泉是在内心，如果你挖掘，它将汩汩地涌出。"

孟子的性善论，至少有两个事实可以明证，一是孩童在学会语言与站立行走之前，所有为人父母者都能感受到孩子的同情心、进取心、感恩心和好奇心，孩子的善良、可爱深得大人的喜爱；二是狼孩存在的事实，尽管是个例，也有多种解释，但用性善论来解释，甚至可推理出世间万物本皆善。

（二）善是能够生长的

孟子非常明确，"四心"乃仁义礼智之端也，即"四端"。"四心"与生俱来，但仅是仁、义、礼、智的端子，后天可以长养。杨泽波先生在《孟子性善论研究》一书中指出，（《孟子·公孙丑上》）此"端"就是一种自然的生长倾向："端不是死物，它自然会生长会发展，顺着这些端去生长去发展，人就可以成就道德，成为善人。"孟子认为，人具有了这"四心"，也就等于有了仁、义、礼、智等道德品质的萌芽，经过后天的影响、发展和实践，就成为现实生活中所具有的各种良好的道德品质，就可以成就一番大业，就可以保全四海，就可以成为"尧舜"那样的圣人君子。

善能够生长，在初始阶段就表现出很强的生长力。意大利儿童教育家蒙台梭利对儿童出生后的头三年的发展成就是这样描述的："孩子在这三年里无师自通地掌握语言这个最复杂的交流工具和行动上最难学会的站立行走。"

（三）善是需要长养的

《孟子·公孙丑上》曰："凡有四端于我者，知皆扩而充之矣。若火之始然，泉之始达。苟能充之，足以保四海；苟不充之，不足以事父母。""善"不长养、不扩充，连父母都无法赡养，更不用说还能做别的什么。

孔子说："性相近也，习相远也。"他把性与习区别开来的看法，是指人的先天性情相去不远,而习俗与教育却使之差距拉大,所以后天的教育"长善"是重塑人格的有效手段,此正所谓"玉不琢,不成器""君子如欲化民成俗,其必由学乎!"。同时,要想改变坏习惯,重要的是先要养成好习惯,通过有效的教育活动,不断地激发、增长孩子的善心、善行,孩子的善心、善行不断放大以后,他的习性(贪、嗔、痴、慢、疑)慢慢就消退了。这就是善需要激发、增长的根本原因,这也是教育的价值所在。

苏联教育家苏霍姆林斯基通过大量实践感言:"世界上没有才能的人是没有的。问题在于教育者要去发现每一位学生的禀赋、兴趣、爱好和特长,为他们的表现和发展提供充分的条件和正确引导。"因此,教育最重要的作用就是去发现"善",长养"善"。

(四)长善教育遵循生命之道

生命发展的重要规律是长大与成长,"善"作为人生命中已有的"种子",需要的是"生长",而不是"制造",由此至少可以得出以下结论:

1.教育是"农业"非"工业"

叶圣陶先生早就说过"教育是农业而不是工业"。工业和农业最大的不同在于,工业可以是快节奏的,而农业则必须按时令操作。《孟子·梁惠王上》中说:"不违农时,谷不可胜食也。"不违农时,是尊重作物的成长规律,适时地提供需要的土壤、水分、阳光等。它是一个缓慢的过程。"十年树木,百年树人",尊重人的成长规律,同样需要适时提供需要的"环境、书籍、激励"等。因此,教育必须等待,善于等待是对教育规律的尊重。

2.教师质量决定教育质量

"教也者,上所施下所效。"教育是一种影响,"百年大计,教育为本;教育大计,教师为本"正是这个道理。因此,抓教育质量就要抓教师质量,抓教师质量,就要抓教师成长,因为,成长的力量是巨大的,成长的魅力是无穷的,用成长引领成长,才是教育正道。芬兰作为教育体制最完善的国家之一,就是遵循了这个规律,能进入芬兰教育队伍当教师的必须是本国同龄人学历居前三分之一的人。

3.长善教育越小越重要

古人云:"三岁看大,七岁看老。"0～7岁,小孩的变化一天一个样。正是因为变化快,所以,外界无论是善的还是恶的,都对孩子的影响特别大。芬兰教育同样遵循了这个规律,他们把教育的重心往下移,从重视幼儿教育开始,从重视起始年级教育、幼小和弱小孩子做起。

4.教育力量受外部合力影响

长善如同植物的生长需要土壤、阳光、雨露、空气一样,长善教育需要家庭、学校、社会形成合力,共同促进小孩的健康成长。因此,长善教育通过扎实举办家长学校、规范成立家长委员会,加强家庭和学校、社会的密切配合,整合教育资源,才能建立完善的教育环境,实现各种教育间的互补作用,取得最佳的整体育人效能,培育出良好的受教育者,使青少年能够健康快乐地成长。

5.最有效的教育是自我教育

陈丹青先生认为:"真正有效的教育是自我教育。我根本就怀疑'培养'的说法。凡·高谁培养他? 齐白石谁培养他?"鲁道夫·斯坦纳则说:"所有的教育其实是自我教育,孩子在环境中教育他自己,身为老师我们只是孩子环境中的一部分,我们必须尽可能让自己成为最好的环境,因此孩子可以教育他自己协调他自己的命运。"《学会生存》(*Learning to Be*)一书指出"未来的学校必须把教育的对象变成自己教育自己的主体。受教育的人必须成为教育他自己的主人;别人的教育必须成为这个人自己的教育"。善已然存在,要不要显露,要不要以自己独特的方式展现,完全取决于自己,当然,能不能展现,就有教育的作用可发挥。

6.教学仅是教育中的一部分

不能把教育简单为教学,把教学简单为教书,把教书再简单为解题。长善教育对学生而言,就是长其善心,正其善行,使其成为学习的主人,以能更好地为他人服务、为社会发展服务,努力学习,增强才智,修身进业。长善教育对教师而言,就是教书育人。教师要在长善中不断提高师德水平,全身心投入教学实践,研深研透所教学科的思想、方法,形成自己独特的教学思想与教学方法,成为学生心目中的学科教师偶像,这样才能在教学过程中发挥育人的作用。

(五)长善的教育教学理念

从教育上理解,教育是不是有长善,就看学生的善心、善行是不是愈来愈提升,有没有随着年龄增长而不断增长。"长善救失"就是长学生的善心、善行,改正他的缺点、过失,让学生自己克服缺点,超越自己,德行不断地提升。在德育工作中,要充分调动学生自我教育的积极性,依靠和发扬学生的积极因素去克服他们的消极因素,引导学生正确评价自己,进行自我教育,促进学生道德成长。简而言之,"长善救失"就是看到学生的优点,让学生发扬优点、放大优点，占领缺点的"地盘"。教育要围绕与品德、法规相关的主题，开展形式多样的活动，在活动中互动，在互动中感动，在感动中增善。

从教学上理解，"长善救失"就是激发、增长学生学习上的优点、优势，补救其不足。《学记》中论述"人之学也，或失则多，或失则寡，或失则易，或失则止"，点明了学生在学习过程中会有"贪多务得、片面专精、浮躁轻心、畏难不前"等四种缺点，这些缺点都是由于学生的个性差异造成的。"长善救失"要求教育者必须准确了解和掌握学生的个性差异从而进行教学。同时，根据多元智能理论及大量事实可以发现，"长善"比"救失"重要，"长善"本身就有"救失"的功能。在教学中，落实"长善救失"，建立学习学科兴趣小组就很重要，这个兴趣小组可以不受年龄、年级限制，只要有这方面兴趣，学生自由报名，教师指导选择。一旦因兴趣被激发而大幅度提升该学科成绩，就会让学生找到学好其他学科的信心，从而实现全面发展。

因此，"长善教育"可以解决学校教育中的两个核心问题：一是怎样培养积极向善的人，即育人问题；二是如何培养术业有专攻的人，即教学问题。

第三节 长善教育的实践

在以教学成绩甚至以有没有上北大、清华为唯一指标的背景下,尤溪七中办学"成效"就显得有点尴尬,生源、师资、硬件设施及由此给师生留下的"天花板"效应等,都彻彻底底地给人以"二流"学校的印象。但也正是基于此,我们反而可以在遵循规律做教育的理念下进行一些探索。

2011年底,我们以"书香校园创建"隆重启动仪式开启了"长善教育"的探索之旅,一方面扎实推进以"同读一本好书,共建书香校园"为主题的书香校园创建,另一方面积极寻求有利于进行"长善教育"实践的教育平台。幸运的是,2012年7月,尤溪七中就被朱永新教授发起的全国新教育实验吸纳为实验学校。新教育实验无论是教师专业发展的"三专路径",还是师生共同成长的"十大行动",都能为"长善"提供"养分",都为"长善教育"提供了高水准的平台,是促进师生善心增长的有效方式。

2011年秋季开学后,学校新组建的领导班子综合《道德经》的"胜己者强"、《大学》的"止于至善"、《礼记·学记》的"长善救失"、朱熹的"读书起家之本"、王阳明的"知行合一"、加纳德的"多元智能理论"等相关理论,结合学校的办学历史与现实,把学校的校训"做追求成功之人"具体化为"超越自我,追求至善",把办学思想"办永续发展之校"具体化为"读写起家,知行合一;健康成长,持续发展"。并围绕这个思路构建"长善教育"思想体系、文化体系、课程体系、评价体系等以及相关的实施路径。

在管理上,"长善教育"完全赞同新教育实验的学校管理铁律——"底线+榜样"。"长善教育"的"善"的底线就是学校所有岗位的标准,从校长做起,依据《义务教育学校校长专业标准》《普通高中校长专业标准》《义务教育管理标准》中涉及的28个相关法律法规,结合学校实际制定校级领导岗位工作标准(见附件1-1),并通过教师代表大会公开,接受全校师生的监督。《礼记·学记》认为:"教也者,上所施下所效。""长善"更需要榜样的力量,"推进每月一事""教师专业成长月""班主任节"都在打造学生、老师、班主任、家长的榜样,发挥他们的引领示范作用。

在育人上,"长善教育"坚持认为锻炼身体、读书写作是一个人成长必须坚持的两件"简单"的事。简单的事情重复做,就能成为专家;重复的事情用心做,就能成为赢家。锻炼身体除体育课外,每天确保一小时的阳光体育运动,上午半小时大课间,傍晚半小时集体跑操;读书写作则用"晨诵、午读、暮省"各20分钟累计每天一小时作为保障。同时,将养成爱美习惯与大爱胸襟作为培养目标,通过"推进每月一事"及相关课程加以落实。

在教学上,"长善教育"坚持认为教学工作始终是学校的中心工作,因此,教学质量也一定是学校办学的生命线,其他一切工作都是为教育教学服务的,包括德育工作,尽管有教书育人之说,现如今,不先育好人,是无法教书的,离开德育的教学不仅会失去方向,更会失去动力;没有动力,有再多的方法,提高质量都难以实现。从另一个角度说,如果德育不能激起学生的学习动力,也就是不能为学生学习服务,这样的德育也育不了人。此外,围绕"长善"设计的教学范式、教师成长、课程研发、评价方式、奖惩方式等具体路径,归根结底都是让教育教学更加符合规律,都是为了提高教育教学质量。"长善教育"在提升教学质量上形成以下三项共识:

一、唯正己可以化人——做好自己是最重要的教学原则

崔其升校长说:"工作是道德,表现是人品,贡献是人格;善良是最高师德,善良是最高教学原则;'对自己严苛,对他人宽恕',这才是课堂。"长善教育就是要打造这样的"善意课堂"。

帕克·帕尔默的《教学勇气——漫步教师心灵》一书,把教师的自身认同与完整视为比教学技术更为本质的东西,特别强调,真正好的教学不能降低到技术层面。帕尔默认为,优秀老师有一个共同的特质:一种把他们个人的自身认同融入工作的强烈意识,在生活中将自己、教学科目和学生联合起来。优秀老师与学生面对面交流时,唯一能利用的资源是自身的认同、自我的个性和身为人师的"我"的意识。教学的勇气就在于保持心灵的开放,特别是在那些要求超过本人的时候仍然能够坚持。教育是一项需要从业者倾心的事业,优秀教师职业认同意味着对职业价值的准确认识,对职业情感的深深依恋,对育人职责的认真履行。如黄炎培践行农村教育实验,陶行知创办晓庄试验乡村师范,蔡元培改革北京大学……他们的教育行为源自对教育的价值判断。

（一）用善良面对教师职业

教师认同自己、做好自己，就是善良的表现，就有勇气面对复杂的教育教学，也才能真正做好教学。职业认同水平较高的教师往往抱有良好的职业态度、积极的职业心态，能够潜心感受教育工作的内在乐趣与幸福，体会职业带来的成就感与满足感，理性地应对各种冲突与矛盾，有效地缓解或预防各类消极情绪及心理问题，这也是教师成长的前提条件。面对传播知识、彰显德行、完善人生的职业使命，教师自身必须学、德、能兼备，还要随着时代的发展不断更新自己、完善自己。

（二）用读写提升职业认同

教师认同自己、做好自己，就是要不断完善自己，完善自己的必由路径就是读书写作。笔者把读写作为学校老师考核的一个重要项目，期待在校园里形成人人爱读书、人人多读书的局面。为强调阅读与写作的重要性，笔者与教师做如下分享：

2006 年 9 月 17 日，《中国青年报》有一篇文章的题目是"只吃馒头不读诗，是另外一种死法"。这是南京师大附中特级教师王栋生应答有些校长过于强调应试教育所说的一句话，有校长说：素质教育不过是媚雅，考取大学才是正经，犹如吃馒头和读诗，诗能吃饱肚子吗？只有选择吃馒头。在王栋生看来，教师提高人文素养异常重要，而提高人文素养的重要途径就是多读书、多读一些好书。他说："想要学生成为站直了的人，教师就不能跪着教书。如果教师没有独立思考的精神，他的学生会是什么样的人？""缺乏人文精神的教育，虽然不像工农业生产的失误那样会立刻导致严重的后果，但会隐藏在一个漫长的时期，而当其滋蔓之时，真是天命难回。""如果把那种缺乏人文精神的极端的应试教学也称作'教育'，是教育的羞耻，也是对教育的玷污。""在任何时代任何社会，教师的道德修养都必须高于社会的一般，如果不能保证教师具备这样的素养，整个社会的发展伦理必然会走向荒谬。"他还说："社会分配的不公，无所不在的金钱诱惑，教育领域的种种腐败，正在腐蚀一个时代的教育，更加需要大批具有高度人文素养的知识分子来管理教育，教师应该也必须努力提高自身的人文素养，以适应教育的发展。"

有人把专业理论的书看作"细粮"，非专业的书看作"粗粮"，因此得出的结论是：没有"粗粮"作为支撑，吃再多的"细粮"也不能促使教师健康成长。这也从一个方面说明,老师多读一些能提升人文素养的书籍的重要性。因此,老师带头把阅读变成和三餐吃饭一样的习惯至关重要,只有把好习惯转化成生活的一部分,才不再需要刻意坚持。读书、阅读到底有多大意义,只有去读了才会说得清、道得明。国画大师张大千谈及自己的绘画成就时认真地说过:"作画如欲脱俗气、洗浮气、除匠气,第一是读书,第二是多读书,第三是有系统、有选择地读书。"笔者以为当老师、做人也唯有如此,才能脱掉俗气、洗去浮气、消除匠气。

只读书,不写作,只完成学习任务的一半,甚至一半不到。浙江省东阳市教育局教科所王忠华老师针对韦清老师的《教师写不好不是最可怕的》一文写了一篇题为《教师写不好是很可怕的》表达自己的看法。他文章开头的一段是这么写的:"写作并非作家的专利,而是每个人都应该具有的一项基本能力。曾有报道说,哈佛大学要求学生必须具备三种能力,写作位列第一。事实上,写作最能体现一个人的综合素质,对激发思维、升华思想、增进智慧具有重要的作用。"对这个事实,笔者深有同感,这种感觉也是从拿起笔后慢慢产生的。笔者拿起笔是去职业中专(六中)任副校长时才开始的,就凭自己的功底,写好是很难的,但还是会觉得将自己所思、所想、所做写下来确有笔尖之下会流出人生智慧的感觉。由此还真正感触到,人的一生只要想读书,从什么时候开始都不算晚。同样做任何事情,只要你想做,也是没有时间界限的。

曾经看的中央电视台七套《乡约》栏目播放的广西龙虎山一位金牌导游的故事,很能说明这一点。这位金牌导游当年54岁,名叫潘惠芬。她30多岁第一次进龙虎山探亲,第一次见到导游带着游客很开心、很快乐,心中就落下一个当导游的梦想,但凭着她的年龄与长相,导游的市场拒绝了她,而保洁员工作留下了她。在从事保洁员工作的十几年时间里,她不敢再想当导游,但事实上,她始终没有舍弃导游梦。她在47岁时,凭着对龙虎山猴子的喜爱,在与猴子的接触中,不知不觉,竟然慢慢进入了导游的角色,边做保洁边做免费导游,通过4年的历练,终成金牌导游,成为包括中央电视台在内的众多媒体热衷报道的人物。主持人问潘老太,成了金牌导游,一天要带好多团,每个团带下来又要唱,又要跳,受得了吗?潘老太回答说:"我是主人,我是导游,再苦再累,游客玩得开心是我最大的幸福。"主持人又问,那有没有在特别辛苦的时候想转行干点别的?潘老太的回答是,现在我当上了导游我用三个"很"来表达,很幸福、很快乐、很高兴。潘老太的那份热情、那份激情,让人感觉到了什么是生活,什么是幸福生活。潘老太导游梦的实现给笔者的启示是,梦想的力量是巨大的,爱心的力量是巨大的,行动的力量是巨大的,坚持梦想、富有爱心、付诸行动,无论男女,不分老少,没有做不成的事情。

作为一名教师,提升自己、完善自己从什么时候开始都不算晚,只要行动就有收获,只有坚持才有奇迹。

(三)用成长守住职业底线

教师认同自己、做好自己,就是要坚持成长。笔者认为,坚持成长是教师的职业底线。唐代文学家、哲学家韩愈因赞许17岁的李蟠能践行古代的从师之道,就写了《师说》一文来赠给他。文章开篇就写道:"古之学者必有师。师者,所以传道授业解惑也。""授业、解惑"在过去相当长的历史进程中,都是老师被人尊重的最重要因素,如今已大量地可以被网络所替代,唯有"传道"依然彰显着教师的功底。"道之所存,师之所存也。"韩愈就认为"传道"才是老师的本质所在。"传道"包括两层含义,一是传学习方法之"道";二是传做人的基本之"道"。在做人的基本之"道"中,身教胜于言教之"道"是永恒之"道"。要引领和促进学生成长,教师必须为此作出示范,因此,教师坚持成长必然就成为当代教师的职业底线。

教师坚持成长的最重要特征就是有理想、有激情、有智慧、有良知。教师有没有坚持成长的最重要标志还是有没有坚持读书写作,也就是有没有坚持"从师学习"。《改变孩子先改变自己》的作者贾容韬原是一名企业家,他的孩子学习成绩差,还沉迷于网络,痛心之余,他决定做陪读爸爸。在此过程中,他读了上千部教育书籍,写了80多万字教育笔记,不仅自己成长了,改变了教育方法,孩子也逐渐变得好学上进,还考上了全国重点大学,他自己也被评为2012年中国家庭教育"十佳公益人物"。贾容韬先生用实际行动证明了读写的魅力、成长的力量。

韩愈在《师说》中就批评一些为人父者:"爱其子,择师而教之;于其身也,则耻师焉,惑矣。"意思是,人们爱自己的孩子,就选择老师来教他们;对于自己呢,却不肯从师学习,真是糊涂了。同时,他还挑明了什么是真正的传道:"彼童子之师,授之书而习其句读者,非吾所谓传其道解其惑者也。句读之不知,惑之不解,或师焉,或不焉,小学而大遗,吾未见其明也。"意思就是,那些儿童们的老师,教儿童们读书和学习书中文句,不是我所说的那种传授道理、解释疑难问题的老师。不懂得书中的文句就从师学习,疑难问题得不到解决,却不向老师请教,小事学习,大事反而丢弃,我看不出他们明白道理的地方。试想,我们现在是不是依然做着"授之书而习其句读者"?

为了学生,为了孩子,更为了自己,老师坚持"从师学习"、坚持成长是一条正确的专业成长路径。而且,这还是老师建设自己精神世界的需要。老师属知识分子,知识分子要有自己的精神世界。当然,知识不多的人并不是没有自己的精神世界,而是他们的精神世界极其纯洁,因为纯洁而彰显坚固,坚固到没有外界因素能影响他,踏踏实实做人、扎扎实实做事,享受着人生的快乐。相反,知识分子的精神世界就复杂得多,容易受外界因素影响,不建好自己的精神世界,就极可能痛苦地活在别人的精神世界里。老师有没有自己的精神世界最简单的判定方法就是有没有自己的精神需求,坚持成长就是精神需求的最重要表征。

在坚持读写中成长,在成长中,才能更好地理解教育、理解校园、理解教室、理解社会、理解生活,从而真正理解生命。

二、观千曲而后晓声——研究学生是最重要的教学课题

"善意课堂"强调学生是学习的核心。成尚荣教授认为课堂教学应该以学生的学习为核心,这是教学的本质。学生学习是自主建构的过程,是以生活经验为基础,在情境中进行的。课堂教学要让学生爱上学习、渴望学习,教师就必须分析学生、研究学生,真正把研究学情落到实处。学生需要什么?需要的东西喜欢以什么方式接受?接受的效果如何?这三个问题要重点去了解和研究,才有可能事半功倍。

(一)研究学生,要从了解学生做起

苏霍姆林斯基说:"尽可能深入地了解每个孩子的精神世界——这是教师和校长首条金科玉律。"了解学生的最好方式,就是观察记录学生。苏霍姆林斯基做教育一辈子,对3700多名学生做了观察记录,积累教学资料2000多本。正是因为苏霍姆林斯基一辈子坚持了解学生,走近学生,发现学生,依靠学生,发展学生,才成为著名的教育家。

只有全面地认识某一事物,才能获得这一事物的本质,只有抓住事物的本质,才能事半功倍。培养学生,学生的本质是什么?他首先是人,是有生命的,会思考的,正在成长的,哪一天也要成长为像我们一样或超过我们的一个个活生生的人。他们不够优秀,他们成绩很不好,正是因为他们有

这些缺陷,才更需要我们老师的帮助,才更需要我们学校这个大家庭的关爱。

要发现一个人的成长的本质,需要跳出成绩看这个人,甚至还需要跳出这个人看这个人,也就是要了解这个学生的家庭背景、成长经历,对缺乏爱的孩子要多给些爱;对在溺爱环境中成长的孩子更强调原则,总之想办法给学生最需要的东西。要发现一个人的成长本质,还需要树立一个理念,即变"让学生适应学校"为"让学校适应学生"。夏山学校为此做出了榜样。要做到让学校适应学生,必须考虑,我们所做的一切学生喜欢不喜欢,愿意不愿意,拥护不拥护,答应不答应,发展不发展这些基本前提。

孔子说过,"仁者爱人,智者知人"。了解别人,必将给自己带来智慧。了解学生一定会给自己的教育教学带来智慧。实践中,不要过于简单地给学生下结论:"就那几个学生,我还不了解,他们除了会给我、给班级找麻烦,还会什么?"事实上,如果我们没有办法使某一学生发生转变,只能说,我们还没有找到合适的方法,或者说,我们个人的力量还有限。学生会犯错,作为他个体来说,必定不是追求"我就是要做恶人",也没有哪一个家长就希望自己的孩子成长为地痞流氓。在我们看来是"双差生"的小孩,其成长过程,更需要有一两个能够感动他的人,否则他们极易成为危害社会的一员。

不全面认识学生,深入抓住学生成长的本质,往往会让教育作出舍本逐末之事。比如,如何看待学校"量化考评"的问题?过于关注考核分数,就是被考评、考核的量化分牵着鼻子走。事实上,能用分数来量化的,都已经是结果了,结果一定取决于过程,过程也一定是有源头的,所以,找到源头,夯实过程才是最重要的,老盯着结果往往没有结果。举一个例子,一个学生迟到或违纪,其结果就是班级被扣分,他要接受处罚。处罚的目的至少有两个,一是给他以警戒;二是杀一儆百。可是最后发现,这两个目的经常达不到,该迟到的仍然迟到,该违纪的依然违纪,这就是没有对这个学生迟到或违纪的本质做深入的了解。学生的任何不正常行为都是教育的良机,只有找到问题的根源、改变其过程,才能有良好的结果,才能真正起到教育的作用,否则就是舍本逐末。

(二)研究学生,要在学情分析上下功夫

学情分析是教育实现以人为本的需要,教师用心做学情分析,才意味着真正走出以教材为本、以进度为本的思维模式。

　　首先,学情分析直接服务于教师的课堂教学设计。学习一定是学习者主动接收、主动思维、自主建构的过程,影响学习者主动行为的因素有哪些?找准因素,精准施策,才能达到目的。因此,学情分析是课堂教学设计的前提基础,也是理解教学目标、解析教学内容、精编课堂训练的依据,还是选择教学策略与设计学习活动的落脚点。

　　其次,学情分析是课堂教学精准实施的关键要素。课堂教学必须以学生为依据,讲学生之所需,练学生之所要,以帮助每一个学习者有效地学习为主要目的。根据学生的实际状况进行教学,教师不仅在课前要深入调查分析学生知识层面和能力层面的"最近发展区",更需要在课堂教学过程中及时发现学生学习的实际情况,及时调整教学行为、环节和进程,针对学生通过相互帮助仍然不能解决的难点、疑点和关键点进行教学。

　　著名教育心理学家奥苏伯尔说过,影响学习的最重要的因素就是学生已经知道了什么,要探明这一点,并据此进行教学。荷兰数学教育家弗赖登塔尔更是一针见血地指出,研究学生之不可替代性:"要知道,泄露一个可以由学生自主发现的秘密,那是坏的教学法,甚至是罪恶。"无论是要探明学生已经知道了什么,还是不泄露一个可以由学生自主发现的秘密,都要进行学情分析。因此,做学情分析是教师的基本功要求,更是教师的师德要求。

　　对教学一线教师而言,学情分析不是要不要做的问题,而是怎么做、怎么才能做得更有效。在目前"学情"指向不是很明确的情况下,思考这个问题还是从学生的需要出发更为具体,更易操作。

　　制约学生学习的核心因素就两个——动力与方法,动力是决定性因素,没有动力,方法不起作用。因此,"学情"从大的要素上应可以确认为动力需要与方法需要。这两个因素已经被大量事实证明了会直接影响学生的学业成绩。在对新接手班级的学生做学情分析时,着力考虑这两大因素,教师就明确了怎么对全班每位同学做学情调查与分析。需要进一步明确的是,关于学习动力和方法又分别有什么具体需要呢?

　　从动力需要上分析。动力有内动力和外动力之分,内动力有兴趣、目标(梦想)、情感、态度、价值观、人生观、世界观等因素;外动力有人际关系、环境等因素。可通过对全班同学采用问卷调查、座谈访谈、个别访谈等方式来了解每位同学的情况,从调查的信息中,再对每一位同学的兴趣、目标(梦想)情况,情感、态度是积极的还是消极的,"三观"是否正确,进行判断,进而在教学设计中有针对性地加以引领和指导,激发每一位同学的学习动力。

从方法需要上分析。学生在学习方法上的需求从心理学角度看,主要是知觉(认知)、记忆、思维等方法的需求。在具体分析时,知觉包括空间知觉、时间知觉、运动知觉和错觉。记忆按照不同分类依据有 12 种类型,一是按记忆内容分为形象记忆、情景记忆、情绪记忆、语义记忆和动作记忆,二是按是否意识到分为外显记忆和内显记忆,三是按能否加以陈述分为陈述性记忆和程序性记忆,四是按信息保存时间的长短以及信息的编码、储存和加工的方式不同分为瞬时记忆、短时记忆和长时记忆。思维按照不同分类依据也有 7 种类型,一是按照思维的形态,可以分为动作思维、形象思维和抽象思维,二是按照探索问题答案方面的不同,可以分为辐合思维(求同思维)和发散思维(求异思维),三是按照是否具有创造性,可以分为再造性思维和创造性思维。教师可根据这些心理学研究成果设计问卷或试卷,然后通过问卷调查、测试、访谈等方式了解学生的这些能力并进行分析,从而有针对性地加以引领,满足学生提升学习能力的需要。

当然,学情分析是个动态的过程,一者所有这些因素所调查的数据都是动态的,二者所包含的因素本身也是动态的,因为还有哪些因素需要分析也都在持续探究之中。因此,教师需要用研究的态度来对待学情分析,从而把学情分析、教材使用、具体备课有机融合起来。

三、亲其师而信其道——师生关系好是最重要的教学方法

长善教育,坚持让学生在学校、班级有安全感——不害怕,努力打造"善意课堂"。《第 56 号教室的奇迹》作者雷夫·艾斯奎斯就坦言:"第 56 号教室之所以特别,不是因为它拥有什么,而是因为它缺乏了这样东西——害怕。"马斯洛需求层次理论也强调只有满足了"安全需求"才会有更高层次的"社交需求、尊重需求和自我实现需求"。《大学》开篇的第二句就写到"知止而后有定,定而后能静,静而后能安,安而后能虑,虑而后能得"。有安全感、能安静,才能思考。写于战国时期的《学记·礼记》也强调:"安其学而亲其师,乐其友而信其道。"信其道的前提,是乐其友;亲其师的前提,是安其学。因此,建立好的关系从尊重人做起,尊重人才能相信人,相信人才能依靠人,依靠人才能发展人。

（一）尊重学生是师生关系好的前提

人都是有自尊心的，小孩在某些方面自尊心还更强，而且更为脆弱。苏联教育家苏霍姆林斯基就说过，"自尊心是一种非常脆弱的东西，对待它要极为小心，要小心得像对待荷叶上颤动欲坠的露珠"。教育心理学认为："学生的自尊心是一种个人要求受到社会、集体尊重的感情。它促使学生珍视自己在集体中的合理地位，保持自己在集体中的声誉，它是学生积极向上、努力克服缺点的内部动力之一。"

第一，教师尊重学生表现在全身心地热爱学生，因此，教师必须拥有大爱之心，因为一个人不可能给出自己没有的东西。教育是植根于爱的。著名教育家陶行知说："爱是一种伟大的力量，没有爱就没有教育。""真教育是心心相印的活动，唯独从心里发出来的，才能打动心灵的深处。"高尔基说："谁爱孩子，孩子就爱谁。只有爱孩子的人，他才可以教育孩子。"教育是心与心的交流，教师只有具备仁爱之心，以情动人、育人、化人，才能走进学生心里，让学生真正感受到来自老师的尊重，从而发自内心地尊敬老师。

第二，教师尊重学生还表现在有爱学生的能力，因为没有爱的能力，就无法将爱传递出去。教师有爱学生的能力，首先，教师要坚持走成长之路，在实践中坚持以"和易以思"为目标，做到"道而弗牵，强而弗抑，开而弗达。道而弗牵则和，强而弗抑则易，开而弗达则思"。其次，要努力做到让学生"时教必有正业，退息必有居学"。"藏焉修焉，息焉游焉。"从而达到兴其艺，乐其学；安其学，乐其友；亲其师，信其道。最后，要力避"教之不刑"——"今之教者，呻其占毕，多其讯言，及于数进而不顾其安，使人不由其诚，教人各尽其才，其施之也悖，其求之也佛。夫然，故隐其学而疾其师，苦其难而不知其益也。虽终其业，其去之必速。"

第三，教师尊重学生还表现在对学生的一视同仁。要把自己的温暖和情感倾注到每个学生身上，用信任树立学生的自尊，用欣赏增强学生的信心，让每个学生都健康成长，让每个学生都享受成功的喜悦，从而用爱心培育爱、激发爱、传播爱，更好地承担起传播知识、传播思想、传播真理，塑造灵魂、塑造生命、塑造新人的时代重任，培养出更多有大爱、大德、大情怀的人。

（二）关注优点是师生关系好的秘籍

每个人身上都会表现出一定的优点或缺点，那么，我们是选择关注其优点,还是选择关注其缺点,才更容易被其接受呢？答案是显而易见的。生活是一面镜子,教师用欣赏的眼光看待学生,学生就会报之以敬仰。欣赏的眼光来自发现优点,能够发现学生身上的优点,尤其是那些被大多数人判定为所谓的"双差生"身上的优点,是需要极具智慧的。

第一,要树立人的潜能是无限的理念。每个人身上都有巨大的潜能等待我们去发现、激励、发展;理解学生是成长中的人,以发展的眼光看待学生的过去、现在和未来;允许学生在进步中出现反复;相信只要教育得法,每个学生都可以成为对国家有用的人才;承认学生的个体差异,并为学生的个性发展创造条件;等等。

第二,要掌握积极心理学知识。根据积极性＝需要×可能性,通过对学生进行正确价值观的引导,让学生产生更高层次的需要;通过对学生自信心的激励,让学生发现自己的潜能所在;根据自信心＝行动×成功体验,引导学生设置合理的目标值,借鉴上海闸北第八中学刘京海校长提出的"降低标准,小步迈进,多次重复,不断鼓励"成功教育法,让学生有更多的成功体验。

第三,要训练自己发现优点的能力。努力去发现学生的优点和长处,并从积极的方面来评价学生,把"指责、批评、抱怨",换成"启发、表扬、激励";把发现学生身上的优点变成自己的日常工作,准备一个本子每天记录学生的一个优点。同时,鼓励学生每天在自己的本子上记录今天发生的最好的一件事,并思考为此要感谢什么。

(三)建立规则是师生关系好的保障

没有规矩,不成方圆。没有规则,师生的交往就可能越过底线,从而破坏良好的关系。没有规则,会让老师与学生交往随心所欲,从而让学生对与老师的交往无所适从,会被指责,失去良好关系。

第一,教师要有师生交往的规则意识,包括师生交往的底线要求、良好师生互动原则、师生平等交往原则等。教师对待学生要有尊重意识、平等意识、公平意识和关爱意识;学生对待老师要尊师重道,要信守"事师长,贵乎礼也"。

第二,教师要与学生共同制定相关交往规则,包括课堂内、课堂外的交往规则。课堂内,教师应该怎么对待学生、学生如何配合教师、学生哪些言行可为、哪些言行不可为等都应该有明确的规则。

第三,要严格执行定好的规则,用规则来引领交往,用规则来约束交往,从而确保师生有良好的关系。

通过几年来坚持开展"长善教育",尤溪七中教育教学质量逐年提升,师生面貌有了极大改善,学校办学成效得到了上级领导和社会各界的充分肯定。

附件 1-1　尤溪七中校级领导岗位工作标准

　　围绕长善教育主张,我们依据相关法律法规制定校级领导岗位工作标准,包括校长、党支部书记、党支部副书记、德育副校长、教学副校长、后勤副校长工作标准,以及挂包段校级领导工作标准,让每个岗位的领导在履职时有据可依,对标反思,全面落实各项工作,有效引领全校师生健康成长、持续发展。

一、校长工作标准

(一)全面落实教育方针

　　熟悉政策、法规和行政命令;执行与学校有关的教育法规和政策。

(二)全面规划学校蓝图

　　使用 SWOT 分析技术(态势分析法),确定先进的办学理念、明晰的办学思路、具体的办学措施和合理的办学目标,并规划相应的校园文化。创建一个为学校利益相关者所共同接受的愿景,领导学校成员共赴愿景,持续监督学校愿景和目标的实现,创造和培养一个学习型学校,培养优质的学校文化,发展师生学习特色。

(三)当好学校课程领导

　　全面落实国家课程,积极开展课程改革,合理使用地方课程,深入开发校本课程,用课程落实立德树人,用课程提升教学质量。

(四)落实教师成长行动

　　把促进教师发展作为校长的核心工作,开发教师发展课程,保证教师发展的经费、时间与空间。

（五）全力开发人力资源

最大限度地开发和管理好人力资源，包括家长、社会各界人士等人力资源的开发与利用。积极探索与学校、家庭、企业、政府等合作的成功模式。落实教师、领导全员"双向选择"聘任制度，制定相应的激励和惩戒机制。

（六）高效使用学校资金

做好学校财政的编制与预算、学校经费的安全使用和监督；做好校园规划、学校建筑与安全管理；管好用好校舍、设备。

（七）提升个人专业素养

坚持读书写作，每月读书不少于一本、撰写文章不少于2篇；坚持自我反思和评价；坚持与教师一起实现专业成长；坚持与校外同行共同研究和交流。通过参与各种专业团体促进自我专业发展。

（八）认真落实常规工作

做好学校的发展规划，包括近期计划和中长期规划。落实安全保卫工作，实行民主管理。组织召开好周班子例会、月教师例会、起始年级家长会、起始年级学生大会和毕业班学生大会。每学年上一节学科示范课和主题班会课。坚持听评课每学年不少于60节，坚持做课题研究。深入师生，落实标准化和精细化管理。

（九）带头执行各项规则

带头执行校长办公议事规则、党支部工作规则。

二、党支部书记工作标准

（一）加强党对学校工作的领导

召开党政联席会议，组织党员领导干部学习党的十九大精神，学习习近平新时代中国特色社会主义思想，树牢"四个意识"，坚定"四个自信"，坚决做到"两个维护"。学习宣传和贯彻执行党的路线、方针、政策和上级党委的决议、决定；结合学校实际，提出学校发展的建议；指导学校重大问题的决策，履行保证监督职能；做好干部培养和后备干部推荐工作，进行干部日常管理监督考评。

(二)加强党的思想、组织和作风建设

深入领会《中国共产党支部工作条例(试行)》精神，主动遵循《中国共产党支部工作条例(试行)》的规定，全面掌握内容，切实增强思想自觉和行动自觉，贯彻落实新时代党的组织路线，加强党支部标准化、规范化建设，提升党支部的组织力，突出党支部的政治功能，不断提高党支部建设质量。健全"三会一课"制度、组织生活会制度、民主评议党员制度、党务公开制度等党建工作制度，开展党的基本知识教育和理想信念教育，增强党员的党性意识和理想信念；定期召开党员组织生活会和党员领导干部专题民主生活会，加强党内民主，健全党内生活；开展创先争优活动，定期进行党员民主评议，激励党员不断完善自我、提升自我。培养优秀青年教师，积极慎重发展党员。

(三)加强党风廉政建设

以学习贯彻《中国共产党廉洁自律准则》和《中国共产党纪律处分条例》为重点，开展党风廉政教育和警示教育，增强自律和自警意识；与各部门、年段层层签订党风廉政建设责任书，强化领导干部的"一岗双责"，督促做好勤政廉政工作；查处违纪党员教师，做好教育转化工作。

(四)加强师德师风建设

通过暑期教师政治理论学习、教师例会、网络学习、专题培训等形式，强化师德学习，开展师德培训，加强师德教育，做好师德考评工作；落实党务政务公开工作，规范收费行为；按时召开民评工作会议，听取各方面的意见和建议，办人民满意的学校。

(五)加强精神文明建设

以习近平新时代中国特色社会主义思想为指导，深入贯彻社会主义核心价值观，以思想道德建设、民主与法制建设、校园文化建设、制度建设和环境建设为主线，以创建文明校园为抓手，以开展各项主题活动为载体，以提高师生的思想道德素质为目标，认真开展好学校的精神文明建设工作。

（六）加强党对学校工会和共青团工作的领导

坚持正确的政治方向，合力服务学校工作大局；指导工会适时召开教代会，完善学校规章制度；指导共青团工作，加强对团员青年的政治思想工作；维护师生的合法权益，开展形式多样、健康向上的文化娱乐活动。

三、党支部副书记工作标准

（一）宣传党的方针、政策和上级党组织的决议

筹备召开支部委员会会议，拟定支部工作计划；召开党员大会，贯彻落实上级的决议和指示；检查支部工作计划、决议的落实情况，重大问题及时请示报告；按期向党组织报告支部工作。

（二）加强对党员的教育管理，增强党员党性修养

组织党员深入学习党的十九大精神，学习习近平新时代中国特色社会主义思想，树牢"四个意识"，坚定"四个自信"，坚决做到"两个维护"。组织党员学习政治理论和党的方针政策，学习党章和党的基本知识，提高党员的思想政治觉悟和政治理论水平。分析党员的思想，掌握党员群众的思想动态，加强党风廉政建设。经常听取收集党员群众的建议和意见，有针对性地做好思想政治工作。定期召开民主生活会，积极开展批评和自我批评，教育与监督党员认真履行党员义务。发挥党员先锋模范作用，自觉做教书育人、管理育人、服务育人的模范。

（三）加强省级文明学校创建，积极构建和谐校园

落实各级文明办下达的各项文件精神。具体做好文明学校创建过程的组织领导、社会主义核心价值观教育、社区及城乡共建、学雷锋志愿者服务活动、文明风尚传播等各项工作的落实督促和协调。文明系统动态管理的全程跟踪，督促做好各项材料的归档，不断完善文明学校创建工作。

（四）增强校务公开透明度，推进学校民主建设

加强学校民主管理，保障教职工民主管理和民主监督权利，认真制定

校务公开标准化手册,并不断完善。把公开透明作为常规,重点抓好"三重一大"事项公开,即抓好"重大事项决策、重要干部任免、重要项目安排、大额资金的使用"公开,抓好基建、维修及物资采购的支出公开,抓好社会比较关注、教职工比较关心的热点问题公开。注重过程公开,建立反馈机制,将公示后群众反映的问题及时答复、及时整改,取信于民。公开形式多样,如网络公开、公开栏公开等;督促每年度校务公开材料建档。

(五)积极做好发展党员工作,指导办理好吸收党员各项工作

通过深入细致的思想政治工作,培养、教育、扩大入党积极分子队伍;定期分析入党积极分子队伍情况,并采取有效的措施,加强教育;指派党员作为入党积极分子的培养联系人,明确责任;按照党章和发展党员工作细则规定,做好预备党员的继续教育、考察工作,按时办理预备党员的转正手续。

(六)做好党支部各项迎检工作,确保高质量完成各项年终考评

把党建工作、党风廉政建设、干部队伍日常管理、行风建设等工作具体化、日常化;及时督促协助做好各项材料的归档,及时做好总结。

四、德育副校长工作标准

德育副校长分管政教、保卫和团委等工作,具体工作标准见表1-1。

表1-1 德育副校长工作标准

工作内容		程序或方法	应达到的标准
政教工作	指导制订工作计划、总结	提醒、审阅、修改	格式规范、语言简洁、条理清晰,计划性强
	新生培训	组织、规范、有序	培训制度化、内容课程化,学生初步了解学校历史、办学理念、管理制度;知道尤溪七中学生要做到的十五件事;学生卫生习惯、用餐习惯、集会纪律、仪容仪表初步达到学校要求

续表

工作内容		程序或方法	应达到的标准
政教工作	德育工作会议	组织	常规化:期初布置工作,第一学期期中德育研讨会,第二学期五月中下旬班主任节。主题鲜明,任务明确,对班主任有指导意义
	学生常规管理	完善制度、明确规定、齐抓共管	仪容仪表规范,言行举止文明,考勤制度落实,课内、课间行为得体,有较好的行为习惯
	校园卫生	完善制度、明确规定、齐抓共管、检查到位	校园环境(操场、过道、食堂、教室、功能室)卫生整洁,责任到人,检查制度完善,评比标准明确
	社会实践	指导、规范、有序	常规化开展,安全防范到位,有应急预案,任务明确,课程丰富,有过程性材料,有总结表彰和成果展示
	教师年度考核	完善制度、透明公开、公平公正	规范操作、有案可依、有据可查、教师无异议
	文明班级考评	完善制度、透明公开、公平公正	制度化开展"缔造完美教室、推进每月一事"等活动,评比落实,有案可依、有据可查、师生无异议
	平安校园建设及其他各类创建工作	组织、规范、有序	及时完成,逐项落实,安全开展,活动有计划有总结,有过程性文字、图片材料,材料规范(字号、格式、封面装订),及时上传、上报、归档
	学生大型集会活动	组织、有序、安全	学生集中、疏散安全、快速、有序,集会纪律严明,场地卫生清洁,有应急预案、过程性材料(图片、字号、格式、封面规范)、活动小结、新闻报道,及时上传、上报、归档相关文字、图片材料

续表

工作内容		程序或方法	应达到的标准
保卫工作	指导制订工作计划、总结	提醒、审阅、修改	格式规范,语言简洁,数据翔实,条理清晰,计划性强
	学生宿舍及寄宿生管理	规范、有序、有指导、有监管	制度完善,卫生整洁,内务规范,职责明确,责任到人,夜间点名制度落实,每日公布宿舍评比结果
	保安队伍管理	规范、落实、安全、监管到位	制度完善,职责分明,监控体系健全,进出校门登记制度落实到位,履职情况与绩效考评相挂钩
	校园安全保卫	规范、落实、安全、健全监控体系、监管到位	制度完善,职责分明,逐项落实(各种紧急疏散演练、消防安全检查、校园隐患排查等),有方案有总结,有过程性材料(图片、字号、格式、封面规范),及时上传、上报、归档;校园内停车规范有序;处理师生保险业务主动及时;处理学生违纪事件有理有据、有跟踪管理,不留隐患;学生大型集会活动安全保障到位(校门、会场大门、会场纪律维持等)
团委工作	指导制订工作计划、总结	提醒、审阅、修改	格式规范,语言简洁,数据翔实,条理清晰,计划性强
	共青团、少先队、学生会管理	指导、规范	业务培训制度化,开展活动规范、安全,有方案,有总结,有过程性材料(图片、字号、格式、封面规范),及时上报、上传、归档
	学生社团管理	指导、规范、安全	组织有序,有指导老师,活动任务、时间、地点明确,有过程性材料(图片、字号、格式、封面规范),有成果展示,有考评表彰机制
	学生科技创新活动	指导、规范	组织有序、及时传达、跟踪管理,有老师参与指导,有成果展示

续表

工作内容		程序或方法	应达到的标准
团委工作	学生文体活动	指导、规范	开展活动制度化,由上级主管部门组织的竞赛均应积极参加,并取得与本校定位相符的成绩;新生年段校歌比赛、元旦晚会、班主任节文艺晚会等均应主题明确、节目指导落实到人,有新闻报道,有过程性材料(图片、字号、格式、封面规范),及时上传、上报、归档

五、教学副校长工作标准

教学副校长分管教务、教研和教师评价等工作,具体工作标准见表 1-2。

表 1-2　教学副校长工作标准

工作内容		程序或方法	应达到的标准
教务工作	制订工作计划、总结	提醒、审阅、修改、把关	格式规范,数据准确,论据翔实,语言简洁,条理清晰,对下有指导意义,对上有参考价值
	招生工作	指导、依规、严格、有序	符合政策,师生认可,社会满意
	教师年度考核	指导收集材料,保证过程公开、公平、公正	符合规定,有据可查,数据准确,教师无异议
	课程实施计划、安排	提前安排,征求意见,审核确定	符合国家课程标准,符合本校学生实际,有助于保证整体教育教学质量,又经得起上级检查
	教学常规管理	完善制度,明确规定,学习到位,突出重点,保证针对性,齐抓共管,有效督查,跟踪整改	体现规范有效,逐项落实到位,无须临时提醒补缺,经得起随时检查
	初高中学籍管理	指导学习,规范管理	符合《中小学生学籍管理办法》规定,档案材料齐全规范

续表

	工作内容	程序或方法	应达到的标准
教务工作	考试工作	完善制度,组织学习,健全机构,熟悉程序,监管到位,责任到人	命题规范,安排合理,考纪严格,考风良好,考试有效,促进教学,少出纰漏,落实奖惩
	教学质量管理	把握课堂主渠道,推进教学改革,提高效率,狠抓学风建设,注意教法学法研究,健全监控体系,完善评估机制,落实责任到人	教学质量与学校的定位、办学目标、社会要求相称
	教师满意度测评	全员参与,客观评价	真正体现学生对教师满意度状况,有助于教师改进和提高
	体育艺术教学	规范课堂,改进方法,加强监控,追求实效	体艺"2+1"项目得到落实,学生体育艺术素质达到相关标准
	第二课堂活动	思想重视,狠抓落实,注重过程,追求实效	计划具体,落实到位,学生喜欢,每个活动均有过程性材料和成果展示
	书香校园及图书馆工作	在基础设施较完备的基础上,实现相关项目操作的科学化、制度化、规范化,调动全校力量参与,有计划、有目的、有指导、有实效地开展各类读书活动	营造勤奋读书、奋发向上的校园文化环境,形成师生热爱读书的良好风气,全面提高学生思想道德素质和文化素质
	学生学科竞赛	思想重视,精心选拔,落实辅导,积极参赛	由上级教育主管部门批准或组织的竞赛均积极组织参加,并能取得与本校定位相符的成绩
	功能室管理	完善制度,明确要求,对照整改,责任到人	设备管理规范,账目完整清楚,使用符合规定,体现本校特色
	教材、教辅、报刊征订入学及学额巩固	完善制度,严守规定,从严把关,追究责任。明确责任,齐抓共管	层层把关,符合规定,学生无异议。学额巩固做到"一个都不少"

续表

工作内容		程序或方法	应达到的标准
教研工作	制订工作计划和总结	提醒、审阅、修改、把关	格式规范,数据准确,论据翔实,语言简洁,条理清晰,对下有指导意义,对上有参考价值
	教师竞赛	思想重视,精心选拔,积极参赛	由上级教育主管部门批准或组织的竞赛均积极组织参加,并能取得与本校定位相符的成绩
	教师年度考核	指导收集材料,保证过程公开、公平、公正	符合规定,有据可查,数据准确,教师无异议
	教师培训	坚持开放、创新、务实、高效的原则,突出针对性和实效性,强调教师自主学习、自我感悟和自我实践,采用集中与分散、面授与自学、观摩与研讨、请进和外派相结合等形式	通过培训,使本校教师在师德师风、专业知识和学识水平、教育教学能力和科研能力等方面的综合素质有较大提高,努力成为"现代型、科研型"教师
	公开课、送教下乡、片区教研活动	精心准备,认真组织,追求创新和实效	主题明确,程序合理,有序高效,教师认真,参与积极,确有收获
	教研组、备课组活动的落实及考核	完善制度,明确要求,加强指导,检查落实,落实奖惩	活动有主题,研讨有内容,教师乐参与,结果能体现
	校本课程开发	调查研究,确定目标,注重规划与操作,建立评价体系,严格实施管理,把握学生需求变化,做好考核和评价	做到"严谨、规范、到位",能增强教师课程开发意识,提高教师课程开发能力,有效拓展和延伸学生的知识面,促进学生综合素质提高,提升学校文化和特色内涵
	教师读书活动	加强组织领导,明确具体措施,完善评价机制	全校教师读书兴趣得到激发,养成良好的读书习惯,提高了审美修养和人文底蕴;校园读书氛围浓厚,教师综合素质逐步提高,学习型教师群体逐步形成,逐步建成"书香校园"

续表

工作内容		程序或方法	应达到的标准
教研工作	教师论文汇编	鼓励、引导教师多学习、多研究、多动笔,将教育教学实践工作作为论文写作的主要源泉	论文结构严谨,问题新、方法新、结论新,有思想、有创新,每年有一定数量的论文在正规刊物上发表,论文写作对教师成长有实质性作用
	课改(构筑理想课堂)	实施行政推动(完善管理机制,健全组织保障,增强课堂教学第一责任人意识);实施科研引领(强化科研意识,加强教学研究,重视能力培养);实施典型带动。以小组建设、导学案编写、教学常规为重点抓好过程落实	进一步推动教学从以教师为中心向以学生为中心转变,学生被动学向主动学转变,知识为本向能力为本转变,课堂结构封闭式向开放式转变,把教室变成学生快乐成长的学习场、生活场和精神场。初中"三环五学"高中"五环"课堂教学模式基本掌握,课堂的学习方式学生基本适应,学习习惯基本养成。建立高效课堂教学模式,形成灵活可行的教学流程
	教师课题研究	树立"问题就是课题,反思就是研究"的理念,对教师在教学中遇到的问题,通过讨论立为科研课题,开展实实在在研究,并通过科研课题研究工作,探索总结教研、科研、培训互相促进的校本研究新模式	通过科研课题研究,切实解决课堂教学中的实际问题,提高教学有效性;从机制上保证教研活动课题化,形成教研组科研氛围,提高教研成效,促进教研组建设;通过科研课题研究,提高教师将教育科研与日常教学工作进行有机整合的能力,促进教师专业发展
	教师成长月活动	征求意见,明确目标,制订计划,拟定主题,设计项目,发动参与,营造氛围,追求实效	主题突出,项目设计精心,教师参与度高,展示的成果质量高,让这项活动真正成为能引领教师成长的平台

续表

工作内容		程序或方法	应达到的标准
教师评价	评优评先	完善制度,强化领导,分级分类,注重过程,量化积分,定性、定量相结合	重过程,重实绩,讲实效,保证民主、公正、客观,有助于规范教育教学管理,健全激励竞争机制,最大限度调动全体教师发挥内在潜力,切实加强师资队伍建设,促进办学效益全面提高
	绩效考核		
	职称评聘		

六、后勤副校长工作标准

后勤副校长分管账务、财产、建设、后勤服务等工作,具体工作标准见表 1-3。

表 1-3　后勤副校长工作标准

工作内容	程序或方法	应达到的标准
学校财务的编制与预算	分析总结上年度预算;找出影响本年度预算因素;分析本年度国家政策对预算影响;分析本年度事业发展计划要求;领会上级对预算、编制要求	规范、有前瞻性、符合校情
经费使用和监督	按规定合理收费,账务公开;经费开支,按预算标准执行;大额支出,应集体研究按程序报批且公示;建立采购台账,健全物品验收、保管、领用制度	规范开支、程序合法合规、制度健全
校舍和设备管理	校舍要常检查维护,定期查勘鉴定;大中修缮提前报批,公开招标;设备应登记建账,定期清查,分类保管,定期养护	安全、合理使用,师生满意
校园规划	坚持"适用、美观、经济"的原则;以人为本的设计理念,优美宜人的校园环境;要有合理适用的功能分区	理念新、以人为本、适用
食堂管理	监督、审批服务品种与价格;检查、监督食堂的卫生安全工作;抽查、评价服务品种的质量;协调学生就餐秩序	安全、卫生、师生满意
重点项目工程	项目范围管理规划;项目成本管理规划;项目进度管理规划;项目质量管理规划;项目安全管理规划	安全、程序规范、质量优

七、挂包段校级领导工作标准

挂包段校级领导要对所挂包年段进行全面引领和服务,包括引领文化建设、深入指导工作、组织相关会议、协调相关工作等,具体工作标准见表1-4。

表1-4　挂包段校级领导工作标准

职责	具　体　内　容	达标要求
引领文化建设	一是围绕学校提出的办学理念、目标,结合本年段实际,引领段长、班主任、科任共同制定本年段教师发展、学生成长的具体目标,确定可执行的措施,并将学校文化建设年段化、班级化; 二是围绕新教育十大行动,引领开发系列教育教学活动课程,努力使本段形成良好的学风和教风	有理念、有目标、有段训、有措施、有特色
深入指导工作	一是坚持参与每周一晨会课的班主任反思会,并做具体指导; 二是经常深入年段、班级,督促、指导年段长、班主任开展工作,与师生交流,及时发现并解决问题,重大事项及时汇报	周工作日志有记录、有台账
组织相关会议	一是每学期开学初(第一周内)组织召开一次全体教师会议,对新学期工作做全面部署,特别要提出明确具体的教育教学要求; 二是每学期半期考后,组织召开一次班主任、备课组长工作汇报会,并进行班级管理和学科教学教研指导; 三是每学年开学初(第一个月内)组织召开一次家长会,了解家长对学校教育教学的建议,共同探讨家校教育的方法; 四是每学年给本年段学生做一次理想教育或学习要求重要讲话或品德教育讲座	周工作日志有记录、有台账
协调相关工作	一是协调本年段与各处室的教学和管理有关工作; 二是协调领导与教师、教师与教师、教师与学生、学生与学生之间的关系	周工作日志有记录、有台账

第二章 长善教育的理论依据

　　长善教育要从教育的本质上探讨解决教书育人的问题，因此，它首先要回答"长善"是否为教育的本质之一，其次要回答"长善教育"在促进师生成长上应有哪些相应的教育教学观念，最后要回答"长善教育"怎么解决教书育人的问题。

第一节　长善是教育的重要本质之一

华东师范大学李政涛教授在其所著《做有生命感的教育者》中,对"什么是教育"做了比较全面的分析,他认为:"现代教育'超越'于古典教育之处在于:它轻轻滑过'什么是教育'这个问题,在教育手段和方法上大做文章。现在的教师们常常能声情并茂地讲一套自己如何教育学生的经验方法,但如果猛然地追问一句:什么是教育? 其则一脸茫然,显现出一种空洞的谦虚。"

是的,我们现在很努力地在做教育,但忘记了教育的本质到底是什么,因此,让当下教育变得浮躁、急功近利。事实上,我们的先贤及对人类产生过重大影响的学者都对教育的本质进行过深入探讨,他们基本上是围绕我们祖先的"长善"本质论展开的。《大学》开篇即说:"大学之道,在明明德,在亲民,在止于至善。"这句话道出了大学之道就在于弘扬每个人内心中的高尚德行,在于革除旧习而自新,在于达到完满的最高境界。我们应充分意识到,教育要关注人的内心使之日益完善,成为诗意栖居、有尊严、幸福地活着的人。因此,"长善"是人们天赋中善良的发扬。

一、孔子的迁善思想与长善教育

孔子是春秋末期著名的思想家、政治家、教育家,是儒家学派的创始人,开创了私人讲学的风气。孔子一生追求迁善,提倡以本心修养为开端,立足于培养德才兼备的君子,强调"修己以安人",主张君子要达到"己欲立而立人,己欲达而达人""己所不欲,勿施于人"的道德境界。

(一)孔子强调自省迁善

自省的思想,主要包含"为仁由己"和"三省吾身"。孔子说:"为仁由己,而由人乎哉?"钱穆先生认为"为仁由己","己"指自身。这句话意思是,能否有"仁德"主要在自己,哪能靠别人? 孔子在这里强调的就是人人都有使自己有"仁德"的能力。任何一个人只要自己去努力,就可以有"仁德"。

那么，怎样去努力达到"仁德"呢？"三省吾身"就是重要的途径。孔子说："见贤思齐焉，见不贤而内自省也。"意思是，见到德才兼备的人就向他学习，见到无德无才的人，就自己保持清醒的头脑，以他为戒，反省自己有没有他那样的"不贤"表现。孔子的学生曾子解释得更具体："吾日三省吾身，为人谋而不忠乎？与朋友交而不信乎？传不习乎？"意思是说，我每天多次地反省自己：替别人办事是不是尽心尽力呢？跟朋友交往是不是真诚呢？老师传授的知识是不是在实践中应用了呢？我们只有像曾子那样经常反省，才能及时总结得失，从而扬长补短，不断提高自己的道德修养。

孔子认为"三省吾身"是为了改过迁善。我们如何面对过错？孔子说："过则勿惮改"，"过而不改，是谓过矣"。意思是，有过错就不要怕改正，有过错不改正，那才是真正的过错。

春秋末期史学家、中国传统史学的创始人左丘明在《左传》中对此做了进一步阐述，"人谁无过，过而能改，善莫大焉"。意思是说，一个人谁没有错，有了过错能够改正，就没有比这再好的事情了。左丘明充分肯定了"改过即为善"。

（二）孔子鼓励改过迁善

历史上，孔子对颜回的迁善赞叹有加。《论语》记载，鲁哀公问："弟子孰为好学？"孔子对曰："有颜回者好学，不迁怒，不贰过。不幸短命死矣，今也则亡，未闻好学者也。"意思是说，鲁哀公问孔子的弟子哪一个算得最喜欢学习？孔子说有个叫颜回的学生爱好学习，他从来都不把自己的怒气转移到别人的身上，不犯同样的过错。但他不幸早死，颜回死了，再也没有这么优秀的学生来继承传播我的理想了。这句话，强调孔子非常赞赏颜回是个"不贰过"之人。什么叫"不贰过"？就是同样的过失不再犯，知道自己有这样的过失，肯定不再犯这样的过失，不再重蹈覆辙。

《弟子规》中写道："过能改，归于无。倘掩饰，增一辜。"意思是说，知错能改是勇者的行为，错误自然慢慢地减少消失。如果为了面子，死不认错，还要替自己掩饰，那就是错上加错，反而又增加一项掩饰的罪过了。因为"倘掩饰"，如果你再去掩饰，不让人知道你曾经做错事情，像这样的人不对，有这样的心态更不对。再讲一些谎言不仅弥补不了你的过失，同时又"增一辜"，就是再增一条罪。你就增了哪一条罪？撒谎之罪。世上本没有完美无缺的人，每个人都是在不断纠正自己的错误中得到进步的。一个人改正错误到最后实际就是超越自己；要改错首先是知错、认识错误，还要有承认错误的勇气，最后才是改正错误的毅力。《弟子规》重点在教育引导人们改过迁善，仰不愧于天，俯不怍于地，这样的人生才有意义。

（三）孔子对君子与小人改过看法迥异

孔子在迁善的思想上，还把君子与小人对待过错的态度做了比较。孔子说："君子之过也，如日月之食焉。过也，人皆见之；更也，人皆仰之。""小人之过必文。"意思是说，君子有过错，光明磊落，毫不掩饰，如同天上的日食月食一样，人人可以看见；但一经改过，就能受到人们的敬仰。而小人总是要掩饰自己的过错。在这里，孔子把对待过错的态度，作为区分君子与小人的标准之一。为什么君子犯错人们都看得见呢？因为君子德高位尊，本来就是人们瞩目的对象，而且君子光明磊落，犯错之后不会像小人那样文过饰非，所以他一旦有过错，所有的人就都会看到。但是，君子之所以能够成为君子，不是因为他永远不会犯错，而是因为他从来不回避错误，而且还能主动及时地纠正错误。一旦他纠正了自己的错误，也就如同太阳和月亮恢复了光明一样，照样被人景仰。我们应当像孔子主张的那样，敢于正视错误，坦然面对错误，勇于改正错误。

（四）孔子在迁善上主张推己及人

孔子主张的迁善思想，不仅自身品行得到提升，还要帮助他人提升道德水平。孔子主张推己及人，是指从自己的内心出发，设身处地，从而得到理解他人、爱戴他人、帮助他人，最终达到"仁德"的目的。

在孔子眼中，君子以己之所学，丰富自身的内涵，提升自己的境界，通过诗书礼乐，重在培养"内修的功夫"；而且君子应该以道义为准绳，从自己做起，以自己这种外化的气质感染身边的百姓，即"修己以安人"及至"修己以安百姓"。费孝通先生在纪念潘光旦先生诞生 100 周年纪念会上发表的演讲中，非常精辟地指出："孔子的社会思想的关键，我认为是推己及人。自己觉得对的才去做，自己感觉到不对的、不舒服的，就不要那样去对待人家。这是很基本的一点。"孔子提出"己所不欲，勿施于人"。意思是说，自己所不希望做的，一般来说也是别人所不希望做的，那么就不要强行施加给别人。如果把自己不希望做的强行施加给别人，是损人利己的行为，那就是不"仁德"了。孔子提出"己欲立而立人，己欲达而达人"。意思是说，自己想在社会上立得住脚、能通达顺利，如果别人也是这么想的，那就帮助别人在社会上立得住脚、能通达顺利。关于这一点，后来的亚圣孟子继承了孔子培养"仁德"思想,进一步提出"老吾老以及人之老,幼吾幼以及人之幼"的要求。意思是说,由自己的父母需要孝敬就应该考虑到别人的父母也需要孝敬,由自己的孩子需要关爱就应该考虑到别人的孩子也需要关爱。这一推己及人,培养"仁德"的思想,也就是人们常说的将心比心,设身处地为别人想一想的思想。事实上,我们要做到推己及人并不容易。人们求富厌贫、求贵厌贱的心态,决定了在本性上是狭隘自私的,凡事总是容易为自己考虑。要求时时处处都要考虑到别人,多为别人着想,甚至要将自己的利益主动让给别人,舍己为人,这就非常困难了。如果更多的人能像孔子所主张的"己所不欲,勿施于人",那么有"仁德"的人将越来越多,社会将变得更加文明和谐!

(五)孔子迁善思想是长善教育的源头

孔子的迁善思想,如果从教育的角度看,是一个人的思想品德的完善过程,是一个人不断地发现缺点、正视缺点、改正缺点、提升品德的过程,是一个人从凡人成长为君子的过程。"君子"一词在《论语》中总共出现了107次,孔子及其弟子都非常重视对"君子"的理解和培养"君子"人格。孔子的君子是成己与成人的结合。成己,是要求自己在道德上不断修养,是对自我人格的负责;成人,是要求自己在政治上的实践,是将成己的要求推而及人。孔子的教育实践,也着力于培养外在仪容优雅和内在道德完善相统一的"君子"。从教育方面理解,"长善教育"其中的一方面内容,就是拯救、挽救、补救学生的缺点、缺陷、不足的教育实践。由此看来,"长善教育"是对孔子的迁善思想的运用。因此,我们可以说孔子的迁善思想,是"长善教育"实践的历史源头。

二、孟子的性善思想与长善教育

孟子提出了性善论后,不少人对孟子的"性善论"有所误解,经常把孟子"性善论"理解成"向善论"或者"本善论",这都是错误的。目前很多哲学家都已正名,孟子提出的是"性善论"。

(一)孟子首创"人性善"

孟子的"性善论",是孟子思想的核心内容。孟子发挥了孔子"仁"的思想,在历史上第一个提出"人性善"的观点。孔子在《论语·阳货》中说人们

"性相近也,习相远也"。"性相近也",是说人类之所以能成为一类,正是因为人与人之间有大量的相同、相似之处;人与人之间由上天赋予的、内在的属性,差距很微小。"习相远也",人的每一个想法、每一句话、每一个行为,都会或多或少、或深或浅地引起自我的变化。不同的实践过程,各自一次次地不断积累,拉开了人们之间的差距。

孔子没有把"仁"说成是"性"。子贡曰:"夫子之文章,可得而闻也;夫子之言性与天道,不可得而闻也。"(《论语·公冶长》)意思是说,老师讲诗书礼乐、古代文献,我们是可以听到的。老师讲人性和天道,却是听不到的啊!其实孔子不是不讲"性和天道",而是不直接讲。孔子慎言大题目,少用大字眼。孔子在教育方面强调从近处、从实际、从具体言行入手,多讲各种具体的"仁""礼",这才是真正的"性与天道"。

(二)孟子的"四端""四心"说

孟子发展了儒家学说,把孔子"性相近"的观点发展为"性善论"。孟子说:"人性之善也,犹水之就下也。人无有不善,水无有不下。"(《孟子·告子上》)意思是说,人的本性是善良的,就好比是向下流淌的水一样。人的本性没有不善良的,水的本性没有不向下流淌的。孟子用水必然向下这样一种现象来说明人性善的必然性。在孟子看来,"性"就是人之所以为人的本性,是人与其他动物根本区别之所在。

孟子说:"人皆有不忍人之心……所以谓人皆有不忍人之心者,今人乍见孺子将入于井,皆有怵惕恻隐之心。非所以内交于孺子之父母也,非所以要誉于乡党朋友也,非恶其声而然也。由是观之,无恻隐之心,非人也;无羞恶之心,非人也;无辞让之心,非人也;无是非之心,非人也。恻隐之心,仁之端也;羞恶之心,义之端也;辞让之心,礼之端也;是非之心,智之端也。人之有是四端也,犹其有四体也。"(《孟子·公孙丑上》)意思是说,每个人都有怜悯体恤别人的心情……之所以说每个人都有怜悯体恤别人的心情,是因为如果今天有人突然看见一个小孩要掉进井里面去了,必然会产生极其同情的心理。这不是因为要想去和这孩子的父母拉关系,不是因为要想在乡邻朋友中博取声誉,也不是因为厌恶这孩子的哭叫声才产生这种惊惧心理的。由此看来,没有同情心,简直不是人;没有羞耻心,简直不是人;没有谦让心,简直不是人;没有是非心,简直不是人。同情心,是仁的发端;羞耻心,是义的发端;谦让心,是礼的发端;是非心,是智的发端。人有这四种发端,就像有四肢一样。孟子的性善论、仁义论、仁政论等都与

"四端""四心"说有关,是围绕"四端""四心"说展开的。

孟子认为,人性之所以是善的,是因为人有仁义礼智的善端。这"四心"同人的四肢一样,是上天赋予的,是与生俱来的,是人区别于其他动物的主要标志。当"四心"不受到感官的控制,能够独立地活动,"四心"在此时便会发现自我,恢复自我本来善良的本性。人具有了这"四心",也就等于有了仁、义、礼、智等道德品质的萌芽,经过后天的影响、发展和实践,就成为现实生活中所具有的各种良好的道德品质,就可以成就一番大业,就可以保全四海,就可以成为"尧舜"那样的圣人君子。

孟子的"性善"与"心"是相通的,正如复旦大学杨泽波教授在《孟子与中国文化》中也明确指出:"孟子论性善主要是通过生命体验启发人们对于自己良心本心的体悟,只要体悟到了自己有良心本心,就会相信良心本心是人所固有的,就会对性善论坚信不疑。"孟子说:"存其心,养其性,所以事天也。夭寿不贰,修身以俟之,所以立命也。"(《孟子·尽心上》)意思是说,人们尽自己的善心,就是觉悟到了自己的本性。觉悟到了自己的本性,就是懂得了天命。保存自己的善心,养护自己的本性,以此来对待天命。不论寿命是长是短都不改变态度,只是修身养性等待天命,这就是确立正常命运的方法,是人们安身立命的根本。

(三)孟子强调反思达到"性善"

孟子认为"性善"不是自然而然能得到的,到达"性善"要有一颗能够反思的心。孟子提倡的反思与孔子强调"三省吾身"的自我反省一脉相承,二者都强调"反思"对人们培养"善性"的重要意义。孟子说:"耳目之官不思,而蔽于物。物交物,则引之而已矣。心之官则思,思则得之,不思则不得也。此天之所与我者。先立乎其大者,则其小者不能夺也。此为大人而已矣。"(《孟子·告子上》)意思是说,耳朵、眼睛这类器官不会思考,所以被外物所蒙蔽,耳朵、眼睛也只不过是物。物与物接触,便会受到诱惑罢了。心的功能在于思考,思考了就会有所得,不思考就一无所获。这是上天赐予我们人类的。所以,心是重要器官。先把心这个重要器官的地位树立起来,那么,其他次要的器官就不能夺走人心中的善性。这样便可以成为君子了。

孟子认为,耳目之官不能"思",不具有自主性,当其与外物接触时,便会受到遮蔽与引诱;心之官则不同,它可以"思",此"思"为反思,心之官一方面会受到外物的干扰、引诱,另一方面又可以通过"思"反求诸己,发现

"天之所与我"的仁义礼智,具有自主性、能动性。

(四)孟子性善观为"长善教育"提供理论基础

孟子不认为人的完善道德品质是先天的,而人的本性仅具有善的萌芽,是谓性"善端",有待于以后教育的扩充和完善,如果得不到正确的教育,人的"善端"就得不到发展,甚至会向相反的方向转化,成为小人、恶人。因此,教育的作用在于把人天赋的善端加以保持、培养、扩充、发展,或把已经丧失的善端找回来,启发人们恢复天赋的善良本性,使之成为道德上的"完人"。孟子主张由个体自身的道德修养进而推己及人,由个体扩充到国家,由德育最终实行德治。

孟子的性善观点,如果从教育的角度看,就是让人性中善良的品性不断保持、培养、扩充、发展,使人们成为品德优秀、高尚甚至完美的"完人"。"长善教育"就是扩充学生的善心善行,培养学生的孝心、恭敬心、细心、耐心、恒心和爱心,发挥、发扬、优化学生优点、长处、优势。由此说来,"长善教育"是对孟子性善论观点的继承和发展。

三、西方学者论教育本质

苏格拉底催产术教育的原则就是,提倡师生地位平等自由地思索,通过无止境地追问而唤醒学生的潜力。苏格拉底指出,求知是每个人灵魂里固有的能力。当时的智者宣称他们能把灵魂里原本没有的知识灌输到灵魂里去,苏格拉底嘲笑道,好像他们能把视力放进盲人的眼睛里去似的。因此,从苏格拉底视角看,"长善"就是唤醒。

德国存在主义哲学家、神学家、精神病学家卡尔·雅斯贝尔斯(Karl Jaspers)写了一本《什么是教育》的书,其中广为流传的一句话是:"教育就是一棵树摇动一棵树,一朵云推动一朵云,一个灵魂唤醒另一个灵魂。"这与"教,上所施,下所效也"相比,不过是更为诗意一些而已。因此,从雅斯贝尔斯角度看,"长善"也是唤醒。

卢梭提出"天赋自然生长"论,杜威对其做了进一步阐发,提出"教育即生长"。"教育即生长",言简意赅地道出了教育的本义,就是要使每个人的天性和与生俱来的能力得到健康生长,而不是把外面的东西例如知识灌输进一个容器。由此看来,"教育即生长"不就是"长善"吗?

四、辞典中的教育定义

《牛津英语辞典》对教育的定义是："滋养或养育的过程。"再看教育英语单词的词源——拉丁动词"educere"，其意为"领出来""带出来""诱出来""唤起"。英格兰女作家缪丽尔·斯帕克说："在我看来，教育是把学生灵魂中已存在的东西引导出来……放进一些那儿本来没有的东西……我不称其为教育。我称之为侵扰。"无论是英语对教育的定义，还是这位女作家反教育论述，这都表明，教育应有的本质就是"长善"。

五、爱因斯坦的教育观

善良还是邪恶，在爱因斯坦看来，不只是道德的评判依据，还是最伟大的科学问题。有位普林斯顿大学的校报学生记者，获得了采访爱因斯坦的机会，学生记者查阅了大量的资料，问了爱因斯坦一个问题："在当代最伟大的科学问题是什么？"爱因斯坦想了十五分钟后，才回答说："当代最伟大的科学问题我认为是这个世界是善良的还是邪恶的。"那个学生就说："这难道不是一个宗教问题吗？"爱因斯坦说："不是，这是一个科学问题，如果你相信这个世界是善良的，就会建立人与人之间和善的关系，会发明很多工具和科学物品来促进人与人之间的连接。但是，如果你认为这个世界是邪恶的，就会发明很多飞机、大炮、武器来阻止人与人之间的连接。"因此，无论从道德层面还是从科学层面，"长善"既是教育的途径，更是教育的重要目标。

六、当代国内学者专家的教育观

北京大学社会学系教授、博士生导师渠敬东认为，教育的目的在于我们如何做成传统意义上的一个好人。他说："教育的目的不是新人，而是好人。如何理解这个好，是不容易的。中国古代认为君子是好。西方中世纪中期以前，认为全身心侍奉上帝的就是好人。笛卡尔之后，则认为建立自己内心秩序的才是好人。做新人，是无视传统和这些根本问题的；做好人是无数次回到我们的历史。做新人就是粗俗的个人主义者，好人是不断对世界开放并建立秩序的人。做一个好人的最核心的标准在于，自己不是最大的,有一种特别重要的东西,永远是高于你的,你内心要充满敬意。在中国文化土壤里生存的人,再大的学者,如果对父母不敬,则也与教育无关。因为在中国传统文化里,父母的存在天生就是你的限度,所以你要对父母有爱、有敬。在西方,则讲天父。"做好人,表达了教育的最高境界"止于至善"。

曾任腾讯副总裁的著名搜索专家吴军,由于女儿申请大学的原因,走遍了英美两国的名校,最后发现好学校只做一件事:引出潜藏在孩子内心的智能。

综上所述,古今中外,有关教育的本质的思考有着一个共同的认识,即教育就是唤醒、生长、致良知。孔子说:"古之学者为己,今之学者为人。"也就是说真正的学习是为了自身的修养,成为一个完善的人。他还说:"行有余力,则以学文。"做人是首要的,有余力才去学文。爱因斯坦认为:"用专业知识教育人是不够的。通过专业教育,他可以成为一种有用的机器,但是不能成为一个和谐发展的人。……否则,他——连同他的专业知识——就更像一只受过很好训练的狗,而不像一个和谐发展的人。"爱因斯坦在这里并不是说不要专业知识,而是说不能以此为终极目的。以上这些论述都可以归结为教育即"长善",让人与生俱来的善得以生长,止于至善。

第二节　长善教育关注师生健康成长

长善是教育的重要本质之一,长善教育关注的是师生的健康成长。师生健康成长,学校才能永续发展。师生的健康成长,包括师生身体的健康成长和心理的健康成长。身体的健康成长靠饮食消化和锻炼,心理的健康成长靠实践(力行、读书、写作)和修炼。由此,长善教育围绕师生的健康成长形成相应的领导观、教师观、学生观和家长观。

一、领导观——以身作则　率先垂范

长善教育的学校领导要做到以身作则,率先垂范。学校的领导,一定有别于其他行政事业单位的领导,就像教师这个职业与其他职业有很大区别一样。社会、家长、老师、学生对学校领导在示范性、引领性上的要求特别高,学校领导的一言一行能直接影响一些人的成长,甚至是一辈子。苏联教育家苏霍姆林斯基说:"如果你不爱孩子,那你就选择别的职业吧!"在这里,这句话完全可以理解为:"如果你不爱这个岗位,那你就选择别的岗位吧!"苏氏如此客气的话语背后,一定蕴含着这样的意思,即因你不爱孩子,因你不爱这个岗位所造成的影响太大了,大到足以误人子弟,甚至害人子弟。曾有人说不称职的医生是刽子手,事实上,不称职的学校领导、不称职的老师与不称职的医生无异。

人的成长靠影响,不靠命令,因此,学校领导在管理上,尤其要深悟"其身正,不令而行;其身不正,虽令不从"的道理。为此,学校在领导班子建设的选人用人上要先把好关,在德育上必须是骨干教师或优秀班主任;在教学上必须是优秀的教学能手,教学成绩领先。同时,进到班子后要不断提升以下三个方面的动机、勇气和能力。

(一)在管理中善落实

肯落实。第一,要认可并理解落实学校制度的意义所在,制度有没有落实就是考验领导的执行力,就是考验制度能否发挥引领作用,也是考验班子有没有凝聚力与战斗力。第二，要深入领会学校的各项制度，深刻领会每项制度所能发挥的作用，及时了解制度执行中存在的问题。第三，要树立"落实就是服务、就是引领"的意识，树立"实干是真功夫，落实是真本事"的理念。管理有效的底线就是落实，要有"落实——改进——再落实"的管理过程。

敢落实。第一，要自己带头落实各项制度，"打铁还靠自身硬"，不仅要带头，还要做出示范、做出影响，让老师确实感受到领导的一身正气、一心为民，领导要有这样的势力，才有勇气面对那些破坏制度的人。第二，要树立"严格就是最大的关爱"的理念，凭心情、交情管理，当下做了人情，日后让其变成恶习，必有后患，会害了一些人。第三，要坚守公平公正的原则。温家宝说："公平正义比太阳还光辉。"我们做不到比太阳还光辉，但我们应该把它作为努力的目标，或者把它作为处理人与事的指导思想，这应该是我们能够落实好各项工作最重要的一条。老师们可能会计较一些事情，但在公平公正的原则下，没有处理不了的事情。使用这条指导思想做工作就是不能让默默无闻、勤勤恳恳做工作的老师吃亏，学校班子要带头去发现这些人，并给予关心爱护。

善落实。第一，要带头做个有胸襟的教师。正如王栋生老师说的"有胸襟的教师，懂得珍视自己的专业、要有教育者的生活志趣、要敢于表达自己的态度、要会欣赏同行、心中要有阳光，唯有如此，所带出来的学生才会大气、才会有教养，师生共同度过的生活才会有快乐、有质量"。所以，我们要带头让自己的胸襟开阔起来。第二，要一级做给一级看，一级带着一级干，要在"明细节、做细节、写细节"上下功夫，并在落实中发现榜样、树立榜样，发挥榜样的示范作用。第三要搭建活动平台加以落实。"营造书香校园""缔造完美教室""推进每月一事""研发卓越课程""家校合作共育"等活动的扎实开展都可以有效地促进学生自我管理、班级文化建设、学生习惯养成等的落实。

（二）在教育中善引领

肯示范。第一，要坚信做好自己是最有效的管理原则，从而在带头读写、育人、教学、教研上做出示范；要有"示范是最有效的引领"的理念。身教胜于言教是永恒的真理，用示范做引领，在引领中做示范。第二，要把示范作为自己当好领导的一种追求。己所不欲，勿施于人。我们读不读书、有没有读书，老师能感觉得一清二楚，就像学生能感觉老师，也像我们能感觉比我们高一层的领导到底有没有率先垂范一样,都是一清二楚的。第三,要用心发现自己最擅长的长处,把自己的长处做到最光亮。

敢示范。第一,要带头落实教育教学常规,"常规＋细节＋落实＝成功",常规用心做,坚持做,就会做出不常规。第二,要敢于带头进行教育教学改革。深化课堂教学改革,不仅是上级的要求,更是学生的诉求,从提升教师生命质量的意义上说,也是老师的需求。深化课堂教学改革,一要承认差异。唯有承认差异,认识差异,爱才会离真诚近些。有爱就有阳光,有阳光生命才会灿烂。二要勇于反思。当一名老师,必须充分意识到,自己会正确做事,但也经常错误地做事或者正确地做错误之事,如何避免后者,那就是要学会反思、勇于反思。三要持之以恒。大改革,小困难;小改革,大困难;不改革,更困难。变是唯一的不变,在变中追求高效课堂,对教师而言,就是在追求高质量的生命。第三,要用坚持成长示范给师生。坚持成长必须坚持实践,坚持实践必须坚持读写。

善引领。第一,要不断提升引领的能力,包括思想力、学习力、教育力、作风力。要带头坚持教育教学的专业成长,用成长的力量感召同伴。教育简而言之就是感动,如果学校领导团队把老师感动了,老师们也一定会去感动学生。因此,领导要用道德感召力和专业精湛力来感动老师。第二,要用制度引领,人文感召只有和制度约束相结合,才会更加有力。第三,要打造各种团队来引领,包括管理团队、学术团队、兴趣爱好团队等,一个人可以走得很快,但一群人才能走得更远。要用文化打造各种团队,要用任务推动各种团队,要用评价促进各种团队。

(三)在交往中善团结

人际关系好,一切问题都不是问题,一切工作都能理顺、都能做好。因此,领导的艺术就表现在处理人际关系上。

沟通是处理人际关系最重要的手段,会沟通,第一,要会尊重、懂平等、能换位思考,尊重每一个生命,尊重每一个事实,每一个生命都是平等的,每一个生命之所以有这样那样的表现都有其深层次的原因。第二,要会倾听,倾听也是一门学问,也是会尊重、懂平等、能换位思考的具体表现。倾听要有耐心、要能共情。第三,要会讲话,表达同一个意识,要用对方能接受的方式来讲。要做到这一点,不仅有语言能力的要求,更要有世界观、人生观、价值观的判断力。

能协调。协调是让团队的每个成员都发挥最大作用,并使学校的各项工作落到实处。能协调,第一,要公平公正,不偏向任何一方;第二,要能发现不同人身上有不同优势,并能抓住各方共同利益所在;第三,要不断提升自己的对人、对事的判断力,并善于总结做人的思想工作方式方法。

善团结。第一,要坚持提升自己的人格魅力,用自己的人格魅力团结人。坚持做正能量的事情,努力让自己发光、发亮,用光亮吸引周围的人;第二,要树立"为公就是最大的为私"的理念,一切工作从为公出发,不计较个人得失,把多做事视为自己能力得到锻炼的多去理解。第三,要坚信团结就是力量,"二人同心,其利断金"。不团结就是一盘散沙,不团结就没有能量,不团结必定做不好事情。

总之,长善教育的学校领导要努力做一名有思想的领导者,要有目的、有条理、有系统地做好自己的分管工作,要深刻领会管理大师德鲁克总结的"管理是一种实践,其本质在于'行'而不在于'知'"。要勇于奉献,要勇于为成果负责,要知道成就才是最高权威。只有做到这些,才有可能真正做到"以身作则,率先垂范"。

二、教师观——为人师表 诲人不倦

长善教育的学校,教师要做到为人师表,诲人不倦。百年大计,教育为本;教育大计,教师为本。教师是学校发展中最重要的力量,尽管对教师的要求还有专业素养、团结协作等,但为人师表、诲人不倦一定是长善教育中最核心的教师观。中国古代教育思想家们对教师的定位就是:首先,"师"与"道""德"相连。"师,教人以道者之称也。""师也者,教之以事而喻诸德者也。"其中"道"即为人之道,教师的首要职责即"传道""喻德"。唐代文学家韩愈进一步指出:"师者,所以传道授业解惑也,……道之所存,师之所存也。"有师才有道,为师需有道;有德才有师,教事要喻德。其次,为人师表。作为一代先师,孔子首次提出以身作则的"师表"原则。他说:"其身正,不令而行;其身不正,虽令不从。""不能正其身,如正人何?"最后,"师""礼"相通。"师者,所以正礼也。"师成了礼的化身并以标榜世人。近代以来,人们对教师这一职业提出了更多要求,但首要的一点仍然在于"德"。总之,无"道"、无"德"、无"礼"、"身不正"者不可为师。

(一)为人师表

为人师表,语出《北齐书·王昕书》中的"杨愔重其德业,以为人之师表"，指在人品、学问方面做别人学习的榜样。

1.要在热爱上做榜样

要有大爱胸襟，爱自己、爱父母、爱他人、爱社会、爱大自然。教师的大爱从爱学生做起，苏霍姆林斯基对老师直白地说出："如果你不爱孩子，你就从事别的职业吧！"做一名有大爱的老师是要有付出的，有付出，要有东西付出，也就是说，一名合格的老师就是要有足够的内在修养，修养包括拥有智慧、良好养成，智慧来自知识的积累，养成来自品德的修炼，积累与修炼，顾名思义就是一个长期的行为，因此是终身的。也就是说，一名合格的老师就是要坚持终身学习与修炼，才能保证自己有足够的内在修养。这看起来是很高的要求，事实上却是最基本的要求，也就是师德的底线。

2.要在追求上做榜样

要有追求做教育家的目标，尽管对大多数老师来说无法企及，但心应向往之。一名合格老师的条件已经是很高的，笔者认为，合格老师与教育家之差距就是两个字"坚持"。温总理对教育家提出三条标准："热爱教育，懂得教育，终身从事教育。"14个字言简意赅，要做到热爱、做到懂得、做到终身从事，都强调了坚持，但能坚持的有几人？古今中外的教育名家做到了。有万世师表之称的孔子做到了"诲人不倦、以身作则、传道授业、学而不厌、教学相长"；有"亚圣"之称的孟子也做到了"持志养气、反求诸己、存心养性、苦心劳骨"；古希腊伟大的思想家、哲学家、教育家，素有"西方孔子"之称的苏格拉底同样做到了"有教无类、言行统一、育人为本、安贫乐道、博学见广"。在近现代，20世纪我国伟大的人民教育家陶行知先生的"捧着一颗心来，不带半根草去"是他对教师师德的高度概括，他有"爱满天下的"博大胸怀、"追求真理做真人"的人格品质、"甘当骆驼"的奉献精神、"学高为师，身正为范"的道德情操和"以教人者教己"的学习态度。

3.要在实践中做榜样

著名教育家叶圣陶说："教育工作者的全部工作就是为人师表。"丰子恺把人格比作一只鼎，支撑这只鼎的三足是：思想——真，情感——善，品德——美。只有"三足鼎立"，真、善、美和谐统一，才能为人师表。教师为人师表，就是在给学生长善做示范，习近平总书记的"四有好老师""四个引路人"和"四个相统一"都是为人师表的具体要求，落实这些要求，教师就是在做长善的示范。长善教育的为人师表着力体现在坚持修炼上，在育人上修炼，在课堂中修炼，在学习中修炼，在研究中修炼，修炼出人格的完善，修炼出专业的精湛。

（1）在育人上修炼

育人为本，立德树人，是教育的根本任务。"身教胜于言教""浇树浇根，育人育心"，是育人的基本原理。教师在教育上的作用不是体现在说教上，而是体现在能激励、会唤醒、善鼓舞上，后者的力量又来源于教师自身的素养的提升，要提升到能充分尊重学生、了解学生、相信学生、依靠学生；提升到能充分相信课程的力量、活动的力量、课堂的力量和成长的力量；提升到能充分担当传递大爱的责任。老师的良好习惯，直接引领学生养成良好的习惯，反之，也直接导致学生养成不良习惯。学生的一些不良行为，往往不是道德表象，而是心理表征。"知其心，然后能救其失也"。只有走进学生的心里，教育才能有效发生；只有用善心，才能唤醒学生的善心。

要走进学生心里，首先必须让学生把心门打开，打开学生心门最有效的方式就是活动，在活动中互动，在互动中感动，在感动中打开心门。因此，教师要积极研发活动课程，包括学校、年级、班级各层面的活动课程，用课程实现立德树人。

（2）在课堂中修炼

名师都是在课堂里摸爬滚打出来的。于漪说："教育事业是实践性的事业，离开了大量的教育教学实践，理论就苍白无力。"

第一，要在备课上修炼。一要备学生。"知人者智"，了解学生将给自己教育学生带来智慧。著名教育心理学家奥苏伯尔说过："假如让我把全部教育心理学仅仅归结为一条原理的话，那么，我将一言以蔽之：影响学习的唯一最重要的因素，就是学习者已经知道了什么。要探明这一点，并应据此进行教学。"在教学上要多了解孩子已有的知识；在教育上则要多了解孩子的长处，能否发现孩子的长处决定着教育的成败。中国童话作家郑渊洁说："每个孩子都有自己的长处，关键在于做父母的是否善于发现——合格的教师和父母发现孩子的优点，告诉他什么地方行；不合格的教师和父母发现孩子的缺点，告诉他什么地方不行。"美国心理学家威廉·詹姆士就曾说过："人类本质中最殷切的需求是渴望被肯定。"意大利思想家布鲁诺从反面说明发现孩子优点并加以鼓励的重要意义，他说："一味地挖苦、贬低，会导致孩子的反抗，反对父母，反对学校，或者反对整个社会。"《论语》中就有 54 处记录的是孔子评价弟子的语言。孔子对自己的学生了如指掌，他对于学生的评价总是恰如其分，这都是来自孔子对学生的悉心体会和深刻关注。苏联教育家苏霍姆林斯基曾先后为 3700 多名学生做过观察记录，能指名道姓地讲出 100 多名"最难教育"学生的成长过程。其了解学生的用心与细致程度可想而知,至今在帕夫雷什中学还保留的教育实践就是细致地观察学生、记录学生、教育学生。

二要备教学内容。在备教学内容上必做"三个思考":这堂课要达到什么目标?采取什么措施实现目标?用什么办法检测是否达标?并着力实现"教学评一致性"。为此,首先要明确目标清晰是"教学评一致性"的前提,备课要在明晰目标上下功夫,要深入研究课标、教材与学生,确定学生能够理解和可以检测的学习目标;其次要明确目标达成是教学有效的唯一证据,因此,设计目标达成的检测办法成为备课的关键,教师要拥有制作检测工具的能力与方法;最后要明确"教学评一致性"是破解"低效"课堂的重要途径。其基本策略是一致性的思考和有序的分解。一致性的思考就是教师要像课程专家、教材专家、教学专家、命题专家一样思考,领会课程的性质理念以及课程各级各类目标,理解教材编写意图、整体结构、内容,从而正确定位课时教学目标、评价任务、教学设计,进而精准了解测验手段、内容、方法等,使得参与研究的教师基本能抓准目标方向。有了一致性的思考后,还要对目标进行有序的分解,将课程标准中的目标转化为可见、可测的学习目标;将教学思想、课程标准、学段目标等转化为学生能理解、可操作、可评测的教学实践活动,再设计基于目标的评价任务,包括观察、提问、表演、交流、练习、测试、作品等了解学生已经学习到了什么,进而选择和组织学习内容、教师教学指导以及学生的学习活动。

第二,要在上课中修炼。叶澜教授说:"课堂教学应被看作师生人生中一段生命经历,是他们生命有意义的构成部分。"让课堂教学真正实现"教学相长",是教师在上课中理应追求的目标。课堂能承载"育人"目标是我们必须探讨的方向。把课堂还给学生,充分张扬学生的激情和个性,体现出学生的"主体""主人""主角"地位,就能解决学生个性发展与全面发展的冲突,当学生的全面能力提升之后,升学就是教育的"副产品"而已。素质教育从来就不是以牺牲升学率为代价的,也不以追求升学率为唯一目标。

教育的希望在"高效课堂",高效课堂需要路径,更需要力行。长善教育提出的"五学"模式,不是试验探究,也不是理论研究,而是借鉴了祖先优秀教育经典,乃至世界先进教育理论,在参考了近十年来全国课改先进区域或学校经验的基础上,结合县情实际推出的能够直接操作的教学模式。"五学"模式的难点,一是小组建设与评价机制的建立,而这个难点的突破,关键点则在于课堂教学目标是否明晰,自主学习与合作学习的任务是否清晰,学生展示的内容、形式及必要性是否清楚。二是教师上课方式难以改变,老师只会讲,讲完意味着教完,教完意味着履职。这个难点的突破,关键点在于老师要学会把"讲"变成"布置任务"。布置任务,就是师生要先共同明确所要达到的目标,然后思考达到这个目标有何途径,在这个途径中可能遇到的难点是什么,再把这些难点分配给学生去自主学习、合作学习和展示赏学,并让学生对学习的方式、时间、任务、成果的呈现形式做到明明白白。在这个过程中,老师可从容自在地穿梭于学生中间,一是督促个别不自觉的学生"动"起来;二是获取学生学习基础、能力的差异信息;三是指导个别有困难的学生,感动学生;四是发现一些优秀的学生,发挥他(她)们的引领作用。这不仅是完成教学任务的过程,更是一段师生情感交流的过程。

高效课堂必须树立的重要理念之一是,一切有助于学生成长的学习一定是自主学习,包括独学、对学与群学。教师要从学生的成长进步、全面发展出发,创新教学理念,改进教学方法,创设乐学氛围,让学生在"师生互动、生生互动"的情境中自主学习、合作探究、主动思考,不断提高表达能力和思维能力。教师要积极创设师生双向互动的教学情境,引导学生自主学习、合作探究、深入思考,活跃课堂气氛,提高教学成效,使"教"与"学"相得益彰。教师要努力做第"n+1"号学生,与学生共同确定目标,当自主学习的"首席"学生,积极参与合作研学,做展示赏学的模范观众,在检测评学中做公正的评价者和引领者。

第三,要在反思上修炼。反思是提高课堂教学质量的重要环节,因为反思是对已经结束的教学过程进行回顾与重新认识,从而产生更趋合理的教学方案与行为的思维活动,将反思的结果即经过积极整改的更趋合理性的教学方案付诸实践,不仅促进教师个体素质的不断提高,而且必将有效地促进课堂教学质量逐步提升。

教育是面向生命的事业,每个人的生命只有一次,因此是不容许随意发生错误和问题的事业。要做到不犯错误或少犯错误,就要学会预防错误,绕过错误,其中一个重要办法就是反思。同时,教育教学活动又是情感极为丰富的人文精神活动,当人的情感丰富超过限度时往往会产生"冲动"和"冒险",于是欠理智、欠科学(即不符合规律与不合理性)的教学行为也随之产生,如果这时候不知道反思就会酿成大错。因此,要当一名合格的教师,必须及时地反思、不断地反思和科学地反思,让教育教学活动永远充满改革与创新色彩,永远处于一种科学合理的理智状态之中。

教师课后反思的过程是发现的过程,也是研究、提升的过程。理论在反思中深化,知识在反思中丰富,方法在反思中改进,机智在反思中生成,风格在反思中形成。今天的教学是在反思昨天教学的基础上的传承和发展,明天的教学也必将在今天的教学和反思中得到提高,教师的专业素养在"实践—反思—再实践—再反思"中逐步发展。

(3)在学习中修炼

学习能引进活水,不学习心泉就会枯竭。不学习就是精神上不进"食",长期不学习,就必将造成精神营养不良,精神营养不良的结果就是易患心理疾病。陶行知先生说:"要想学生好学,必须先生好学。唯有学而不厌的先生才能教出学而不厌的学生。"一个不好学的老师,一定很难去说服别人好学。老师凭什么能站在三尺讲台上?凭什么敢去教诲别人?凭什么让社会尊重教育?当代教育大师于漪是凭着她宽广的情怀、渊博的学识和孜孜的追求,成了一个教育界泰斗级的人物。她说:"为了增添一点教学底气,我拼命挤时间学……不学习,上课就没有发言权。"于漪是这样练就的,古今中外无数功成名就的教育大师也莫不如此。因此,老师要在牢固树立终身学习的意识上做表率,在坚持读写中做表率。读写是所有学习路径中最不受时空限制、最灵活,也是最能从中获益的修炼。

一要在坚持阅读上做表率。2009 年度"推动读书十大人物"之一北京八中初中部校长张凤兰在获奖感言中就说道:"作为一名教育者,要通过阅读不断更新自己的知识库,广泛涉猎各种知识,与时代保持同步。虽然声光电的阅读适合开阔知识面,但要提高自我心灵修养和专业修养,书本阅读不可替代。"朱永新教授是如此强调阅读的:"人类能够超越其他动物的地方,就是因为人类有自己的精神世界,而这个精神的世界是离不开阅读的。只有和老子、孔子、孟子这些最伟大的思想家对话,才能达到先秦时代文化思想的高峰;只有与文艺复兴时期的大师们交流,才能获得西方文明的一些最重要的平台。"国画大师张大千谈及自己的绘画成就时认真地说过一句话,"作画如欲脱俗气、洗浮气、除匠气,第一是读书,第二是多读书,第三是有系统、有选择地读书"。当老师要脱俗气、洗浮气、除匠气,达成为人师表,也必定是要读书、读书、再读书。

笔者常用自己的阅读经历告诉老师们,读书从什么时候开始都不算晚,只要想读,就开始读,并且坚持下去,就一定会体验到读书给自己带来的益处。当然晚读不如早读,文坛"常青树"王蒙也说过,读书要趁早,越是年轻时,读书印象越深。读书要读最高层次的书,即经典,因为"取法乎上,得乎其中,取法乎中,得乎其下"。在读经典中修炼自己的内心,让自己的内心精彩起来,看这个世界就会是精彩的,为人师表的形象也就会展示出来。当读书成为一种习惯时,教育就会从呆板走向生机,从机械走向灵活。

二是在坚持写作上做表率。写作是一种深度思考,既有正面思考,更有实践之后的反思。因此,写作是教师专业成长不可或缺的途径。苏州大学博士生导师朱永新教授为了激励青年教师在写作中成长,于 2002 年 6 月 26 日在教育在线网上发了《朱永新成功保险公司开业启示》,主要条款是,保险期限:十年;投保条件:每日三省吾身、写千字文一篇,十年后,持 3650 篇千字文来本公司;理赔办法:如投保方未能跻身成功之列,本公司愿以一赔十。2002 年 10 月 12 日,江苏盐城的农村教师张向阳成了朱永新教授成功保险公司的"第一投保者"。是日,张老师写下了他的第一篇教学随笔——《听课随想》。8 个月后,他竟写了 30 万字的教学随笔,其中 50 余篇 7 万余字见诸报刊。这更让我们清晰地看到了写作对于教师成长之重要。

想的并不一定说得出来,说的并不一定写得出来。写作不仅从形式上催逼思考,更能把思考带进深入,走向思想。因为书写的过程必定要思考用什么词更合适,怎样的句子更精练、更优美、更通俗,段落之间如何才能更合乎逻辑等。写作最能体现一个人的综合素质,对激发思维、升华思想、增进智慧具有重要的作用。

(4)在研究中修炼

苏联教育家苏霍姆林斯基对校长们说过:"如果你想让教师的劳动能够给教师带来乐趣,使天天上课不致变成一种单调乏味的义务,那你就应当引导每一位教师走上从事研究的这条幸福的道路上来。"

第一,要有研究的态度。木心先生说,如果研究一个麻将,坚持研究五年,你都会不一样。因此,对所做的事情,如果能钻进去,用研究的态度来做,一定会做出不一样的事情。解放孩子,解放自己不可或缺的途径就是研究。当你把每一位学生、每一篇教材、每一个有意义的教学事件,或其中之一,作为研究对象来对待时,要想不成功都难!

试想一下,如果学生非常想学习,非常想学好,教师能帮助他们的是什么?那一定是提供最合适的课程、最有效的路径。然而,最合适的课程、最有效的路径永远都没有现成的,需要教师针对自己的学生,结合自己的特长,以教育教学理论为指导,以课程标准为依据,利用一切可以用的资源,满足学生的学习需要,这一过程就是教科研,有这样的过程必然就会为提升教学成绩加速。因此,教科研并非教育专家的行为,每一个教师要想提升教学成绩,必须有这一过程,要把"在教学中研究,在研究中教学"变成自己工作的常态。

研究是教育工作的本质属性,是教师专业成长的幸福之路,是学校提高办学效益、培养优秀人才的必由之路。教育质量的提升关键在教师,教师专业的提升关键在教研。教研应该是以研究解决学校、教师所面临的教育教学问题为出发点,以促进全体教师的专业化成长和每个学生的发展为宗旨,是自下而上的日常活动,其核心是立足本校教师、针对本校问题、提升教研水平、服务本校教学。教研流程,包含以下五个部分,即"通过梳理问题确定课题,根据课题制定实施方案,根据方案进行课堂实践,根据课堂实践开展反思研讨,根据反思研讨进行总结提升"。开展教研活动,必须立足学生和谐发展,研究解决具体的教育教学问题,提高教师解决实际问题的能力,提高教育教学水平和质量,助推学校内涵发展。学校教研之路,应当是在阅读中寻找方法,在实践中解决问题,在书写中提炼思想,在坚持中成为行家。

第二,要有研究的方向。教师的教科研行为与教学行为不是两张皮,而是融为一体的。这两个行为的主阵地一定都是课堂,老师完全可以不做离开课堂的教科研;事实上离开课堂的教科研,老师也做不成,做了也是假的。那么,以课堂为主阵地的教科研,教师研什么?怎么研?

研学生。研究学生要作为教师的第一专业。研究学生就是了解学生,学生首先是人,因此要先了解人是什么?也就是学生的最基本的共性部分——人能思考、人能成长、人有无限的潜能等;人有需求,人基本都遵循马斯洛的需求层次理论。其次要了解自己所面对的学生,所面对的每一个学生,他们的家庭背景、成长历程、多元智能、需要层次等。

研育人。针对自己的学生,有什么办法可以调动他们的学习积极性?如何让学生在自己的学科学习中保持和发展他们的好奇心、进取心、责任心等?如何让学生在自己的课堂中养成他终身受用的良好的学习和行为习惯?

研教学。首先要研究教的内容。有效的研究应该站在学生的角度,研究教的内容,确定合理的目标、明确的任务、清晰的思路、有效的检测。备课组要把"周学习清单"当研究来做,研究学生、课标、教材、学法和检测。可以从研究检测入手,进而研究学习内容与方法。其次要研究教的方法。内容决定形式,因此要以内容确定方法。但无论什么方法,最有效的方法必定是自主学习;最无效的方法,《学记》表述的最为清楚:"今之教者,呻其占毕,多其讯,言及于数,进而不顾其安,使人不由其诚,教人不尽其才,其施之也悖，其求之也佛。夫然，故隐其学而疾其师，苦其难而不知其益也。虽终其业，其去之必速，教之不刑，其此之由乎!"意即今天的教师，单靠朗诵课文，大量灌输，一味赶进度，而不顾学生的接受能力，致使他们不能安下心来求学。教人不能因材施教，不能使学生的才能得到充分的发展。教学的方法违背了教学的原则，提出的要求不合学生的实际。这样，学生就会痛恶他的学业，并怨恨他的老师，苦于学业的艰难，而不懂得它的好处。虽然学习结业，他所学的东西必然忘得快，教学没有成效，其原因就在这里啊!两千多年前就被如此深刻批评的教学方式，今天依然有很多老师大量使用。因此，亟须研究的是如何找到适合自己的有效教学方法，如何让自己尽快远离低效甚至是无效的"勤奋"。

不让学生痛恨老师而让其主动感受学习的好处，最核心最难的就是教学要因材施教。老师无论是在课堂还是在课外都要尽力多做一对一的帮助，可以是老师与学生的一对一帮助，也可以是学生与学生的一对一帮助。

第三，要有研究的成果。最基本的成果就是解决了自己教育教学中遇到的问题，如果将解决问题的过程叙述出来，就是可以分享的成果。随着研究的坚持与深入，要去思考并概括自己的教育教学主张，包括价值观、理念、思想、风格等，并在日后的实践中不断加以完善，最后形成自己独特的教学思考，直至教学思想，就是最大的研究成果。

(二)诲人不倦

孔子认为:"默而识之，学而不厌，诲人不倦，何有于我哉?"意思是说:默默地记住(所学的知识)，学习不觉得厌烦，教人不知道疲倦，对我而言又做到了哪些呢?"学而不厌，诲人不倦"，这是孔子的教育态度，也应是当今教师的重要师德观。实践长善教育的老师，应当敬畏教师这个影响人成长的职业，保持"默而识之、学而不厌"的学习精神;恪守"有教无类、以诚相待"的教育态度;遵循"因材施教、教学相长"的教学原则，从而真正做到诲人不倦。

1.默而识之、学而不厌

《道德经》有言"知人者智，自知者明"。"默而识之"也就顶多达到"知人者智"。因此，"学而不厌"就应当以"自知者明"为目标，能够认识自己才算高明。事实上，人要真正了解自己是很难的，一是很难发现自己身上的优点，尤其是孩儿时代，父母总习惯将别人的孩子的优点作为参照点，让自己的孩子变得一无是处;二是更难发现自己身上的缺点，尤其是成人，因为人的头脑里的智力是很狡猾的,会找出种种歪理来支持自身的私欲。

因此,自知需要勇气,更需要智慧。智慧必定来自"默而识之"的学习,更需要"学而不厌"的坚持,坚持力行,坚持反省。一个不学习的人其行为多固执;一个不力行的人,与不学习无异,其行为多浮躁;一个不会反省的人,永远无法真正认识自己。古希腊哲学家苏格拉底甚至说:"未经反省的人生是不值得过的人生。"

作为老师,认识自己就是要了解自己到底有多少能耐,到底有什么特长,要能扬长避短。扬长就是让自己的长处最大限度地发扬光大,多在学生面前展示自己的优势,记忆力强就多在学生面前激情背诵;避短也非一定要去掉这些短板,而是尽量让自己的短板不影响自己工作,字写不好就少写一点,话不会说的就少说一些。

一位真正认识自己的老师,才会意识到人的潜力是无限的。有这种意识的人,一定会更加勤奋,更加刻苦,最大限度地挖掘自己的潜能,从而最大限度地开发学生的潜能。

一位真正认识自己的老师,也才会意识到个人的能力是极其有限的,从而积极寻求外界力量的支持,包括寻求同事、书籍、互联网、专家等帮助,始终保持一种谦逊的心态,坚持学习,讲究合作,进而最大限度地发挥自己的作用。

了解自己,最终是为了解自己到底为什么而活。因为知道了为什么而活,才能从容选择,从容应对,从而让自己变得更为丰实。德国哲学家尼采说:"一个人知道自己为什么而生活,就能忍受任何生活。"能够忍受任何生活的人,一定是勇于面对任何挫折的人,而故事就是在自己与挫折对抗并最终战胜挫折中生成的。

如何知道自己到底为什么而活呢?爱因斯坦曾经就遇到过一个大学生向他求教这个问题,大师给出答案的同时提醒这位大学生,"在力所能及的范围内尽量满足所有人的欲望和需要,建立人与人之间和谐美好的关系。这需要大量的自觉思考和自我教育",并指出"不容否认,在这个非常重要的领域里,开明的古代希腊人和古代东方圣哲们所取得的成就远远超过我们现在的学校和大学"。因此,要知道人生的这个终极答案,不去问一问我们的"老祖宗",不去主动作为,感动不了自己,更感动不了别人。

2.有教无类、以诚相待

2500多年前,孔子就提出"有教无类"的教育主张,而且身体力行,影响巨大。但是,受种种因素的影响,在现实教育中,上至政府、下至普通教师的行为,都常有悖于孔子的"有教无类"思想,使其思想在当下受到极大挑战。做一名普通教师难以改变大环境、改变别人,但一定可以改变自己,每位教师都一定可以在"有教无类"上做出自己的贡献,交给我们一个班的学生,从善良出发,尽力去发现每一个个体的特长,让每个学生都能在原有的基础上有进步,从而达成自己权限范围内的"有教无类"。

以诚相待,最重要的表现就是信任,有信任,才会依靠,被重用就会成长,才是真正的以诚相待。学习力是每个人与生俱来的能力,之所以有相当一些学生随着年龄的增长,学习力反而减弱,就是因为没有得到信任,学习力没有机会得到锻炼。因此,长善教育要求教师把相信学生作为第一要务加以落实,必须从"我讲了都不会,我不讲学生怎么会?"的简单逻辑中走出,以诚相待学生,确实与学生保持密切联系,了解学生的真实需要,也要了解学生有哪些不需要,因为,现代学生已经在向我们发出声音,"有一种需要就叫不需要"。

教育教学的方法除了从理论和经验上来,更要从学生中来。教师所有的"教"都是依靠"学"来体现,学生不学、没学,教师再会教都没有用。依靠学生的前提是了解学生、研究学生。"一切问题从学生中来,一切答案到学生中找。"

废掉一个人的最简单的办法就是什么事都替他办了,直至他没有能力办任何事。事实上,每一个人的学习都是任何人无法替代的,因为,无论是要参加竞争性的考试,还是走向社会的"学以致用",还是自身的学习成长都是无人可以替代的,因此,无论是课堂内,还是课堂外,老师都要最大限度地为学生创造学习的时间与空间,依靠学生,让学生学起来、学进去。学生在成人上,最需要的是老师的人格魅力,而不是无休止的唠叨;学生在学业上,最需要的是老师的专业智慧,而不是零散的专业知识。依靠学生,具体来说,首先要让自己班上的学生都成为既是被管理者,也是管理者,也就是人人都有明确的任务,人人有事做,事事有人做。其次是要将自己的课堂尽量从"讲授型"变成"任务型",明确目标、明了学法、定好规则、合作完成。

3.因材施教、教学相长

因材施教。第一,要承认差异。在老师眼里好学生的标准就是听话且成绩好,老师一心想着把本班学生都教化成听话的,这就是不承认差异的表现之一。第二,要尊重差异。事实上,不怎么听话,或者偶尔表现出不怎么听话的孩子往往是智商较高且极有个性的孩子,对这些孩子的尊重与保护,是对我们这个民族创造性的尊重与保护。成绩好坏本身就是相对的,一个班级学生全部都是最优秀的,一考试,一定也会分出第一名和最后一名。再说,根据霍华德·加德纳多元智能理论,每个人在语言、数学、空间、音乐、身体、自我认知、自然认知、人际等八个智能方面是各有所长的,而目前我们中小学主要考察的就是前两种智能。第三,要利用差异。差异本身就是一种资源。长善教育强调小组合作学习,强调"兵教兵",就是在利用差异本身蕴藏的资源。小组合作、"兵教兵"的学习方式难以推进,主要原因有四个方面,一是缺乏用心组织;二是缺乏有效培训;三是缺乏任务推动;四是缺乏有效评价。第四要分层教学。把所有课时由45分钟缩短为40分钟,上午增加第五节,按年级进行"分层走班"上课,针对英语和数学两个学科,至少分三个层次,优生培优,中等生拔优,学困生补差。这样的改革,第一,是基于学校的全寄宿全封闭式管理。对全天的时间,进行精细化安排,就是要让全封闭式管理的时间优势得以发挥。第二,是基于人的注意力持续时间考虑。人的注意力持续时间很有限,40分钟为单元的学习更为有效,而且可以在一定程度上控制老师讲的时间。第三,最重要的是要让老师适应分层教学,走班上课是未来教学改革的必然趋势,早点开始能化被动为主动。

教学相长。"学然后知不足,教然后知困。知不足然后能自反也,知困然后能自强也。"这是两千多年前《礼记·学记》中对"教学相长"的解释。"教学相长"长什么?"教也者,长其善而救其失也。"教师教的是长其善,学生长的自然就是其善。教师也只有长其善,才能长他人之善。学然后,对学生而言就能知不足;教然后,对老师而言,往往不易知困。因此,教学相长,往往是学生长了,教师却不长,也因为教师的不长,必然阻碍了学生的长。

教师不长的因素有很多,其本质因素也必是内因,这个内因首要的也必是没有认识到位。若能有河南省洛阳市西工区西下池小学张学争老师对教师精神成长的认知,才知道为人师拥有极其宝贵的成长资源。张老师认为:"童年的创伤唯有退行到童年,重新再让当时未表达出来的情绪与感觉表达出来,才有可能痊愈;孩子是上天派来拯救成人的天使;童年的无意识、天性也是拯救成人的一种方式。退行到童年的时空,哪个行业的人员比老师更有这个机会?所拥有的天使,哪个有老师多?因此,学生永远是教师精神成长的宝贵资源,要倍加珍惜。"因此,教师拥有着精神成长独特的"肥沃土壤"。

课堂是师生生命绽放的共同体,教师的诲人不倦最重要的表现就是坚持成长,用成长带动成长、用成长感动成长,师生就能在校园过上一种幸福的生活。

著名教育学者肖川先生说:"教育的过程就是一个不完美的人引领着另一个(另一群)不完美的人追求完美的过程。"这应该是对"教学相长"最诗意的解读。

三、学生观——坚持自主　超越自我

长善教育对学生的要求是坚持自主,超越自我,也就是学生要树立自主成长、超越自我的观念。

(一)坚持自主

学生是有意识、有情感、有个性的社会人,是具有主观能动性的人。在接受教育过程中,学生具有一定的自觉性和独立性,能根据一定的目标和要求,自行采取相应的态度和行为。苏联教育家苏霍姆林斯基就说过:"只有能够激发学生去进行自我教育的教育,才是真正的教育。"当代美国著名的人本主义心理学家之一卡尔·罗杰斯还说:"凡是可以教给别人的东西,相对来说都是无用的,即对人的行为基本上没有什么影响。能够影响一个人行为的知识,只能是他自己发现并加以同化的知识。"因此,引领学生认识学习、勤奋学习是确保学生学会自主、坚持自主的重要保障。

学习是一门科学,因此,它是有规律的。有规律的东西,学生若没有发现其规律所在,就会觉得是一头雾水;一旦发现了规律,就会觉得世界上最容易的事就是学习了。因为它容易到几乎和吃饭一样,不用说有难度,不知不觉地就会享受其中。"学之道在于悟"。要悟到学习之道,从根本上说就是解决两个问题:一是动力问题;二是方法问题。

1.只有解决了动力问题,探讨方法问题才有意义

解决动力问题从根本上说就是要解决做人问题。因为,缺乏动力的典型表现就是懒散、无所谓、烦躁、抱怨、自私、无聊、郁闷等,这些表现本质上就是做人没有养成良好习惯和树立远大志向。

首先,学会做人就是要养成良好习惯。良好习惯细到人的一言一行,不说脏话、不说假话、不在公共场合大声喧哗、遇到长辈微笑招呼、常说"谢谢、对不起、请原谅"等都是言语上的良好习惯;不乱扔垃圾、站如松、坐如钟、做事善始善终、待人处事有礼有节、自觉遵守一切法规等都是行为上的

良好习惯。当然,决定良好习惯养成的根本还是《弟子规》中讲的"首孝悌,次谨信;泛爱众,而亲仁"。一个人时刻牢记孝敬父母、尊敬长辈,友爱兄弟、团结同学,言行谨慎、讲究诚信,从而让自己拥有大爱胸襟:爱父母、爱老师、爱他人、爱社会、爱大自然,还能主动与有仁义的人交往,这样的人不会有不良习惯,这样的人更不会缺乏学习动力。因为,他们十分明确,学文的目的是让自己有能力把孝悌、谨信、爱众、亲仁做得更加完满。

其次,学会做人就是要树立远大志向。如果一个人把学习的志向就定位在"考上大学—找个好工作—过上舒服的日子",那就形成不了持久的学习动力。因为,身边就有很多人没有考大学照样过着"舒服"的日子,因此,考大学是一个人的近期目标,但其本质上产生不了持久的动力。只有把学习的目标定位远大一点,即学习是为了丰富自己的内心、形成自己的能力,能够更阳光、更踏实地为他人、为社会、为这个给我们生存的大自然做更多的贡献,从而实现自己的人生价值,才会产生真正且持久的动力。也只有如此,才能获得人生真正的幸福。

当然,缺乏学习动力还有诸多原因。比如"读书无用论"的影响,可以明确的是,读书是否有用,只有真阅读的人才能有真体会。"脚步不能丈量的地方,文字可以;眼睛到不了的地方,文字可以。""今天多学一点知识,明天就少一句求人的话。""你现在的气质里,藏着你走过的路,读过的书,爱过的人。"……有众多名人关于读书的名言,它什么时候能抵达学生的心灵,激起学生学习的热情呢?唯有开启真实的学习行动。

"阅读最大的理由是想摆脱平庸,早一天就多一份人生的精彩,迟一天就多一天平庸的困扰。"余秋雨先生的这句话应该能让学生快点动起来。

2.只有勇于实践好习惯,才能真正悟出学习之道

有了学习动力,解决方法问题,只是时间而已,勇于实践良好的学习习惯,善于反思总结,就会逐步地悟出学习之道。实践出真知,行动比空想重要得多,有意义得多。我国教育家陶行知先生原名陶文濬,他用自己的亲身经历悟出"行是知之始,知是行之成",即行动才是获得知识的源头,知识只是行动后自然而然的成果,因此而更名为陶行知。

对学习者而言,在具体的每一个学习环节,也仍然是行动最重要。两千多年前,我国的思想家荀子就说过:"不闻不若闻之,闻之不若见之,见之不若知之,知之不若行之,学至于行而止矣,行之,明也。"国际学习科学研究领域把它描述为:"you hear, you forget"(听来的忘得快),"you see, you remember"(看到的记得住),"you do, you understand"(做过的才能会)。

笔者把它概括为,听不如看,看不如干。因此,勇于实践是学习的最重要法宝。孔子对勇于实践的评价是"力行近乎仁"。

第一,要勇于实践良好的学习习惯。从根本上说,最重要的学习习惯就是读写的习惯。因为学习实质上就是身体五官的动用,让自己处于听、说、读、写、思的状态中。读书用眼、口读,也可用耳"读"(听);写作用手写,也可用嘴"写"(说),但都要用脑"写"(深刻思维的过程)。因此,我们的祖先总结说,不动笔墨不读书。事实是,不动笔墨根本就不会想读书,其原理与人不饿就不想吃饭一样。因此,书读多了不一定会爱写,但写多了一定会爱读。

第二,要勇于实践良好的生活习惯。良好的生活习惯是一个人有良好学习习惯的根本保证,一个人生活习惯不好,很难有好的学习习惯。没有正常的作息、饮食、自主管理、集体生活、锻炼身体的习惯,就不会有自主学习、团结协作、积极展示、心怀感恩的习惯,就是想读书写作,也坚持不了多久,其过程更没有幸福可言。

第三,要勇于实践反思总结的习惯。反思是正思之后才有的思维,没有东西反思,是因为没有正思。人区别于其他动物的最重要一点就是人有思维,因此,人有精神的追求,为了不放弃这一点区别,人的求学过程最重要的一个目标就是学会思维、训练思维。学会思维、训练思维在掌握学问上,就是学会问是什么?为什么?有什么用?怎么用?在自问是什么中,掌握知识;在自问为什么中,找到学问的规律所在;在自问什么时间做什么事,怎么做才有效中,掌握学习方法。显然,反思就是针对学问的掌握情况与方法的应用情况进行的思考。在反思中总结,在总结中提升,在提升中悟出规律。

勇于实践必须有毅力的保证,毅力还是所有成功者必不可少的品质。无数事实证明,要一个好的开始太容易了,每个人都可以在你需要的时间开始一个新的人生。但是,要有一个好的结果太不容易了,因为我们每个人随时都可以中断自己的努力,随时都可以中断自己的追求,也正因为如此,很多人都在成功的边沿放弃了。因此,在通往好大学的路上有点拥挤,但通往成功的道路上并不拥挤,因为能够坚持的人不多。

总之,学习是有道的,道是在实践中悟出的。悟出学习之道并获得成功人生,并不像我们想象的那么遥远,并不像我们想象的那么困难,但也并不像有些人想象的那么容易。成功之路就在你的脚下延伸,就在你的坚持下铺展,你只要不断地坚持,坚持,再坚持,坚持自主,就会有奇迹属于你,就会有故事属于你,更会有幸福伴着你!

(二)超越自我

学生是成长中的人,成长过程不会是一帆风顺的,会有各种各样异常情况出现,这也正是学校、教师存在的理由。学生在成长过程中所犯的各种错误,只要得到及时修复,都是其心智得以锻炼的重要时机。从小都没有犯过错误、没有遭遇挫折的人心智往往难以成熟。因此,学生犯错是教育的重要资源。每个学生都是一个独立的个体,每一个个体都有优缺点,让其优点不断放大,是我们教育者理应追求的目标。鼓励学生与自己比,每天超越自己一点,就是行走在追求成功的道路之上。

人的潜能是无限的。无限的潜能得以挖掘,需要他人的帮助,更需要自身的努力;需要有良好环境的支持,更需要自我营造环境。只有学会自我超越,感受超越自我,才能享受成长的快乐。

如何才能感受到自己每天都有长进呢?学会反思是关键。反思的前提是正思与行动。很多人会说,我每天都是这么过,没有东西反思,这就是因为没有正思和正思后的行动。没有正思过,我这一天到底应该怎么过?稀里糊涂就过去,天天如此,已成习惯,当然就没有东西反思。著名哲学家苏格拉底说过:"唯有知道自己在做什么,人生才有价值。未经反省的生存适于牲畜,却不适于人类。"人区别于其他动物最显著的特征就是人会思考,事前会正思自己要做什么,该怎么做,事后会反思做到了没有,做好了没有。养成正思—行动—反思的习惯,就能在思考与行动中超越自我,在思考与行动中享受自己的幸福人生。

超越自我者就是强者、成功者、快乐者。老子说:"胜人者有力,自胜者强。"战胜对手表明有力量,战胜自己才是真正的强者。战胜自己就是要战胜自己的无知、战胜自己的惰性。因此,超越自我的过程就是不断地向无知、向惰性挑战的过程。成功是结果,更是过程,每一次对自己的超越都是一次成功,成功的累加结果必定是成功。快乐多来自比较,"人比人,气死人",反之,与自己的昨天比,就能感受自己对自己的超越,从而感受成长、享受幸福。

"知人者智,自知者明。"了解别人的人是有智慧之人,了解自己的人才是明智之人。通过学习战胜无知,成为有智慧之人;通过勤奋挑战惰性,成为有胆略之人。在超越自我中健康成长、快乐成长、茁壮成长。

四、家长观——给足信心　榜样示范

家长是孩子的第一任老师，是影响孩子成长的最重要因素，充分发挥和依靠家长，是做好学校教育不可或缺的重要保障。苏联著名教育家马可连柯说过："父母是孩子人生第一任教师，他们的每句话、每个举动、每个眼神，甚至看不见的精神世界，都会给孩子潜移默化的影响。"一个家庭世代相传、潜移默化养成的品格，会深深影响一个人的一生，从孩提时代到青少年读书成才，一点一滴地言传身教慢慢渗透，形成了一个人的精神"长相"。父母所能给予孩子最好的财富，是祖辈父辈传承下来的行为准则和处世之道，是祖辈父辈赋予他的美好生命和高洁灵魂。因此，为人父母要主动担负起塑造孩子精神世界的导师的责任。

长善教育认为，家长在孩子的成长过程中最需要做到的是给足信心，榜样示范。

（一）给足信心——信心最为重要

"信心比黄金更珍贵。"这是我们温家宝常讲的一句话。发明家爱迪生说过，自信是成功的第一要素。文学家爱默生也说过，自信是成功的第一秘诀。马克思还说过，伟人之所以看起来伟大，只是因为我们在跪着，站起来吧！还有一位大师塞尼尔说得更加直白。他说："失去金钱的人损失甚少，失去健康的人损失极大，失去勇气的人失去一切。"失去勇气首先就是失去信心，所以要摧毁一个人就只要让他失去信心就足以。"你怎么这么笨！""没脑子""地瓜脑袋""你看人家会不会像你这样""你看人家做得多好！"等等，当我们把这些话不断地"轰"向孩子时，无异于在他正在成长的心田上扔下一颗颗重型炸弹，摧毁他的心灵也就指日可待了。

七中的学生最缺什么？最需要什么？因为考不上尤溪一中，才来到七中。因此，七中学生最缺也是最需要的就是信心。一次中考成绩，把七中的学生定义为二流，甚至是三流，社会与家长这么认为，老师这么认为，学生自己也这么认为，其结果是什么呢？人的思想是有能量的，一直把自己想象成什么样的人，那么，就容易成为什么样的人。因为，"想法"虽不是"真实"，但是"想法"能驱使人走向"真实"。再加上家长、社会、老师的强化，就更容易变成这个"真实"。

什么是自信？两千多年前孟子说的"尧舜与人同耳，人皆可以为尧舜"

是道德自信,古人"天生之人必有才,天生我才必有用"为能力自信。事实就是如此,我们因为没有自信,所以就觉得做一个好人不容易,做一个有用之人就更不容易。自信到底是什么?这很难用一两句话说明,不过,受过卡内基训练的一位学员说得很好:"自信,就是不要跟自己过不去。"这句话形容得很贴切,没自信的人常觉得别人看不起他。当我们都看不起自己,看不起自己的孩子的时候,还有谁能看得起咱们、咱们的孩子呢?

要给孩子信心,家长自己要有信心,因为一个人不可能给出自己没有的东西。信心来自哪里?信心来自全面、深入地了解自己的孩子。有智慧的家长就是能从自己的孩子身上找优点,找到的优点越多,自己的态度与行为就会改变得越多。事实上,每个孩子的潜能都是无限的,就看有没有去开发他。所以,有人说,上帝是最公平的,因为不管你是长得好看还是不怎么好看,不管是男还是女,不管是身体健全还是残疾,上帝都给每一个人装上成功的密码。非常成功之人,从其长相上看很多并非出众,残疾人获得成功的更是无数。能否成功就取决于两个重要品质:是否自信;能否坚持。南京的周弘先生把自己的聋哑女儿周婷婷培养成美国一所著名大学的博士,就是做到了坚持和自信。他的一句名言就是见证:"态度改变,困难不见;态度一变,方法无限;态度彻底改变,奇迹就会出现。"

要给孩子信心,家长要多给孩子鼓励,而不是老盯着孩子的不足。笔者回顾自己的成长历程,就深刻感悟到自己是在鼓励中健康成长。"首先是得到我母亲的鼓励,我的父亲自己名字都不会写,我的母亲会识的字也屈指可数,但是我的母亲,让我感悟到知识与文化的区别,我认为她知识不多,但她有点文化,包括激励文化、礼仪文化、敬畏文化等,而且懂得传承,懂得鼓励,懂得放手。其次是得到老师的鼓励。上初三之前,我对学习根本没有感觉,都被分在差班,因为数学稍好一点,初三时被数学老师也是好班的班主任调到了好班,因为这个激励,让我彻底改变了学习态度。之后,上高中,因为上了县一中,遇见的都是优秀的老师,就更加努力学习。走上工作岗位也一再受到指导老师的鼓励。"有早期教育教母之称的20世纪意大利女教育家蒙台梭利也指出,一个孩子在生命头三年的学习成就,要成人奋斗60年才能达到。她说:"孩子学习最有效率的时期,也恰恰是他们还不能和成人进行有效的语言交流、成人无法对之施加直接影响的时期。一言以蔽之,婴儿比成人聪明得多,他们能在短短几年无师自通地掌握语言等最复杂的交流工具。这是成人在有老师的情况下也望尘莫及的。"笔者就在思考,为什么在婴幼儿时期,小孩都能较快学会很深奥的人类语言和学会站立行走等。这一定不是父母教的水平很高,而是这个时期父母真正做到了不当老师当伙伴。一是对刚出生的婴幼儿父母都会尽可能地陪着玩,一有空就抱一抱;二是对婴幼儿说的话更多的是赞美之词,少有指责之语。孩子第一声喊出爸爸妈妈,第一次站立行走,都会得到"很乖""厉害"等赞美之词,会得到大拇指朝上的激励性身体语言,还会得到拥抱、亲吻等身体上的关爱,这些都给了小孩继续学习和表现以无穷的动力。鼓励的反义词应该是打击,打击最常用的方式就是指责与批评。指责、批评不仅是最无效的教育方式,甚至还有反作用。

要给孩子信心,家长要努力为孩子营造一个和谐的家庭氛围。在家庭里,子女和父母的地位是平等的,孩子和父母应该以朋友的方式进行相处,不能用长辈的权威来压制孩子,而应该让孩子享受到家的安全、温馨、幸福,当好孩子的伙伴。在孩子学习的时候,父母也要跟着一起学习,不断提高自己为父为母的水平,父母学习的方向应该是怎样和孩子相处,如何与孩子沟通,如何改善亲子关系,学习怎么样为人父为人母,这样才能创造出一个更好的家庭环境,才能真正给足孩子信心。

(二)榜样示范——榜样最有力量

有一家长一边打麻将,一边呵斥孩子去学习,孩子非常不情愿。当父亲的就说:"老子没出息,你也想跟老子一样没出息吗?"这时候孩子会怎么想呢? 他心里想的是,你说你没出息,那打麻将时我看你也挺开心,你没上大学也挺开心,为什么非要我上大学呢?

做父母的如果认真去观察和分析自己孩子有哪些不良习惯,可以说绝大多数父母能从自己身上找到孩子的这些不良习惯。不是找不到,而是很多人不愿承认而已,或者就是找借口,小孩怎么能和我们大人比呢?"我抽烟,我是大人,你是小孩。"

很多家长常说现在小孩很难教育,真不懂得该怎么教。其实质是没有理会"身教胜于言教"这一教育真理。古人对教育两个字的写法及解释就道出了这个理。

在祖先留给我们的正体字中,"教"字左边是个孝,孝的正体写法就是上边是上下两个叉,下边是一个没有睁开眼睛的小孩,按照《说文解字》的解释就是"上所施,下所效也"。长辈怎么做,小孩眼睛都不用睁开就知道怎么做。右边的写法是上边一个小树枝,下边一只手握着小树枝,意思就是敕失,用惩戒来让孩子记住哪些事情是不能做的。"育"字的写法就是一个还未睁开眼睛的小孩头朝下在妈妈的肚子里,意思就是"养子,使作善也"。所以,我们的祖先早已定好了教育的本质就是长善和救失。因此,长善是教育的本质之一,教育最大的力量就来自"长善",家长的"长善"示范至关重要。

要长善,首先要会区分什么是善?什么是恶?善恶不分的人,很难找到前进的方向,更别说前进的动力了。到底善恶怎么分?古人总结说:"百善孝为先,孝心一开,百善皆开。"因此,从"孝"做起是一辨别方法;还有人总结出区分善恶的最简单的标准是:一切有益于人的是善,一切只有益于己的是恶。懂得区分是一回事,能做到还是另一回事,有些人是知道什么是善什么是恶的,但就是要作恶,因为作恶并不会就受到什么惩罚,而且还有眼前利益。只是他们不知道我们的祖先在几千年前还总结出来的一个道理:"积善之家必有余庆,积恶之家必有余殃。"因此,所谓学会做人,首先就是要学会区分善恶,然后坚持"勿以善小而不为,勿以恶小而为之"。

古人的智慧,今天得到了科学实验的证明。日本的医学教授江本胜对水在不同外界因素的作用后,让其结晶,然后用科学仪器观察其晶体排列,得出的结论用通俗的比喻如下:人冲着一杯水讲好话,让这一杯水结晶,则水分子就会排列出完美的图案;相反,对水讲坏话,其晶体内部结构是杂乱的。这个结果说明水也有"知觉",那么水也有知觉与人又有什么关系呢?与整个自然界又有什么关系呢?

人是地球上最高等的动物,其生命既顽强又脆弱、既奇特又自然、既复杂又简单,可以说是奥妙无穷、无与伦比。但仅从其组成来看,人体内占最大比例的就是水。人在受精卵状态时,99%都是水,出生后,水占人体90%,长到成人时,这一比例减到70%,临死前约会降到50%。水果、蔬菜等的水超过99%。其实自然界任何一件物品包括一草一木、一砖一瓦,甚至于我们居住的这个地球(水占71%,与人体极为相似)都可以看作是一瓶瓶水,只不过是装水的材料不一样和所装的水量不同而已。所以,影响一个人成长的就是这一瓶水中的水的质量。

这个结论至少告诉我们三个道理:一是不要生气。生气是用别人的错误惩罚自己,生气常表现为发脾气,发脾气首先破坏的是自己体内的水,同时破坏别人体内的水,经常发脾气的人,到一定年龄容易得心血管疾病。二是要有爱心。多做好事,其结果首先受益的是自己。三是小孩对善恶最敏感。因为小孩身体内的水特别纯净,所以,他们的感知能力,尤其是对父母的感知力又特别的强,晚上出去打麻将回来都骗不过小孩。因此,"欲要人不知,除非己莫为"是真理;榜样的力量是无穷的,好榜样坏榜样都一样,榜样只有感动人才是正榜样,这也是真理。

第三节 基于新教育学理基础的长善行动

中国新教育实验发起人朱永新教授在《中国新教育》一书中用一个篇章叙述新教育的学理基础。他说,与本体论、价值论和方法论相对应,新教育实验具有自己的哲学、伦理学和心理学基础。其哲学基础是发展论、行动论,伦理学基础是崇高论、和谐论,心理学基础是状态论、潜力论、个性论。长善教育怎么解决成长问题,也基于这个学理基础而构建。

一、发展论——为了一切的人,为了人的一切

"长善教育"明确,人是发展的根本目的,人也是发展的根本动力,所以,我们的一切工作要以人为出发点和以人为中心。因此,我们提出了"尊重人、相信人、依靠人、发展人"的教育发展观,同时把它确定为长善教育的核心理念。

(一)尊重人

尊重人,教师最难做到的就是对学生一视同仁,特别是在一些特殊生违规时经常被忽视。因此,教师在面对这样的学生时,要充分意识到,学生无论是什么样的,他首先是人,是成长中的人。有些学生确实是"坏",有些家长更是"不可思议",在特定的时间场合下,教师往往无法把这么"坏"的学生当成普通人来看待,就会采取一些过激措施,从而把这样的学生往火坑里再推进一步,这就与"以人为本"相违背。正确的做法是,老师在面对这样的学生和家长时要冷静,多站在人性的角度去思考,这个学生为什么会这样,我们到底能给他什么帮助,用什么措施对他最有帮助。因此,尊重学生就是要尊重学生的学习权、话语权、知情权和表达权,不被尊重是导致学生产生抵触情绪的最根本原因,研究学生的心理,做出符合人性的事情就是最好的教育。具体要做到能细心、会耐心。

能细心。要深入地、多角度地了解学生真正的内心世界,找到这些学生心理上的弱点、心灵上的饥饿点和身上很难被发现的一些优点,真诚地

赞赏学生的优点,建立起师生之间的真正信任,要以从心灵上说服这些学生为目标,多用期待的眼光引导学生逐步改正不良习惯。充分利用一切可能的资源,帮助这些学生在学习上取得进步。

会耐心。一个品性不良的学生肯定不是一时造成的,也不是一时的表现,可以说已基本成习惯,造成这种结果的主要原因在于家长,当然社会、学校和老师也应该多反省,教育的作用就是通过这样的思考与行动来达成学生品德修养的提升。对已成习惯的不良品性是很难改变的,正如一位哲人所说:"改变一个不良习惯,你不可能像垃圾一样从窗户扔出去,但你可以从楼梯一阶一阶地赶下去。"这就需要教育者有耐心。教育中都有这样的体验,有的学生做了半天工作,讲的他眼泪鼻涕一把流,甚至表示了要痛改前非,可是没半天工夫,老毛病又犯了,这种情况下我们有几个人还有耐心呢?但恰恰这个时候耐心最重要,能否想到他们毕竟都还是在成长中的孩子?能否换位思考?能否将心比心?就决定了我们有没有耐心。会耐心很重要的是,无论在什么情况下,都不能对学生失去信心,失去信心就失去了一切。

要做到能细心、会耐心,其前提就是要有爱心与宽容心。真正有爱心的教师是不会随便把学生赶出课堂的,有的老师还美其名曰,把这些特殊生赶走,班级的班风就会更好,不会妨碍爱学习的同学学习,后者有可能成为事实,但爱学习的同学并不见得会认同赶走同学的做法。有宽容心就是要允许学生犯错,要让学生的"犯错"成为教育的资源。

(二)相信人

教育家陶行知先生指出:教育学生的全部奥秘在于相信学生和解放学生。相信学生的前提是尊重学生。要尊重每一个学生,每一个学生都是一个活生生的个体、独特的个体;每一个学生都是成长中的人,他们都有自己憧憬的未来;每一个学生在内心深处都更加渴求他人的尊重和赞美,因为"人性中最深切的禀质乃是被人欣赏的渴望"(美国心理学家詹姆斯)。把学生当魔鬼,自己就挣扎在地狱;把学生当天使,自己就享受在天堂。

相信人,就是要给每一个活生生的人以期望和信念。教育心理学有个"罗森塔尔原理",即罗森塔尔效应,也叫皮格马利翁效应,皮格马利翁是古代一位善于雕刻的国王。由于他把全部热情和期望倾注在自己雕刻的美丽的少女塑像上,竟使塑像变成了活人。可见期望之威力。后来的长期研究还证明,影响罗森塔尔效应的因素是学生对老师的期望所做出的反应,只有适合每个学生实际情况、恰如其分的积极期望,才能让学生做出反应,而非都是同样的期望和高期望。如果学生把老师的期望内化为自己发展的期望,那么他就会真正朝着期望的目标前进。因此,老师对学生的积极期望,会促进学生向好的方向发展,而对学生的消极期望(不适合或过高的期望),可能使学生自暴自弃,学习表现越来越差。因此,教师要不断反省自己的行为和态度,及时调整不恰当的期望,要有意识地运用期望去教育学生,特别要改变对差生的看法,对他们形成积极的期望,就会给学生良好的激励,产生积极的师生互动。

信念的力量有多大。"大学村"的故事是这样给出答案的。这个"大学村"是鲁西南深处的一个小山村,原名叫姜村。这个小村子因为这些年几乎每一年都有几个人考上大学、硕士甚至博士而闻名遐迩,也就有了"大学村"的称呼。其中秘密,"大学村"的人似乎一无所知。据说在二十多年前,姜村小学调来一位五十多岁的老教师,听说是一位大学教授,不知什么原因被贬到这个偏远的小村子。这个教师教了不长时间以后,就有一个传说在村里流传:这个教师能掐会算,他能预测孩子的前程。原因是有的孩子回家说了,我未来能成为数学家;有的孩子说,教师说我将来能成为作家;有的孩子说,教师说我将来能成为音乐家;有的说我将来能成为钱学森那样的人;等等。

不久,家长们又发现,他们的孩子与以前不大一样了。孩子们变得懂事而好学,好像他们真的是数学家、作家、音乐家的材料了。教师说会成为数学家的孩子,对数学的学习更加刻苦;教师说会成为作家的孩子,语文成绩更加出类拔萃。孩子们不再贪玩,不用像以前那样严加管教,都变得十分自觉。因为他们都被灌输了这样的信念:他们将来都是杰出的人,而有好玩、不刻苦等恶习的孩子都是成不了杰出人才的。

就这样过了几年,奇迹发生了。这些孩子到了参加高考的时候,大部分都以优异的成绩考上了大学。

这个教师年龄大了,回到了城市,但他把预测的方法教给了接任的教师。接任的教师还给一级一级的孩子预测着,而且,他们坚守着老教师的嘱托,不把这个秘密告诉给村里的人们。

多么令人敬佩的一位老教师,他几十年前就在实践着现在广泛宣传的美国教育心理学家加德纳提出的多元智能理论,而且富有成效。一个小山村能出现如此奇迹,可见人世间还有什么力量能超过信念的力量呢?我们要向这位教师学习,用中国传统的方式,在我们教育对象的心灵上栽种信念。

有人总结说,富人思维是"相信＋了解",笔者以为,这也应该是优秀教育者和管理者的思维,相信学生与教师的无限潜力。

(三)依靠人

学生也是教育的重要资源,依靠学生,就是让学生自主、让学生担当,在自主与担当中成长。

在教育上依靠学生,学校通过搭建各种学生活动平台,包括各种社团、仪式、展示等活动,充分发挥学生在这些活动中的主观能动性。

在课堂上依靠学生,通过创设情境激发学生学习动力,创设平台让学生充分体验学习过程,包括领悟目标、自主质疑、合作探究、展示交流、体验收获等。要让学生感觉到忙,忙于思考、动手、动口、记忆和训练,让学生深刻地感受到实实在在付出后的收获。

江苏洋思中学原校长蔡林森曾经"公然与快乐教育唱起反调",他的观点是,每堂课都要让学生像考试那样地学。从一定意义上就是强调要让学生在自主上有更多的时空。蔡校长举了一个他们上数学课的例子:每一个学生先花五六分钟看看概念、例子,然后老师开始考有代表的习题。考了以后,不会的就让大家更正、讨论,由做对习题的学生指导做错习题的学生,然后再考,老师再做指导。学习归根结底是学生自己的事,谁都无法替代;进考场考试更是学生自己的事,谁也不能替代。因此,蔡校长的理念就是顺应人的学习规律。江苏洋思中学已经通过实践证明了,无论是什么层次的学生到了他们的学校,都能从厌学到肯学。这也就是一个人被"依靠"后所产生的力量。

课堂教学教师充分依靠学生要在以下三个方面下功夫:一是最大限度地激发学生思考,积极地思考,有依据地思考,激发学生动口和动手,特别是动手,要强调动手的重要性。二是对学生进行最有效的引导,不想学的引导到想学,想学的引导到会学,会学的引导到学好。三是对学生进行有效的指导。有效的指导首先要有针对性,有针对性是指针对哪些同学?哪些问题?要预见到哪些同学可能有什么样的困难,从而给学生需要的帮助。在课堂上充分依靠学生,教师就有走近学生与学生"嘴贴耳、耳贴嘴"的交流,这是增强师生情感的重要时机。教师也只有真正做好了激发、引导、指导工作,才能保证学生人人参与到学习上来,才能真正发挥学生学习的主动性;只有学生的主动性发挥出来了,学生才真正进行有效的学习。

（四）发展人

发展人,必须回答要发展成什么样的人。党的十八大明确了教育的根本任务是立德树人,培养德智体美劳全面发展的社会主义建设者和接班人。习近平总书记在全国教育大会上强调:我国是中国共产党领导的社会主义国家,这就决定了我们的教育必须把培养社会主义建设者和接班人作为根本任务,培养一代又一代拥护中国共产党领导和我国社会主义制度、立志为中国特色社会主义奋斗终身的有用人才。

社会主义建设者和接班人应该具有什么素质结构?在全国教育大会上,习近平总书记提出了"德智体美劳全面发展"的新表述,在德智体美后面增加了"劳",并强调了立德树人要在坚定理想信念、厚植爱国主义情怀、加强品德修养、增长知识见识、培养奋斗精神、增强综合素质六个方面下功夫。在党的十九大报告中,首次提出了"担当民族复兴大任的时代新人"的表述。时代新人应该有理想、有本领、有担当,具有奋斗精神、实干精神、创新精神,是新时代的奋进者、开拓者、奉献者。只有这样,才能担当起在新时代实现中华民族伟大复兴的历史重任。

习近平总书记在全国教育大会上还强调了:"要把立德树人融入思想道德教育、文化知识教育、社会实践教育各环节,贯穿基础教育、职业教育、高等教育各领域,学科体系、教学体系、教材体系、管理体系要围绕这个目标来设计,教师要围绕这个目标来教,学生要围绕这个目标来学。凡是不利于实现这个目标的做法都要坚决改过来。"为怎么发展人指明了方向。

长善教育认为,在立什么德上,与"树什么人"是相对应的。首先是立成"人"之德。德是成"人"的根本。人性中包含着成为人的共同德性,即人性的善,要让这个"善"不断生长、放大。其次,是立时代之德,即时代的共同道德。随着社会的快速发展,人们对社会公德的需求也与日俱增。因此,现代社会不仅强调个人权利和利益,也强调公共利益和社会责任,且公共性不断扩大,从国家走向区域,进而走向世界。

人性之德和时代之德是共同的道德,作为社会主义建设者和接班人,作为时代新人,要进一步坚定共产主义理想信念、牢固确立社会主义核心价值观、传承中华优秀传统文化、弘扬民族精神与时代精神、树立全球观念和生态意识。

总之,以人为中心的教育发展观遵循的基本逻辑是:只有尊重这个人,才会相信这个人,只有相信这个人,才会去依靠这个人,这个人只有被依靠、被重用,才能更好地发展。这个人包括老师、家长、学生和一切与教育有关的人。

二、行动论——只要行动就有收获,只有坚持才有奇迹

"长善教育"提出"力行观":动起来一切皆有可能,不动什么都不会发生。师生在力行中学习,在力行中反思,在力行中成长,并把"从善力行"提炼为学校四个核心价值观之一。

(一)行动的威力

演讲大师齐格勒提醒我们,世界上牵引力最大的火车头停在铁轨上,为了防滑,只需在它8个驱动轮前面塞一块一英寸见方的木块,这个庞然大物就无法动弹。然而,一旦这个巨型火车头开始启动,小小的木块就再也挡不住它了。当它时速达到100英里时,一堵5英尺厚的钢筋混凝土墙也能轻而易举地被它撞穿。

其实,人的威力也会变得巨大无比,许多令人难以想象的障碍也能被人轻松突破,当然前提是:必须行动起来。不然,只知道浮想,那就如停在铁轨上的火车头,连一小块木头也无法推开。做一件事情,只要开始行动,就算获得了一半的成功。

陶行知称"行动"是思想的母亲,他在《思想的母亲》中写道:"我拿杜威先生的道理体验了十几年,觉得他所叙述的过程好比是一个单极的电路,通不出电流。他没有提及那思想的母亲。这位母亲便是行动。……所以我要提出的修正是在困难之前加一行动之步骤,于是整个科学的生活之过程便成了:行动生困难,困难生疑问,疑问生假设,假设生试验,试验生断语,断语又生了行动,如此演进于无穷。"陶行知的"行动—知识—再行动"这一教育思想与马克思主义的"实践—理论—再实践"实践观是完全一致的。

长善教育据此提出"读写起家,知行合一,健康成长,持续发展"的办学发展观,正是强调行动从读写开始,师生共同参与营造书香校园、构筑理想课堂、研发卓越课程、缔造完美教师、推进每月一事、家校合作共育等行动,并开展校本研究,在行动中遇见困难,在困难中生成疑问,在疑问中做出假设,由假设进行试验,由试验生成经验,由经验再指导行动,如此反复演进直至生成可指导实践的理论。

（二）让老师动起来

名师都是在不断地讲课、说课、听课、评课的教学研究实践中摸爬滚打成长起来的，只有不断地接受别人的意见、建议并反思，才可能不断进步，日臻完美。我们尤溪的名师成长也不例外，尤溪一中的刘秀妹老师在清溪初中任教的时候，就被我们进修学校的林文辉主任不断地要求讲课、说课、赛课等，她的课得到最高评价就是四个字"百听不厌"。多研究、多实战就会有收获。

于漪老师说："智者有勇，勇者前行，行者无畏。行动是自信心的伟大缔造者。""优秀老师是在教学第一线'炼'出来的，这方面一定要下功夫。课既要教得一清如水，又要教得激情洋溢。有时如青松挺立，有时是花团锦簇。不管采用何种方式，总要聚焦在唤醒学生学好语文的意识，激励他们学有兴趣，学有所得，学有所求，学有方向。德性和智性是生命之魂，教师以自己的青春和智慧启迪和滴灌学生德性和智性成长，就能品尝到人间最大幸福。"

长善教育通过搭建"班主任节""教师专业成长月"等促进教师专业成长的平台，让教师展示个人风采，相互学习，共同成长。

（三）让学生动起来

国内已经取得课改成效的众多学校表明，课改，改，才有出路，与此相对应，完全可以说，不改会遇上更多困难。改革有多难？按照崔其升校长所说的，解决一个自主、主动学习就是改革，这一改革的核心就是要让学生动起来，让学生动起来怎么那么难？至少有以下三个问题困扰着，必须加以明晰。

一是让学生动起来，教学任务完不成怎么办？对此，有一个形象的比喻，如果把教与学的任务比喻成百米赛程，你是希望老师跑完百米，而学生还在原点呢，还是希望老师只跑了 50 米，而学生已冲到 60 米呢？也就是说，我们是要表面上负责任地完成教的任务，还是要实质上负责任地引领学生完成学的任务？答案是明了的。为此，老师亟须实现"三个转变"，即变讲堂为学堂、变教案为学案、变教材为学材；亟须做到"三个读懂"，即读懂课标与教材、读懂学生、读懂课堂。

二是让学生动起来，成绩上不去怎么办？课改会导致成绩下降，这本身是伪命题。事实上，如果成绩下降了，务必相信，一定是改革者操作过程中出现了问题。当然,改革过程中,阶段性的成绩波动是正常的。只要遵循教育规律,坚持实践—反思改进—再实践,最终就一定不只成绩提升,还应该有更多本该有的收获。

三是组织课堂都难,还敢让学生动起来?对此,我们缺乏深入思考的是组织课堂难的根本原因是什么?恰恰就是因为没有让学生动起来,学生每天七节课,几乎都没有表现的机会,更不会有成就感,不做出大的反抗行为,已是对老师表示尊重了。没有让学生动起来,最为主要的是没能让学生动起来,没能是因为自信、激情不够,自信、激情不够,是因为启发、开发、激发、焕发、诱发、引发……的能力不够。学生的问题无法解决,一定是我们老师还没有找到适合的方法,而且这个方法一定存在。当务之急是老师不断提升自我,适应下一代的成长。

教师要勇于开展课堂教学改革的行动,让学生动起来,多给学生一些获取直接经验的机会,该动手做的实验要让学生动手做,没有条件也尽力创造条件做;该参加的社会实践活动要精心组织,让学生的知识之"根"更具营养,努力让学生多获得真知——有真爱、做真人、求真理、去真行。

做一定比想更有价值。动起来一切皆有可能,不动什么都不会发生。

(四)行动贵在坚持

成功最不可缺少的一个品质就是坚持。美国学者库利治在《就差一点》一书中对坚持做了精辟的阐述,他说:

——世界上没有什么能够代替坚持,才能不能,没有什么比有才能的失败者更常见。

——天赋不能,没有发挥作用的天赋跟没有天赋一样。

——光有教育也不能代替坚持,世界上到处都是受过教育的无能之辈,而坚持和决心结合在一起就是战无不胜的力量。

教育这一行动更需要坚持。书读百遍,其义自见。没有坚持,何以百遍?没有百遍,如何显义?没有显义,哪有成就感?没有成就感,又哪里有动力呢?我们都应该反思,我们自己有成就感吗?我们让学生有成就感了吗?为什么没有?最根本的原因就是我们无法回答,自己坚持了什么?让学生坚持了什么?

大量事实表明,一个普通人,每天重复做一件事,而且要雷打不动每天做一小时,坚持一年才小有成就感。锻炼身体如此,读书写作亦如此。一旦体验到成就感,就相当于小车有了动力,向前行进只要方向引领即可。

锻炼身体没有时间,那是借口,因为重要事情都有时间;读书写作(晨诵、午读、暮省)碰到考试、周末等就停止,是典型的功利思想所致,教师没有认识到位,学生自然无法到位。

学习首先是"学",学是模仿,绝大多数的人模仿都能做到,因此,学习上的差异还在"习",习是练,练就是重复做。重复达到的第一个境界是熟,继续重复就能达到第二个境界叫精(巧),接着重复就达到第三个境界叫绝,最高境界叫化。所以,孔子才会说:"学而时习之,不亦乐乎。"求多不求精也是典型功利思想的表现,教师讲课力求面面俱到,学生做题追求多多益善,最后不仅芝麻、西瓜都没有捡到,还弄得教师倦怠、学生厌学。

重复是学习之王。关于晨诵、午读、暮省要按照如下思路实现由生到熟、熟能生巧,由巧到绝、绝而化之的境界。

晨诵。每个年级要精选一些中文和英文的经典,用一年时间让所有学生诵到朗朗上口、倒背如流。建议班级用小组、年级用集体诵读比赛来推进,从而让学生找到学习中英文的语感。

午读。每位学生都要确定一本经典,至少读十遍,比如,男生选《三国演义》、女生选《红楼梦》,当然选择自己喜欢的现代经典、外国经典亦可。总之,要有自己可以拿来说的一本书,或者说努力让一个名家内化于心。以年级为单位让学生自己申报书目,然后举行展示、评比来推进,从而让学生找到作文的感觉。

暮省。除了每个人自己写当天所思、所行、所感等外,要以班级为单位围绕班名、班训、班诗等书写班级日志,用一个本子,从班主任开始写,然后班委带头,学生逐日撰写,可让学生自己选择哪一天写,然后按顺序排表公布,选出专人负责落实。学期末编成一本书,书名由学生集体确定。

真正落实"晨诵、午读、暮省"每天一小时,只要坚持一年,坚持与人类崇高精神对话,不仅会让学生有成就感,从而增强学习动力,还会提升学生的读写能力。读写能力是一切学习力的基础,所谓"得语文者得天下",也大体是这个意思。如果,各个学科也有意地引领学生阅读本学科相关课外书籍,让他们写一写学科作文,其坚持的效果绝对就不只是在语言学科中体现了。

尽管社会很功利,但教育不能以功利应对社会,教育功利的结果就是无法发挥教育的作用。教育一定能以合乎规律的行为取得良好效果来满足社会的功利需求。而教育最重要的规律就是将正确的事情坚持不懈、持之以恒地做下去。

三、和谐论——给学生一生有用的东西

有一种需要叫"不需要",这是当下学生的一个呼声。因此,给学生需要的,又是一生有用的东西至关重要。"长善教育"认为,有用的东西,往往是不复杂的,而且是一直在用的。为此,提出学校的行动纲领:坚持锻炼身体,坚持读书写作;养成爱美习惯,养成大爱胸襟。会锻炼、善读写、懂爱美、有大爱就是一身最有用的东西。

(一)坚持锻炼身体

拥有健康的身体是一笔巨大的财富。我们在紧张的工作学习之余,不要忘记锻炼身体。每天安排一定的时间,做一些适合自己的运动,长期坚持,以达到强健体魄、促进心智的效果。这不仅是在培养一个良好的习惯,也是在形成一种健康的生活方式。

锻炼身体也是一门学问,所以要有体育。一所学校要有生命力,德育是关键,智育是根本,体育是抓手,换成"三品"说,就更加形象,德育不好是危险品,智育不好是次品,体育不好就是废品。体育给我们的不仅仅是一种运动,更是一种精神,它赋予我们勇敢、果断、激情;体育是一种力量,它让我们更快、更高、更强;体育是一种财富,它带给我们品质、健康、快乐;体育是一种艺术,它使我们协调、大方、优美。所以,坚持锻炼身体,首先要坚持上好体育课,掌握科学的锻炼方式,然后挤出时间坚持每天阳光运动1小时。

(二)坚持读书写作

如果说饮食—消化是身体成长中物质营养的汲取与吸收,那么读书写作可以说就相当于心理成长的"饮食—消化"。饮食要少吃垃圾食品,读书当然也一样不读垃圾书籍。没有消化就没有食欲,没有写作同样没有读书欲。拿起笔来写,只要坚持,就能感受到自己的成长。

坚持阅读就是坚持与人类崇高精神对话,朱永新教授说:"人类能够超越其他动物的地方,就是因为人类有自己的精神世界,而这个精神的世界是离不开阅读的。只有和老子、孔子、孟子这些最伟大的思想家对话,才能达到先秦时代文化思想的高峰;只有与文艺复兴时期的大师们交流,才能获得西方文明的一些最重要的平台。朱教授这段话除了告诉我们要坚持阅读,还告诉我们最伟大的思想家并不是在现代,也不是在近代,而是在物质极其简单的远古时代。所以,笔者在想,这个世界上除了物质守恒定律、能量守恒定律之外,应该还有许多守恒规律。比如,人的一生的幸福总量似乎也是守恒的,小时候过于幸福,中老年多有不幸。再比如,一个人的物质与精神总量似乎也是守恒的,一个精神极其丰富的人,对物质的需要相对简单,相反,物质极大丰富的人,对精神的需求相对少,若要多些精神的财富,就要减少自己的物质财富,比尔·盖茨、巴菲特就在努力将其财富输出。坚持阅读更容易理解这些守恒,还会发现有更多的守恒。

长善教育把"营造书香校园""师生共写随笔""聆听窗外声音""培养卓越口才"作为举全校之力的大事来抓,提出"阅读点亮心灯,写作升华灵魂"的读写理念,开设"晨诵、午读、暮省""《新闻周刊》观评""班级'三报'"等读写课程。丰富学生精神生活,涵养学生精神"长相",培养学生从善、向善的崇高精神。

(三)养成爱美习惯

健康非常重要的一个元素就是美,一个人的健康与他在日常生活中会不会塑造美、欣赏美、爱好美有极大关系。锻炼身体就是在塑造自己身体的美;读书写作就是在塑造自己心灵的美。只有自己拥有了美的素养才能真正欣赏周围的美,最终才有可能养成爱美的习惯。

刚到七中时,学生卫生习惯不好是个老问题,因此,当时提出"养成卫生习惯"。2015—2016学年开学时,把它改为"养成爱美习惯",这是当年暑假,笔者去苏州参观一个学生的公司得到的启发,笔者发现他们公司上到领导,下到员工,从人到环境,都给人以美感。人人爱美,还有卫生问题吗?于是,在开学前,学校在师生重要的通道、卫生间全部装上镜子,重要通道大块的镜子上刻写"容止格言——面必净,发必理,衣必整,钮必结;头容正,肩容平,胸容宽,背容直;气象:勿傲、勿暴、勿怠,颜色:宜和、宜静、宜庄"。小块的镜子左侧靠上刻写"学校因您而美丽";右侧靠下刻写"竭力养成爱美习惯"。开学初国旗下讲话,就倡议全校师生"竭力养成爱美习惯"。这个效果很好。笔者真切体会到了,高标准高要求经常是很难实现的,但高标准低要求是比较容易做到的,养成爱美习惯从讲卫生做起就有这个效果。

爱美从端正仪容仪表做起、从守规则讲秩序做起、从不给别人添麻烦做起、从做最好的自己做起……美的东西一定是真的,也一定是善的,因此,竭力养成爱美的习惯,首先要养成求真、崇善的习惯。求真首要的是做真实的自己,不弄虚作假、自欺欺人;崇善首要的是"勿以善小而不为,勿以恶小而为之"。

(四)养成大爱胸襟

大爱,从爱自己开始,在学习实践中逐步提升自己的爱心境界,做到爱父母、爱老师(学生)、爱他人、爱国家、爱我们赖以生存的大自然。爱心传递,老师拥有大爱胸襟至关重要。

行走在茫茫人生路上,我们经常忘记了自己。过分关注他人的成就,忽视了对自己生命的发现和体验;过分关注别人怎么看自己,忽视了自己该如何看自己。我们想着如何关爱别人,却忘记了关爱别人要从关爱自己开始,自己要有满满的爱心,才能传递出爱心。

爱自己有三个层面:第一个层面是爱自己的生命,要知道生命不完全属于我们自己,还属于自己的父母、亲人,还属于这个社会。爱自己生命的人就不会去闯红灯、不会去无证驾驶机动车辆、不会去打架斗殴、不会去偷盗打劫,不会去做这些违法乱纪的事情。第二个层面是爱自己的身体,爱自己的身体除了要锻炼身体,还有两件事必须注意,一是要正常作息,中午保证休息半小时到一小时、晚上保证睡眠七到八个小时,否则,日后身体会问责自己;二是正常三餐,用餐要怀着敬畏和感恩,做到定时、定点、定量。第三个层面,爱自己还有一条非常重要的表现就是要不断地提升自己的学习力,因为时代在飞速发展,适应未来最重要的能力就是学习力。2014年谷歌在招聘新员工时,就把学习力排在了第一位,专业知识排在了第五位,第二到第四位分别是领导力、谦逊、主人翁精神。读书写作是一个人最基础的学习力,韩国首尔大学金兰都教授就直截了当地说,做任何事情都必须具备的能力就是写作能力。

老师爱自己,还必须爱自己的职业。爱自己职业最简单的行为就是认真对待。当一名老师,特别需要认真对待的就是自己的学生,由此而引申出的需要认真对待的是自己的工作态度、育人能力、教学能力等。

老师爱自己,还必须有先进的理念。比如,不要把自己当作竞争者。要知道,生命的意义在于成长而不在于竞争。梅贻琦先生在《赤子情怀》中有一段话说得好:"由于各人的机遇、环境和人生观不同,看起来好像成就差别很大,其实向远一点看,并没有什么差别。赤子之心须保留,凡是能做的和应当做的,好好去做就行了。"在做中学习,在做中成长,这是做人的根本。又比如,不要过早结束自己该有的担当。美国心理学家丹尼斯·韦特来一句关于生命规律的总结最能说明这个道理:"只要你还很嫩绿,你就会继续成长;一等你成熟了,你就开始腐烂。"所以不要让自己过早开始"腐烂",保持成长是生命的需要。

老师爱自己,也必须坚持读书写作。在资讯爆炸的时代,当一名老师,知识面必须有一定的广度,这是必须坚持读书的第一要义,更为重要的是"三日不读书,语言无味,面目可憎",如何面对学生,如何赢得学生尊重。当一名老师,思维更需有一定的深度,写作是训练思维深度的最佳途径,有思维深度的人才能真正折服学生,赢得学生的爱戴。

爱是一种品质,更是一种能力。不同对象有不同的爱的需求,面对独生子女这一代人,他们发出"有一种需要叫不需要"的呼声,向我们提出了爱的能力还需要提升。如何提升?向书本学、向专家学,更要向孩子学!教育孩子,仅有爱,不够,只有懂得孩子的成长规律,才能给孩子好的未来。懂孩子的成长规律就要向孩子学习,在深入了解孩子的同时给孩子真正需要的东西,那才是真爱。否则,所谓的爱也就停留在"母鸡"的水平。

大爱是一种境界,更是一种修炼。拥有大爱胸襟,需要教师做出示范,从而让师生共同走上修炼之路。

四、状态论——重视精神状态,倡导成功体验

长善教育提出,长善比救失重要,长善本身就有救失的功能。长善就是要坚持去发现人的优点、优势,并通过搭建平台,让人的优点、优势得以展示,激励人保持良好的精神状态。鼓励每个人都与自己比,在超越自我中体验成功。

教育是一门艺术,如何教育没有绝对的方法,但教育要取得实效,被教育者必须被感动。感动来自体验,体验来自过程,过程能否产生感动,又取决于方法。一味地说教,事实已证明根本不可能让学生感动,简单的处罚更是让学生反感。要多交流前人留下无数感人的故事和身边感人的事例,多讲点有哲理的故事,多利用能影响学生的事例来打动学生,小故事,大智慧,明人生。在师生共读共写共同交流中发现自己,激励自己,成就自己。

关注学生的学习体验,不仅要关注过程,还要关注学生对学习结果的体验,即关注学生对考试结果的体验,这是当下学科教学中常被忽略的一

个细节,这其中有现代信息技术让试题来得太容易的原因,老师基本不研究试题,更不会命制试题,随意组合试题检测学生的学习结果,极易造成教的不学,学的不考,"教学评"完全脱离。事实上,一份好的检测试卷应是学生学习的指挥棒,好的试卷要切合学生学习实际,要让学生通过考试体验到书有读、能积极参与课堂的教学过程、作业有认真完成就能考好。这考好就能激励学生更加努力学习,反之,无论怎么努力都考不好,就会让一些学生选择放弃。为此,长善教育制定了"周学习清单反馈测试"制度。

执行该项制度,首先,就是要解决老师不研究检测工具的问题,引领教师主动研究如何命题。教师要进行命制试题的研究,那么,就一定要研究课标、研究教材、研究生活、研究学生,而且必须与同事共同研究,有条件的话还要请专家指导,在此基础上,才能列出本周学生的学习清单,包括学习什么内容、用什么办法学、学到什么程度、怎么检测已经学到这个程度等。根据《刻意练习》一书总结的有效练习四要素:一是只在"学习区"练习,即在学习区做事,叫学习;在舒适区做事,叫生活。二是要把训练的内容,分成有针对性的小块,对每一个小块进行重复练习,形成套路。三是在整个练习过程中,随时能获得有效的反馈。四是练习时注意力必须高度集中。与此相对应,制作周学习清单,就是要求老师给学生划定"学习区",要求学生该记的记,该练的练;就是要求老师把学习的内容有针对性地分块,然后就按这个分块检测,目的就是让分块的内容达到熟练的程度;开展周测,就是让学生的学习能获得及时有效的反馈;自习课堂要保持绝对安静,就是为了保证注意力能高度集中。

其次,就是解决了学生学习工具的问题,有了这份学习清单,学生的学习目标清晰、方法明了,甚至都知道了会怎么考。这种工具会极大增强学生学习的信心。

最后,通过周测反馈学习掌握情况。周测是对一周所学内容的掌握情况的检测,包括该记忆的知识记了没有?该学会的技能学会了没有?该理解的内容理解了没有?如果没有就要及时补上,老师也会依此督促学生及时补上,一周落下的内容要补上还是比较容易的,而且师生必须共同努力想尽办法补上,这也是进行周测的最主要的目的。同时,周测还采用异段教师命题、家长参与监考、阶段总结表彰等形式,让学生、家长、老师周周有成功的体验。

五、潜力论——相信学生与教师的无限潜力

"长善教育"从本质上认为"善"是每个人本身所固有的,教育就是要去激发"善"、增长"善"。为此,把"相信潜能"作为学校四个核心价值观中的首要价值观,把"超越自我,追求至善"作为校训。

如果没有了双腿,生活该怎么过?如果双腿和双手都没有了,能过普通人的生活吗?如果患了脑瘫,说法结巴,走路不稳,能考上大学吗?这些人能自己养活自己吗?这里有三个真人用事实回答了上述问题。没有双腿的陈州能十三次登上泰山,走遍全国几十个城市街头卖唱,用自己辛苦的汗水不仅让自己活了下来,还娶妻生子买房,有了自己幸福的家庭。澳大利亚的尼克·胡哲,生来就没有手没有腿,他凭着坚强的毅力,不仅普通人能做的他都能做,而且很多普通人不能做的,他也都做到了,因此,他也就收获了比普通人多得多的东西。脑瘫的崔万志,智商没有影响他学习和工作,反而是歧视、偏见让他的学习之路、就业之路困难重重,凭着"抱怨没有用,一切靠自己"的信念,他成就了自己的事业,成了创业楷模。

上述三个例子,尽管是个例,但用以说明人的潜能是无限的,还是很有说服力的。只是应该同时看到,开发潜能是需要付出的,而且是艰苦的付出,是持之以恒的艰苦付出。当我们看到他们光鲜的一面时,如果不深入了解,根本就无法想象光鲜背后的艰难,这种艰难无不催人泪下。因此,从他们身上,我们所能得出的结论是,在这个世界上,你不要问自己"能不能",而是问自己"要不要",只要你想要,是真想要,而且能变成行动去要,没有得不到的。也就是,这个世界只有想不到,没有做不到。

科学家认为,人脑的储存量是巨大的,可以装得下几十亿本书的知识总量。人类如果发挥出一小半潜能,就可以轻而易举地学会 40 种语言,记忆整套的百科全书,获得 12 个博士学位。因此,要记住基础教育所学的这些知识,对大脑而言真是所占空间极小。据研究,人类的智慧至今仍是"低度开发",即使最聪明的科学家,其大脑的使用也没有达到其功能的 3%,而普通人连其 1% 的功能都没有开发出来,看来我们大脑的优秀资源正处于巨大的浪费之中。

最聪明的科学家是如何做到的大脑使用的最大化呢?据了解,他们多是可以在某一个领域非常专注。据报道,获得诺贝尔奖的科学家中有超过三分之一的人患有不同程度的自闭症,自闭症患者的典型特征就是,他走

不进我们的内心,我们也走不进他,也就是他可以做到不受外界任何人、任何事物的干扰。电影《美丽心灵》中的男主角的原型约翰·纳什,就有轻度自闭,整天沉迷于一件事:寻找一个有真正创意的理论。尽管后期有 30 年时间饱受患精神分裂的痛苦,但是,凭着他对兴趣与信念的坚守,他终于在 1994 年获得诺贝尔经济学奖。电影《雨人》中的"雨人"的原型金·匹克,也是一个自闭症患者,他有超常的记忆能力,精通从文学到历史在内的 15 门学科,能一字不漏背诵至少 9000 本书的内容。2018 年 3 月 14 日去世的著名科学家史蒂芬·霍金,21 岁就被判定最多再活 2 年,就凭他对黑洞和宇宙之谜高度关注,不仅再活了 55 年,而且为理论物理学的发展做出重大贡献,有当今爱因斯坦之美称。

因此,人要让自己的某一个方面潜能得到最大化开发,就要对这一方面有绝对的专注、专心。由此,也可以说明,要做好一项事情,专注、专心一定是最重要的。

长善教育强调充分相信人的潜能,通过两个坚持——坚持锻炼身体、坚持读书写作来培养学生的专注与专心,在不断超越自我中感受自己的潜能得以发掘。

六、个性论——强调个性发展,注重特色教育

"长善教育"在教育教学上理解为长师生的优势、优点,就是强调师生特长的发挥与个性的发展。

(一)强调个性发展

马克思指出:"教育绝非单纯的文化传递,教育之为教育,正是在于它是一种人格心灵的唤醒,这是教育的核心所在。"实践证明,没有任何真正的教育是建立在轻蔑和轻视上的,也没有任何真正的教育是依靠惩戒和制裁来实现的。真正的教育存在于人与人心灵距离最短的时刻,存在于无言的感动之中。

哲学家苏格拉底的父亲是一个著名的石雕师傅。在苏格拉底很小的时候,有一次他的父亲正在雕刻一只石狮子,小苏格拉底观察了好一阵子,问父亲:"怎么才能成为一个好的雕塑家?"

"看,"父亲说,"以这只石狮子来说吧,我并不是在雕刻这只狮子,我只是在唤醒它。""唤醒?""狮子本来就沉睡在石块中,我只是将它从石头监牢

里解救出来而已。"

于是长大后苏格拉底也成为一个雕塑家,他雕塑的是那个时代人们的心灵。

其实每个学生都是石块里的狮子,都有自己的样子,而不是一块任人捏制的泥。所以,只有性格不同的学生,而没有坏学生。医生给病人治病,从不埋怨病人:"你怎么得这样的病?"而是从治疗了一些疑难杂症中,增长了才干,医术更加精湛。从来没有农民埋怨长势不好的庄稼。庄稼长势不好时,农民总会从自己身上寻找原因,是不是施肥不够?是不是农药用的量过多?可是为什么当孩子出现偏差时,做教师的却一味地责怪孩子呢?应该记住的是,教师的职责不是去改造他们,而是去唤醒他们,唤醒尚处于沉睡状态的良知和潜力,让他们焕发出动人的生命光彩。

因此,强调个性发展,就是充分尊重个性存在,然后用教师的智慧唤醒每个不一样的个体。

(二)注重特色教育

长善教育基于每个个体都有善根和特长,从"心"出发,营造环境,研发课程,培养意志力,发展创新力。

1.关注师生心理

作为福建省心理健康教育实验学校和福建省心理健康教育协作校,学校高度重视心理健康教育工作,建立了以班主任和专兼职心理健康教育教师为骨干,全体教师共同参与的工作机制。建成了心理健康咨询室,组建了素质过硬、相对专业的心理健康教育师资队伍。心理健康教育专职教师有3位,其中从东北引进一位心理健康教育硕士研究生,兼职教师有12位,均经过国家级心理咨询师培训并取得相应资格证书。初一、高一开设心理健康教育课,在此基础上,通过丰富的方法途径扎实开展教育活动,收到了良好的成效,并在县内外产生了较大影响。

《学记》有言:"学者有四失,教者必知之。人之学也,或失则多,或失则寡,或失则易,或失则止。此四者,心之莫同也。知其心然后能救其失也。"这个"四失"当下依然存在,而且"心之莫同"还更加复杂。因此,教育者要有能力走进学生心里,才能有效教育引导学生。我们的祖先早就高度关注人成长过程的心理作用,《弟子规》里就说:"墨磨偏,心不端,字不敬,心先病。"心学集大成者王阳明更是名扬天下,他教导世人以"心向良知"为做人根本,以"知行合一"为处世标准,以"世人皆可为尧舜"为人生的目标,对教育影响深远。

知其心,在教育里面是极其重要的。学校鼓励所有老师都要定期参加心理咨询师相关课程的培训,鼓励所有德育骨干教师都能通过国家心理咨询师的培训,也就是都要拿到三级以上心理咨询师证,学校出钱举办校本培训,并且要求学校领导班子带头参加考证。由于各种原因,包括国家暂停考证的原因,只办了两期,共有 32 位老师获得了三级心理咨询师证,有20 位老师获得了二级心理咨询师证,建立了一个强大的心理健康教育资源库。拿证老师谈感受的时候,说到最大的变化是什么,就是通过心理咨询师的学习,知道了换位思考。还有老师说,因为这个心理咨询师的培训,让自己改善了夫妻关系、亲子关系和师生关系。

为了弥补这项培训的面还不够广的问题,学校找了一个相对安静的场所,利用寒假举办了两天一夜的心理拓展训练,每期 45 人,所有班主任、年段长、班子成员等学校德育骨干成员,按初、高中人员分两期培训。学校如此用心策划这样的培训,其目的是,希望通过这样的培训,让老师能看到并能打开就在自己眼前的那扇幸福之门,在培训中体验心理学的神奇力量,并把这股力量传递给自己的学生、亲人和身边的人。

当然,培训学习并不会减少人的痛苦,而是能提升人面对痛苦的能力。痛苦是人所独有的,就像幸福是人所独有的一样,要找到幸福的源头,先要知道痛苦从哪里来。痛苦多来自问题,尤其是难以解决的问题,因此,有能力解决问题,就战胜了痛苦,就是一种幸福。当一名教师,管理班级、管理学生都会遇到问题,有的人把它变成故事,幸福满满;而有的人常常让它变成事故,痛苦不堪。二者的根本区别就是有没有能力,能力哪里来?笔者认为,能力＝学习＋行动。"吾生也有涯,吾知也无涯。以有涯随无涯,殆已!"(庄子)。所以,学什么、为什么学很重要,作为一名中国教师,学习中华文明留下的优秀经典不可少,如《道德经》《论语》《孟子》《学记》等。在学习中丰富自己的内心,提升自己的幸福能力。

2.关注自习环境

学校要求所有自习课必须保持绝对的安静。"刻意练习"概念的提出者埃里克森(K. Anders ericsson)领导的小组研究表明,如果两个人的学习基础一样,那么对成绩起决定性的因素不是学习时间,而是学习环境。要想成绩好,必须在一个不受打扰的环境中单独学习,只有在这种环境下学习的时间才是有效时间。由此表明,安静,实际表达的意思应该是"静安",静了才能安,有"安"才能学,有"安"才能有更高层次的追求(马斯洛需求理论）。享誉全球的"第56号教室"的主人雷夫就说："第56号教室之所以特别,不是因为它拥有了什么,反而是因为它缺乏了某样东西——这里没有害怕。"道出了学习这种精神上追求的活动,非常需要"安"的环境。这个结论,我们的祖先在两千多年前就已经得出了,《大学》开篇就这么写道："大学之道,在明明德,在亲民,在止于至善。知止而后有定,定而后能静,静而后能安,安而后能虑,虑而后能得。""静"才能"安","安"才能思考,有思考才有收获。

《弟子规》也特别强调学习环境的营造,在"余力学文"中就强调了"房室清,墙壁净,几案洁,笔砚正"的环境要求。

3.关注活动课程

全面支持学生的社团组织,所有年级必须有年级教育活动课程。比如七年级踢毽子、"书香班级"和国学知识主题阅读 PK 赛、留守儿童集体生日晚会等;八年级击鼓颠球、研学基地社会实践、思政小品比赛等;九年级跳绳、理想信念征文演讲比赛、毕业典礼等。教育就是活动,没有活动就没有教育。因为只有活动才有互动,只有互动才有感动,只有感动才有教育。真要学好中高考那些内容,是不需要太多时间的。老师备课不充分浪费了太多课堂时间,而这个时间原本应该是学生最主要的学习时间。事实上,只有有效的课堂学习加上丰富多彩的课外活动才有真正的教育。《学记》中的"藏息相辅"就是在讲述这个道理,只有让课内与课外相得益彰,才能让学生"安其学而亲其师,乐其友而信其道"。"亲其师、信其道",就是从这里来的。其原文是:"大学之教也,时教必有正业,退息必有居学。不学操缦,不能安弦;不学博依,不能安诗;不学杂服,不能安礼。不兴其艺,不能乐学。故君子之于学也,藏焉修焉,息焉游焉。夫然,故安其学而亲其师,乐其友而信其道,是以虽离师辅而不反也。""不兴其艺,不能乐学。"课外没有相应的教育活动,就不能让他的情志得以修养、技艺得以练习,也就无法对学习产生兴趣。该活动时,要组织学生活动,学生在活动中有了情志,强了技艺,学习动力也就有了,"安其学、乐其友"才有"亲其师、信其道"。

4.注重意志培养

把两件"简单"的事情——锻炼身体、读书写作,这也是"长善教育"中最基础的两个课程,重复做、用心做,就会做出成效。台湾儿童作家孙艺珏博士(笔名子鱼)的"阅读与写作"主题公益讲座,曾经走进七中,孙博士用台湾面包大师吴宝春、歌唱艺术家周杰伦的成长故事告诉我们,重复"阅读"和"运动"两项"简单"的事情,就能培养创造性思维,成就自己的智慧、健康和事业。

学会自主,才能更好地锻炼意志。教是为了不教,管是为了不管;学习的最高境界是自主,管理的最高境界是自觉。引导学生自主管理,让学生学会自主管理是学校教育的根本追求。以前,无论是班级工作还是年段工作,甚至是学校工作,我们往往对学生不够信任,不敢放手,老师喜欢包办替代,而结果就是学生的自我管理能力没有得到培养,班级、年段、学校的很多工作也落实不好,老师天天跟在学生身边,尽管耗时费力,但效果并不佳。以学校书香校园建设课程中的"午读和暮省"的推进和落实工作为例,其中"午读"安排在 14:00—14:20,最初我们安排下午第一节上课的老师提早到校帮助看班,老师由于来得太早,怨声一片,到了班级也未能尽职,效果可想而知;"暮省"原来安排在晚自习第一节前 20 分钟,由当晚下班老师管理,而下班老师到班后要么下发材料开始辅导,要么不断插话干扰学生,根本就不能达到督查学生"暮省"的作用。针对这种情况,我们从"相信学生""依靠学生"出发,重新建立了班级、年段和学校三级学生管理体系,健全了相关管理方案,将学生自主管理结果与文明班级考评及班主任考核挂钩。这一改变,起到了立竿见影的效果。

5.注重特长培养

一是通过加强研究性学习课程来落实。每位老师都要指导不少于 5 人的研究性学习小组,每位学生都要参与一个课题的研究,学校制定详细的研究性课程实施方案,包括基本原则、课程目标、组织实施、学分管理等,有对指导老师的评价,有对学生参与的评价。

二是通过加强学生社团建设来落实。每位学生至少参与一个社团,学校制定学生社团管理办法,包括总则、学生社团的成立及注册登记、学生社团申请成立程序、社团组织管理、社团活动管理、社团经费管理、社团奖惩办法及附则等。所有社团自主招聘管理人员和成员、自主聘请指导教师,学校委托团委直接管理,在人力与物力上全力支持社团开展活动,包括聘请校外辅导员的费用,由各社团提出申请,经学校研究后拨付。

三是将综合实践活动课与学生社团活动结合起来,从抓活动入手,为学生搭建展示自我的舞台。在这方面成绩特别突出的是青少年科技创新教育活动,形成了组织机构健全、师生积极参与、活动内容丰富、教育成果累累的良好局面,多次荣获国家级和省级青少年科技创新大赛优秀组织奖、"福建省卢嘉锡优秀组织奖"等多项赛事及科普活动的优秀组织奖,学校被环保部确定为全国中学生水科技发明比赛项目试点学校,是福建省知识产权试点中学。

　　总之,长善特色教育需要行动,更需要坚持,唯有坚持才有成效、才有故事、才有奇迹。

第三章　长善教育的文化建设

　　2011年之前，学校提出，以"办永续发展之校，育追求成功之人"为办学目标，坚持"管理立校、质量兴校、科研强校"的办学思路，倡导"人人做追求成功之人"的办学理念。多年来，凭着"敢于吃苦、敢于挑战、敢于创新、敢于成功"的精神，迎难而上，奋力拼搏，学校形成了"勤奋、严谨、求实、进取"的优良校风。近年来，我们通过对学校发展历史的梳理，根据新时期学校新的变化，结合当前办学的生源、师资、环境等实际，以学生培养目标和学校发展愿景为导向，确定长善教育主张和营造长善教育文化。

第一节　长善教育主张

长善教育主张从核心价值观和校训、教育理念和培养目标、办学理念和恒久愿景三个方面进行构建。

一、核心价值观和校训

长善教育认为善是与生俱来的,这个善包括善心在内的所有潜能,善是能够生长、可以挖掘、需要长养的。因此确定其核心价值观为:相信潜能,从善力行,与时俱进,成长最美;校训为:超越自我,追求至善。

（一）核心价值观——相信潜能,从善力行,与时俱进,成长最美

1.相信潜能

相信潜能就是相信善是与生俱来的,相信每个人身上都具备善,只是这个善需要生长、需要展示,从而发挥引领行动的作用。因此,相信潜能就是要求教育者把人的潜能无限作为教育的基本信仰,增强爱岗敬业精神,勇于打破"天花板"效应,从而充分发现每个人的优势、发展每个人的长处,促进每个人最大限度地发展。

2.从善力行

善良是为人的基本准则。从善如登,从恶如崩。从善如登,向好发展就像登山一样艰难,需要付出艰苦的努力;从恶如崩,向坏发展就像山崩一样极其迅速、极其容易,须倍加小心。从善以孝为先,从善以有利他之心为标尺。力行是处事的基本准则。力行近乎仁,按照自己的良知去身体力行就接近仁了。在力行中,去感受对生活的热爱,对理想的执着,对真善美的崇尚。

3.与时俱进

世界上唯一不变的就是变。当今社会的变化更是一日千里,科技在发展,知识在更新,学生在变化,过去全球各个领域不为人知的奥秘正不断被科学破译和解密,为人类所利用和共享,而且由此不断地改变着人们的日

常工作和生活方式。身为教师，唯有不断更新自己，充实自己，发展自己，进而变革自己的课堂、变革自己的教育教学行为方式，才能跟上时代的步伐，才能满足学生对教育的需求，也才能让自己从生活状态走向生命状态。

4.成长最美

万物之力，生长最强；万物姿态，成长最美。成长比成绩重要，成长比成功重要，成长的力量是巨大的，充满智慧的成长最快乐，充满真与善的成长最美。我们要保持成长，拒绝成熟，在成长中完善自己，在成长中激励成长。

（二）校训——超越自我，追求至善

学校原先的校训是"做追求成功之人"，基于学校办学生源的变化，因为同城还有一所一级达标学校——尤溪一中，一中从 2008 年开始优先招生，七中的师生就有了难以超越一中的"天花板"效应；同时，这个校训比较抽象，不具备操作性。经过多方征求意见，最后决定把原校训具体化为"超越自我，追求至善"。具体解释如下：

这个世界之所以如此缤纷，就是因为我们每一个个体的丰富多彩，我们每个人不一定都能做到最好，但一定都可以做到更好，是因为每个人都有无限的潜能，这就是超越自我的意义所在。

一个人坚持超越自我，就是向强者迈进；一个人能战胜自我，就是强者，也就是成功者。"超越自我"的目标就是追求至善，这个目标是一种以"卓越"为核心要义的至高境界的追求，是一个愿景，一个朝向，是我们追寻的理想。

二、教育理念和培养目标

长善教育的理念概括为八个基本教育观，其培养目标包括教师发展目标和学生成长目标。

（一）长善教育理念的八个基本教育观

理念引领行动，教育最重要的理念就是要以人为本，即以人的成长、人的幸福生活为根本，而人的健康成长和幸福生活，离不开每一个人善心的弘扬。因为"善是利他利己，恶是害他害己"。唯有人人皆存善心，人与自身、人与人、人与自然这些关系才能系统完善、向上发展。基于长善教育的核心理念："尊重人，相信人，依靠人，发展人。"学校在实践中将成长、大爱、谨信、力行、课堂、课程、活动、研究 8 个教育关键词确立为长善教育的基本观念：

1.成长观

成长是长善教育目标的关键词，师生共同成长是长善教育的核心目标。读写是人精神成长的最重要途径之一，要持之以恒落实"营造书香校园""师生共写随笔""聆听窗外声音""培养卓越口才"四大行动。教师一定是师生共同成长体的核心力量，决定着师生成长的方向、速度和质量，要担当起用成长引领成长的责任。学习成绩是成长的副产品。

2.大爱观

没有爱就没有教育。教师要拥有大爱——爱自己、爱父母、爱他人（学生）、爱社会、爱大自然，最高境界就是爱宇宙一切生灵。教师要担当起传递大爱的责任，要有伟大人民教育家陶行知"捧着一颗心来，不带半根草去"的信念和"爱满天下"的情怀去诠释教育强国的理想。

3.谨信观

学校无小事，事事皆教育；教师无小节，处处是教育。教师在校内的一切日常事务中要养成认真严谨的习惯，诚实守信，一诺千金，以身示教。

4.力行观

动起来一切皆有可能，不动什么都不会发生。行动，就有收获；坚持，才有奇迹。在力行中学习，在力行中反思，在力行中成长。

5.课堂观

课堂是师生生活最重要的场所，课堂有质量，师生生活才有质量，师生生命也才可能有质量。教师要举全身之力构建以学生学习为主、以"伟大事物"为中心的个性化教学模式，从而打造高效课堂，构筑理想课堂，实现幸福课堂。

6.课程观

课程是师生成长的重要载体。教师要根据学校构建的课程体系，结合学生实际，联系生活、社会、科技、文体等的发展，研发有助于学生成长的卓越课程，大力发动学生、家长及社会各界精英人士积极参与研发。

7.活动观

教育在于活动，在活动中互动，在互动中产生感动，有了感动，才有真正的教育。精心研发年级、班级活动课程，让学生在活动中享受教育的快乐，激发学生的学习动力。

8.研究观

研究是教育工作的本质属性，是教师专业成长的幸福之路，是学校提高办学效益、培养优秀人才的必由之路。教师做研究以"问题导向、读写突破"为基本思路,从罗列问题入手,梳理问题,进而确定课题,在阅读中寻找方法,在实践中解决问题,在书写中提炼主张,在坚持中成为行家。

(二)培养目标

1.教师成长目标

成长目标＝职业认同＋规范熟练＋专业发展。成为有七中特质的优秀教师需要做到:善于唤醒学生,发展学生;善于借助外力,高效促学;善于读书写作,以研促教。

职业认同。表现为热爱教师职业、敬畏教师职业,职业认同是专业发展的动力,教师自我认同与完整是比教学技巧更基本的东西。

规范熟练。教师的教育行为、教学行为和研究行为要从规范走向熟练,进而走向创新。

专业发展。保持专业发展是教师成长的核心目标,没有专业发展就没有教师的成长。

2.学生成长目标

成长目标＝习惯良好＋成绩合格＋特长发展。成为有七中特质的优秀学子需要做到:身心健康、读写见长、好学力行、尚美大爱。

习惯良好。养成感恩习惯,学会承担责任;养成锻炼习惯,学会保健身体;养成读写习惯,学会自主学习;养成合作习惯,学会生活交往;养成劳动习惯,学会勤俭节约;养成爱美习惯,学会阳光生活。

成绩合格。合格就是学生所处各阶段必备的知识技能必须掌握,人人过关。

特长发展。让加德纳总结的 8 种智能(语言、数理逻辑、空间、身体运动、音乐、人际、内省、自然探索)在不同学生身上体现出来的优势部分得以发扬光大。

三、办学理念和恒久愿景

(一)办学理念

长善教育办学理念包括核心理念、发展理念、育人理念、教学理念、管理理念、读写理念和能力理念七大理念。

（1）核心理念：尊重人，相信人，依靠人，发展人。

（2）发展理念：读写起家，知行合一；健康成长，持续发展。

（3）育人理念：相信学生，依靠学生，解放学生，发展学生。

（4）教学理念：以学定教，以教导学，以评促学，自学为主。

（5）管理理念：以人为本，完善制度；干部引领，项目落实。

（6）读写理念：阅读点亮心灯，写作升华灵魂。

（7）能力理念：实干是真功夫，落实是真本事。

（二）恒久愿景

长善教育恒久愿景包括学校使命、学校愿景、学校目标和办学思路。

1.学校使命

将校园打造成师生生活、学习、工作、成长的乐园，共同过一种幸福完整的教育生活。

2.学校愿景

打造花园式文明校园，营造积极向善（上）氛围，让每一位师生享受健身，享受读写，享受工作，幸福成长。使校园成为养育人才、引领进步、师生向往的场所。

3.学校目标

总目标：创幸福校园，育健全人才。

近期：近五年办成本市有影响力的学校。

中期：近近十年办成本省有影响力的学校。

远期：办成全国有影响力的学校。

4.办学思路

育人为本，立德树人；教学为重，课改提效；力行读写，共同成长；保障到位，服务师生；精细管理，强化落实。

第二节　长善教育文化

长善教育校园文化,是指学校内影响和制约师生活动和发展的各种文化因素总和,是一种无形的、巨大的教育力量,对启迪学生的智慧、开阔学生的视野、优化个性人格等都具有深远的影响,对学生的追求至善、健康成长有着不可替代的作用。长善教育文化包括精神文化、制度文化、行为文化与环境文化。

一、长善教育的精神文化

"长善教育"以"尊重人,相信人,依靠人,发展人"为核心理念,以"相信潜能,从善力行,与时俱进,成长最美"为核心价值观,以让师生共同过一种幸福完整的教育生活为使命,以共同打造养育人才、引领进步、师生向往的校园为愿景,以创幸福校园,育健全人才为总目标,形成如下校训、校歌、"三风"、"行动纲领"和校标。

（一）校训

通过广泛征求意见,将七中原校训"做追求成功之人"具体化为"超越自我,追求至善"。

（二）校歌

通过广泛征稿,最后确认由卢佳参副校长作词,原七中教师、现县文化馆馆长吴绍祝作曲的《放飞梦想》作为学校的校歌,校歌的乐曲轻松活泼,歌词充分表达了学校的核心价值观,牢记校训,践行校训,演绎成长故事,哺育时代新人,让梦想放飞,扬帆起航。

（三）三风

校风——仁爱诚信,严谨善行;教风——敬业爱生,乐教善学;学风——自主合作,乐学善思。

（四）行动纲领

坚持锻炼身体，坚持读书写作；养成爱美习惯，养成大爱胸襟。

（五）校标

图 3-1　七中标志

二、长善教育的制度文化

（一）学校组织结构

七中的组织结构为部门＋处室＋年级，学校设有 3 个部门：党支部、校长室和校工会，党支部设书记 1 人、副书记 2 人（分管党建、文明校园创建），校长室设校长 1 人（书记兼）、副校长 3 人（分管德育、教学、后勤），校工会设主席 1 人、副主席 1 人。校长室之下设 6 个处室：办公室、德育处、教务处、教研室、总务处、保卫科，均配 1 名主任、3 名副主任。学校有 6 个年级，每个年级 8～10 个班级，每个年级设 1 名段长、2 名副段长、2 位副书记、3 位副校长、1 位工会主席分别负责管理一个年级。年段负责落实本年级教育教学全面工作，所有部门和处室做好全方位的服务工作，并对其重要工作实施项目化建设。

(二)学校管理制度

七中在管理中做到"以善定规,以善导言,以善立行",建立了以学校章程为核心的制度体系,确立引领师生规范运作、积极向上(善)的管理框架。一是建立所有岗位的工作标准,让所有接手这个岗位的人员有规可依;二是建立与完善教师管理制度,包括教师双向选聘制度、捆绑考核制度、质量标准等;三是建立与完善学生管理制度,包括学生自主管理制度、完美教室考评办法等;四是建立与完善各部门管理的相关制度,包括学生德育考评、教学管理、教研管理、后勤管理等。

(三)学校管理理念

七中的管理理念包括管理者修身理念、作风理念、治理理念。一是修身理念。"教,上所施,下所效也。"长善教育倡导领导在管理中的引领示范作用,所以要求领导必须确立的基本观念就是:以身作则,率先垂范。二是作风理念。凡是要求师生做的,领导都要率先做到,牢固树立"以人为本,完善制度;干部引领,项目落实"的管理理念,在管理过程中做到,一级做给一级看,一级带着一级干。三是治理理念。依法治校,民主管理,这是现代学校管理的必然要求,长善教育坚持没有最好、只有更好的理念,坚决依法治校,实施民主管理,切实维护老师、学生、家长的合法权益,充分调动师生、家长的主观能动性,为提高管理效率和提升学校办学质量做贡献。

三、长善教育的行为文化

(一)管理者行为方式

七中的管理从校长做起,以上率下,影响和带动师生。锻炼身体从校长做起,读书写作从校长做起;坚持每天锻炼一小时,坚持所有讲话稿自己写;带头建博客写博文,带头建学习空间;坚持每学期开学初国旗下讲话、全校教师会议等所有学校重要活动脱稿演讲;坚持定期给学生、教师、家长开设讲座和举办沙龙等。学校重要工作经班子研究或学校教代会通过后执行。学校中层干部选拔采用全校教师推荐、双向选择、学校班子研究产生,并报教育局批准认命。中层干部除了落实处室常规业务、挂包班级外,每位成员还要承担若干个具体项目,包括书香校园创建、体育文化艺术节、班主任节、教师专业成长月、科技创新活动、学生社团、大课间跑操、完美教室、每月一事、家校合作等。七中领导班子带头进德修身,坚持成长,以成长引领成长。

(二)教师行为方式

七中所有教师都要认真落实列入年度考核的三大项 13 条教师常规,一是教育工作,包括身教、育人、感化 3 条常规;二是教学工作,包括备课、上课、作业、课程、帮扶 5 条常规;三是教研工作,包括观课、读写、开课、课题、指导 5 条常规。班主任还有缔造完美教室、推进每月一事、家校合作共建等具体工作。七中教师让教育教学从规范走向熟练,从熟练变为技术,从技术走向艺术,再从艺术走向创新。

(三)学生行为方式

七中全校学生每天有 1 小时的读写课程(晨诵、午读、暮省各 20 分钟)和 1 小时阳光体育课程(上午大课间 30 分钟、傍晚集体跑操 30 分钟)。有入学、进级、毕业三种仪式,有成年礼,有满足每位学生参与的学生社团等丰富多彩的活动与组织。学生在宿舍、食堂、自习课秩序维持与卫生保洁全部实行自主管理。学生操行实行积分管理。七中的学生喜欢读写与锻炼,以爱美为荣,以有爱心为美,在自尊中自立,在自立中自信,在自信中自强。

四、长善教育的环境文化

(一)学校建筑文化

七中长善教育文化,作为精神符号需要通过学校物质层面表现出来,学校的校舍建筑、校园规划、校园景观、园林绿化等物质都要体现学校的长善教育文化,要为学校长善文化的培育创造物质、环境条件。要做到科学规划学校基本建设,合理配置设施设备;认真规划走廊、墙壁、地面、建筑物等一切可以利用的教育媒介,充分利用、发挥学校设施设备的育人功能,使每一棵花草、每一块砖瓦、每一面墙壁都会"说话",创设能够体现学校长善教育文化的校训、校歌、校标,不断提升学校形象。

（二）校园景观文化

七中主教学楼、办公楼、食堂、学生宿舍楼的墙壁和橱窗，把七中"三风""两精神""一纲领"和长善教育办学理念（核心理念、育人理念、教学理念、管理理念、读写理念和能力理念）具体展示在各建筑的墙壁，默默引导学生向善，求真，尚美，长善教育文化"随风潜入夜，润物细无声"，学生浸润在浓浓的"善"味中，一颗颗善心正悄悄地萌发。

七中在校园环境建设上围绕"长善教育"这一主题，将上述文化内容逐一呈现在楼房的墙体、柱子、楼梯、走廊等醒目位置。让充满生机的校园里处处洋溢着"长善教育"的浓厚文化氛围，使校园变成了师生们修身治学、提升素养的"善园"。

（三）学校文化平台

善良是一切美德的综合，有善心的人因为喜欢付出而快乐，有善心的人因为良好情绪而健康，培育一颗善良的心理应贯穿于教育的始终。"长善教育"告诉我们最重要的教育原则就是"身教胜于言教"。教育者要用自己的品行影响学生，要用自己的善心唤醒学生的善心；教育还要有创新，教育者还要找到更有效的方式，让师生的善心递增，努力达到这样一种境界："善言如水，暖意相随；善行似溪，绵延不息；善心若海，可纳百川。"

天地大美，教育至善。七中于 2012 年 7 月加入由朱永新教授发起的全国新教育实验，新教育的十大行动都能为"长善"提供土壤、阳光、空气、雨露等养分，是促进师生善心递增的有效平台。

1.营造书香校园

着力从营造氛围、研发课程、开展活动等方面全力推进书香校园创建，引领全校师生在读写中汲取善心"养分"，在读写中"超越自我，追求至善"。校长带头读写，老师示范读写，学校全力创造条件，打造最优越的读写环境。

2.缔造完美教室

把每一间教室视为可以成长的空间，给教室命名，让生活在一起的师生有共同的目标、共同的誓言，研发班级课程，开展丰富多彩的班级活动，设立班级日志，共同书写一段生命故事，让每一个班级都建成一间积极向善、有自己故事的教室。

3.推进每月一事

结合学校实际,每学年确定大主题,然后再确定每月一主题,通过主题阅读、主题实践成果展示与评价等方式,让学生每月养成一个好习惯。比如,2015—2016学年的主题是"竭力养成爱美习惯",那么每月一事分别是"好事"公益、"问候"交往、吃饭(节俭)、"走路"规则、"运动会"艺术、"日记"自省、"家书"感恩,并从中评选出孝亲敬长之星、志愿服务之星、文明礼仪之星、勤俭朴素之星、励志进取之星、修身律己之星、组织管理之星和体育艺术之星等"校园之星",旨在把"长善"教育化为每个具体的行动,形成"崇尚先进、学习先进、争当先进"的良好风气。

4.研发卓越课程

开发学生成长需要、适合学生成长的课程是学校办学有效的关键。为此,发动全校师生共同参与课程的研发,按年级、学科分别开发出德育、学科拓展等课程。如"晨诵、午读、暮省"课程的实施就是让师生在读写中"长善"。又如,每年新生入学都有"入学课程",以夏令营形式落实,内容包括规则意识、奋斗精神、学科衔接等,编著《学习有道》作为入学课程教材,让所有学生入学即消除陌生感,培养团队意识、规则意识和吃苦精神,尽快适应新环境的学习。

5.构筑理想课堂

一种完整的教育需要师生的完整投入,尤其需要教师以一颗善良之心,让课堂成为完整教育的场所。从善出发,分别给出初中和高中两种教学模式,即初中的"三环五学"课堂教学模式和高中的"五环"课堂教学模式。

6.家校合作共育

新教育需要新父母,新父母离不开新教育。学校努力为家长学习创造条件,改变家长的家教观念,学习家教知识,改善家教方法,提高家教能力,形成学校、社会、家庭三位一体化的德育网络,充分利用教育优势力量来进行长善教育和实践。

7.搭建成长平台

朱永新教授说:"新教育最大的成就,是点燃了许多普普通通老师的理想与激情,让他们知道教育原来可以如此美丽,教师原来可以如此生活。""教师是教育过程中最重要、最关键、最基础的力量。"没有教师的发展,学生的成长就成为无本之木;没有教师的研发,课程就成为无源之水;没有教师的实践,理想课堂就成为水中之月。显然,长善教育的认同是教师成长的内在动力机制,是帮助教师践行长善教育的理念支撑,是教师走向卓越不凡的重要途径。在长善教育文化建设中,必须要有一支乐于从事长善教育的教师队伍,为此,学校积极搭建"教师专业成长月"和"班主任节"两个活动平台,让师生共同展示"长善"成果,培育和树立一大批可敬、可学的优秀教师典型,积聚了教师队伍建设的正能量,有力促进师生的共同成长。

第四章

长善教育的管理之道

　　管理的核心要义是理、引领，而不是管、控制。真正的管理，其目的和本质是激发并释放人们固有的善意与潜能去为他人创造价值。长善教育的管理理念更是强调"善"的示范、影响和引领，坚信"其身正，不令而行；其身不正，虽令不从"的道理。因此，谁来引领、引领什么、怎么引领就是长善教育管理者必须回答的问题。

第一节 其身正,不令而行
——优秀管理团队才能发挥引领作用

人民教育家陶行知先生说:"校长是学校的灵魂,要想评价一个学校,先要评论他的校长。"校长的优秀程度,决定着学校发展的高度,从这个意义上说,一个好校长就是一所好学校。好校长要有高尚的人格魅力、坚定的教育信念、正确的价值取向,将立德树人贯穿到教育教学全过程,全面实施素质教育,引领教师培养德智体美劳全面发展的社会主义建设者和接班人;好校长要通过落实自己的办学思想,培养出德才兼备的教师团队、阳光向上的学生群体,办学成绩显著;好校长要遵循教育教学规律,回应时代的挑战,彰显自己的教育理解,践行自己的教育观点,形成自己的教育主张,凝练自己的教育思想。

从学校长远发展来看,一位好校长,要建立一支优秀的管理团队,以团队的力量推动一所好学校的建设。所谓优秀管理团队,一是指团队成员要优秀;二是指管理成效要显著。这样一支管理团队必须能做到以身作则、率先垂范,用人格魅力形成影响力,用专业能力发挥引领力。优秀管理团队带头锻炼身体、读书写作,带动全体教师锻炼和读写,从而带动全校学生锻炼与读写,甚至影响全体家长锻炼与读写。因此,什么样的人可以进班子,进了班子后应有积极的态度及行动,是学校选择管理成员必须慎重思考问题。

一、团队成员产生办法

七中组建班子的总指导思想是:通过双向选择(学校公布岗位、教师填写自荐表和推荐表)、全校推荐、班子研究,优选想干事、能干事的同志加入班子中。在研究中,充分考虑年龄结构、学科结构及初高中分布,从各个岗位较优秀的教职员工中选择。这个指导思想与行动,就是向全体教职员工表明,在我们学校任何一个岗位都是平等的,只是职责不同而已,任何一个人在自己的岗位上尽职尽责、任劳任怨,做最好的自己,就一定能得到大家的尊重。同时,学校还会根据个人的意愿及个性特点对部分班子成员的岗位进行交流。

二、团队成员形成共识

七中管理团队成员形成以下三点共识:

(一)团结最重要

团结就是力量,团结出智慧,团结会进步。不团结就是一种腐败,不团结必然要增加内耗,内耗造成的浪费,包括时间的浪费、物质的浪费、资源的浪费都是巨大的,不团结没有赢家,只有输家。讲团结就是要做到各自认真做好本职工作,从善出发,用善良的眼光,多发现别人身上的闪光点,少说别人的缺点,多反思自己的不足,不断改进,提高效率。管理团队的每个人把岗位都做好了,相互促进,共同提高,这样的团队不团结是不可能的,这样的团队不出成绩也是不可能的。

(二)勤奋是保障

勤能补拙。管理团队成员没有一个人可以说,自己的智慧足以解决所有问题,一个人的潜能是无限的,但一个人的潜能所能发挥的作用是极其有限的,有限的潜能要发挥出最大的作用,必须通过勤奋加以弥补。作为学校的管理者,更要把这种弥补当作做好学校工作的基本保障。

勤是品质。关于勤奋刻苦,19世纪英国爱丁堡大学校长托马斯·卡莱尔在一次给学生的演讲中宣称,勤奋是全部忠告之和,即便你们已经听过1000遍,然而,必须再让你们听这1001遍,因为它是绝对正确的。勤奋,包含着一个学生所可能具备的全部美德;包含着一切优秀品质。你们整个人生的幸福首先取决于你们的勤奋。勤奋如此重要,对学生如此,对我们每个人何尝不是如此。因此,作为学校领导,必须率先拥有这种品质,从而让勤奋变成七中的风气,变成七中每一个人的习惯,由此,开启七中人的幸福人生。

(三)带头是底线

领导就是引领、引导,还要指导,因此,领导带头就是底线要求。管理团队成员要在读书、写作、实践上带头。带头读书,充实自己的思想,坚持每月至少读一本书,写出读书笔记并上传博客;带头写作,反思自己的思想与实践,增强工作的超前性和科学性,在博客的创建上起示范作用;带头实践,在教育、教学、教研上要走在前头,起引领示范作用。管理团队成员不论哪一个层次的领导,对自己负责的事情,都要能一竿子插到底,用"实干是真功夫、落实是真本事"来严格要求自己,真正做到,一级做给一级看,一级领着一级干。

三、团队成员带头力行

七中管理团队成员带头执行以下五个方面学习与工作要求。

(一)学习

要求:每月至少读一本书,撰写一篇读书心得或教育教学案例或随笔上传博客。

(二)研究

要求:不是公事假,学科教研活动不缺席,并在学科教研中,带头做课题、讲课题;带头交流读书心得;带头听课、开课与评课;带头撰写有质量的教育教学论文。

(三)育人

要求:带头落实育人为本的理念,要将立德树人作为首要任务来落实,所有的管理工作都要围绕立德树人这一根本任务来落实,要在管理工作计划中体现自己的思想。

(四)教学

要求:要在教学常规落实上起示范带头作用;要带头思考自己的教学主张、教学模式和教学预期。评教评学、教学成绩都要名列年段前茅。

(五)管理

要求:管理团队成员认真落实分管工作,坚持撰写周工作日志(示例见附件 4-1),内容包括:本周应该完成的任务及完成情况、本周发现的问题及处理情况、本周听课情况、本周下段或挂班工作情况、下周要做的工作及预期效果、周管理心得。周工作日志在每周六之前逐级上传验收。

第二节　明方向，从容前行
——明晰发展规划才能明确引领方向

　　七中 2016—2020 年学校中长期发展规划，为学校今后五年的发展指出了引领的方向和内容，管理团队成员只有深刻领会和把握其核心内容，才能自如地引领师生走"长善教育"之道，过一种幸福完整的教育生活。

一、明晰学校发展基础

　　七中在实施上一个五年发展规划期间，在县委县政府和教育行政部门的正确领导下，经过全体师生员工的艰苦努力、务实苦干、奋力拼搏，"长善"校园文化已基本形成，管理团队建设成效明显，学校精细化管理进一步加强，办学特色得到政府、社会及学生家长的广泛认可，学校的全面、协调、可持续发展的整体态势初步形成。

　　（一）主要成绩与经验

　　1.良好氛围初步形成

　　七中校园生动活泼，充满着读书声、运动声、欢笑声。全体师生积极、阳光、健康、向上，人际关系平等和谐。良好的人文氛围，促使每位教职员工积极投入工作，促进每位学生专心致志学习。

　　2.品牌效应初步彰显

　　学校传承朱子"读书起家之本"的思想，确定学校的发展理念——"读写起家，知行合一；健康成长，持续发展"。经过几年的积累与发展，现已初步形成"长善教育"的核心价值观（相信潜能，从善力行，与时俱进，成长最美）及核心理念（尊重人，相信人，依靠人，发展人）。

　　3.优秀队伍初步建成

　　学校管理团队配备优中选优，德才兼备，能引领，善团结，敢落实，有成效；班主任和科任教师"讲师德、有思想、有能力、能创新"；生管教师"有爱心、有品位、懂教育、有素质"；后勤员工"有热心、能服务、有素养"。

4.德育工作成效明显

学校德育工作思路清晰,基本形成全员育人、全程育人、全面育人及家校共育等富有特色的德育工作方式、方法。全校学生身心健康,精神焕发,思想进步,积极阳光,健康向上。

5.教学质量稳步提高

近年来,高考成绩均超额完成县教育局下达的升学任务,真正做到了"低进高出,高进优出";中考成绩在尤溪县具有良好的口碑,得到上级领导、社会和广大家长的广泛认可。

6.办学特色初步形成

初步形成了"长善教育"的办学特色。七中学子以"超越自我,追求至善"为校训,以"自尊、自立、自信、自强"为精神,显示了与众不同的"内外兼修,文质彬彬,儒雅高贵,大家风范"的气质特点;学生喜欢读书写作,享受锻炼身体,喜爱思考问题,敏于发现问题,精于分析问题,长于解决问题;学生个性特长得到进一步张扬,能够积极、阳光、健康、向上地面对生活。

7.硬件水平不断提高

随着办学规模的扩大,政府投资不断加大,校园硬件建设水平不断提高,学校设施完备,环境优美,干净整洁,绿树成荫,花团锦簇,整个校园美化、绿化得如同花园一般。七中英语学科张德权老师做了一个"大美七中"的美文(见附件 4-2),向大家描述了一个极具诗情画意的大美七中。

(二)主要困难与问题

1."长善"文化尚未完全内化于心、外化于行

一是学校的核心价值观——"相信潜能,从善力行,与时俱进,成长最美",尚未被所有教师内化并付诸行动;二是积极、阳光、健康、向上的整体发展态势还没有完全形成,具体表现为包括优良的校风、教风、学风、学校精神、教职工队伍的整体素养和精神境界等没有完全形成,学生德智体美劳全面发展还不够协调,侧重于关注知识和技能,侧重于思想品德教育,对学生体质、意志和涵养教育关注不够。

2.教师队伍建设仍需要再加大力度做好

一是管理团队素养、能力不平衡,发挥不充分,需要再加强;二是教师师德、专业素养与能力不平衡,发挥不充分,需要再提升,同时,资深名师数量不足,骨干教师队伍建设还有待进一步加强;三是后勤人员,特别是生管人员的专业素养与专业水平需要再提高。

3.“长善教育”的课程体系尚未完整构建

近年来,学校在国家课程校本化上做了一些探索,如学科“教学案”的开发,但尚未真正完全建立起校本化的课程体系;学校在地方课程校本化、校本课程特色化上也做了一些探索,如与朱子有关的地方活动课程、“晨诵、午读、暮省”校本课程等,但也尚未体系化。

4.课堂效率不高仍是学校发展的瓶颈

一是部分老师的观念陈旧难以改变,只管教不管学,课堂只是讲堂而不是学堂;二是教师个体备课不充分,包括没有深入了解学情、深入钻研课标与教材、充分利用各种资源,无法充分调动学生学习积极性;三是教师的集体智慧没有得到充分发挥,大大增加个体的劳动量,而且成效不明显,缺乏成就感。

5.学校党建工作特色化还不明显

党支部的战斗堡垒和党员的先锋模范作用还发挥得不够。一是党支部的决策、执行还需要进一步加强,要进一步优化“136”党建工作模式(详见附件4-3);二是党员在教育教学中示范、引领作用还要进一步加强,切实落实星级党员考评制度。

6.学校硬件条件还需要加大投入

学生数特别是初中学生人数不断增多,教室、宿舍数量都有较大欠缺;理化生探究室、地理历史美术等专用教室尚未配置;地理生物园尚未建设;理化生实验器材还不充足。

二、明晰学校主要目标

进一步明确学校的发展目标。基础教育的目标是什么?《中华人民共和国义务教育法》规定:“义务教育必须贯彻国家的教育方针,实施素质教育,提高教育质量,使适龄儿童、少年在品德、智力、体质等方面全面发展,为培养有理想、有道德、有文化、有纪律的社会主义建设者和接班人奠定基础。”《中国教育改革与发展纲要》更明确指出:“基础教育是提高民族素质的奠基工程。”这就清楚地告诉我们,基础教育的基本目标在于提高整个中华民族的素质,它的对象和着眼点是全体人民,而不是一部分人,更不是少数人;基础教育的功能是为提高全民族的素质奠定基础,它强调的是基本素质的培养,而不是专业或某些专门人才的培养。因此,基础教育的教学内容课程体系,教育教学观念与思想,教学方法以及评估等,都必须使每个人能够健康成长,掌握所处阶段必备的知识技能,知识包括科学知识、生命知识和人文知识,技能包括科学技能、生活技能与人文情怀,为学生健康成长打基础。

基于上述目标定位,七中 2016—2020 年学校发展目标:着力加强学校内涵建设,总结、提炼、升华学校管理,形成质量品牌学校、管理标准化示范学校、课改示范性学校、新教育特色学校,打造一批省、市、县校骨干教师及名师,实现学校内涵发展目标。

(一)队伍建设目标

建设一支"有思想、能引领、会落实、求效益"的示范型班子队伍;建设一支"爱岗敬业、乐教善育、创新高效"的成长型教师队伍;建设一支"自主合作、乐学善思、超越自我"的学习型学生队伍。

(二)德育工作目标

德行养成(养成求善的习惯)、学会做人(学会做一个善人)、学会生活(珍惜生命、承担责任)、学会学习(学之始在于行、学之道在于悟、学之成在于恒)。

(三)课程建设目标

围绕"长善教育"主张,以学生发展核心素养和学科核心素养为指导,构建"长善教育"课程体系,实现国家课程校本化、地方课程年级化、校本课程特色化。

(四)教学改革目标

扎实推进整体课堂管理改革方案,引领教师提炼教学主张、构建教学模式,并做出教学预期。落实福建省首批义务教改示范性建设学校建设工作,积极创建福建省高中课程改革示范性学校。

(五)管理工作目标

积极创建福建省一级达标学校和福建省义务教育管理标准化学校。

(六)文化建设目标

构建"长善教育"校园文化,优化制度文化,完善活动文化与环境文化。

三、明晰学校工作措施

为实现上述目标,需要全体师生统一思想、群策群力,从优化制度入手,加强队伍建设,全面深化改革,狠抓过程落实。

(一)建立高效制度体系,让制度发挥引领作用

依法建立、完善学校的各项规章制度,优化学校管理制度体系,让制度管理落到实处。

(1)建立民主管理机制,制定民主管理章程,并依章进行工作。

(2)建立学校的各项监督机制,发挥职工代表监督作用。

(3)建立干部民主考核制度,促进干部的有效成长。

(4)建立班主任的选拔、教育和管理的长效机制,建设一支具有丰富班级管理经验和高度责任感的班主任队伍。

(5)完善以团队为主体的实绩考核制和奖惩激励制,促进教师的团结协作。

(6)完善岗位目标责任制、全员聘任制,促进教师的专业成长。

(7)完善各项制度落实的督察机制,确保制度的有效落实。

(8)建立学生积分制自主管理激励机制,发挥学生的自主性。

(二)加强学校队伍建设,保证学校可持续发展

1.加强领导班子建设,发挥领导带头示范作用

一是坚持双向选择、优中选优的原则组建班子。二是坚持领导干部必须做到以身作则,率先垂范。三是全面加强党支部建设和党员队伍建设。四是坚持落实"以人为本,完善制度;干部引领,狠抓落实"的管理理念。五是加强对工会、共青团、学生会的领导。

2.加强教师队伍建设,确保教师专业健康成长

一是根据教师专业标准,认真做好教师专业成长规划。二是强化校本培训,重点以读写促进教师成长,不断提升师德修养与专业水平。三是支持继续教育,保证全体教师享有培训机会,包括远程继续教育培训、学历提升培训、各级各类学科培训等。四是强化研究意识,形成人人参与研究的氛围,鼓励教师积极承担各级课题研究,倡导全体教师都要有小课题。五是强化名师培养,充分发挥名师的引领作用,推进"名师工程",努力做好骨

干教师、学科带头人、"名师"的培养工作。六是积极开展活动,在活动中展示、体验与提升,不断优化"教师专业成长月""班主任节""高中教学开放周"和"初中片区教研"等活动。

(三)坚持深化教育改革,不断提高教育质量

1.研发德育课程,提升德育实效

按年级研发一套德育实践课程、活动课程,并以"推进每月一事"为抓手,夯实学校德育常规工作。

2.营造"长善"文化,浓厚育人氛围

围绕校训"超越自我,追求至善"、校风"仁爱、诚信、严谨、善行"、教风"爱岗敬业,乐教善育"、学风"自主合作,乐学善思"构建能够激励师生积极向上(善)的文化氛围,实现文化育人的效果。

3.落实全员育人,确保德育实效

所有科任教师每学年要完成一篇课程育人的案例;所有后勤行政人员要完成一篇服务育人案例,并作为教师成长月的一个评比项目。

4.充分发挥班级育人主阵地作用

深入开展"缔造完美教室"活动,倡导用名人姓名、笔名、名言等作为班级名字,然后在探寻名人足迹中建设自己的班级文化(班训、班诗、班歌、班徽等)和班级课程。

5.扎实推进家、校、区合作共建

建设一个能有效履职的家长委员会,形成学校、社区、家庭三位一体化的德育网络;建设一所有质量的家长学校,充分利用各方教育优势力量来进行"长善教育"实践。

(四)坚持深化教学改革,不断提升教学质量

1.坚持规范教学管理,夯实教学常规工作

学校教学工作要狠抓落实,常抓常新。实行"周学习清单"与"周测"制度,着力提高课堂学习效果;搭建教学合作交流平台,加强对外开放和内部交流;构建科学的教学质量评价体系,引入竞争激励机制。

2.坚持课堂教学改革,不断提升课堂效率

探究有效的整体课堂管理是"长善教育"的不懈追求。整体课堂管理,就是要探究如何让教案、学案、作业本、笔记本、复习本、教研与培训合一,从而让教师看似杂乱的工作变得更加有序,更加高效。鼓励教师以素质课

堂（全体性、全面性、自主性）为理念，以"自主、合作、探究"为主要形式，以整体课堂管理为探索路径，结合本学科课程标准、核心素养等，提出自己的教学主张、教学模式和教学预期。强化教研组的作用，用任务驱动推进课堂教学改革。

3.坚持落实读写课程，不断提升读写能力

持续落实"晨诵、午读、暮省"课程、"《新闻周刊》述评"课程、编写班级"三报"（班级月报、科技月报、读写月报）课程。

（五）加强环境建设，不断提升学校品位

1.努力加强学校硬环境建设

争取政策，多渠道筹措资金，实现办学条件改善的再次跨越，基本实现校园美化好、绿化好、硬化好、净化好、现代化好，教学配套多功能用房充足，教学设备齐全、领先、及时更新，教学手段现代化、网络化。学校周边环境得到根本治理，确保师生人身和财产安全。

2.努力强化学校软环境建设

把校园文化建设作为提升学校内涵发展的重要途径和手段，按"行为文化塑形象，精神文化铸品牌"的文化建设理念，全面加强学校文化建设，凸显"长善教育"文化特色。

第三节　重力行，书写成就

——管理重在实践才能产生引领成效

现代管理学之父彼得·德鲁克说过："管理是一种实践，其本质不在于'知'而在于'行'，其验证不在于逻辑而在于成果，其唯一权威就在于成就。"这句话强调，管理是一门关于实践行为的学科，知道这回事并不能让人们的工作变得有效，只有付诸实践才能达成有效性。有思考的行动才叫实践，而思考最重要的呈现方式就是书写，把要做的事、要怎么做、有什么预期先写出来，做完之后把哪些达到预期、哪些没有达到、原因何在等再写出来，这样一个过程才能称之为落实。落实到位才有成就，有成就的管理才有权威。管理是一种实践，实践关注过程，结果只是管理自然而然的产物。管理不到位，自然就没有好结果，所以，如果上级一检查就在结果上做文章，这篇文章漏洞百出也是自然而然的事。不出现这种情况的唯一办法就是加强过程管理，加强过程管理就是要定出制度、落实制度、反思落实、改进落实。

七中经过办学以来三十多年的发展，其管理制度已经相对完善，有问题还是出在落实上，落实需要花时间、花精力、花体力，而且往往还有阻力，所以"落实是真本事"的说法是再恰当不过的。落实就是行动，行动就要走出办公室，深入所管辖的区域，发现问题，记录问题，研究问题并解决问题。校长站位要高，所有分管领导站位也要高一些，要站在对这个部门而言，自己就是全校的最高领导者，自己的一言一行就代表学校。站位高了，就更能发现问题，及时发现问题，及时解决问题；站位高了，主动性就更强，只有自己有管理思想，并明确自己的管理职责和所管理工作的基本标准，管理才会主动，管理才有效率。因此，作为学校管理者在关注过程中，要有十分明晰的管理指导思想、基本目标和实践路径。

学校管理的根本指导思想就是要以人为本，就是要以老师为本，以学生为本，也就是一切有利于师生工作、学习与生活的事情，学校领导都要努力去做，不能为了管理的简单化而影响师生的工作、学习与生活。以这个指导思想去观察学校的环境、观察师生的状态，想师生之所想，急师生之所急，就一定能把管理工作做好。以此作为指导思想的领导作风，就应该是快速、高质、高效,对师生提出的问题,都要有相应的解决方案,大方案提交校务会研究,小的问题能立马解决的,经过请示就要立马解决。坚决反对拖拉、低效、视而不见、不抓过程搞突击等工作作风和工作方式。倡导一切工作都要常态化,要实行常态化管理,尽最大努力,把所管理的事项变成一种习惯,只要有偏离就能提醒自己及时纠偏。

学校管理的基本目标,就是要让师生感觉到学校管理制度健全,管理责任明确,管理措施到位,管理效果显著。一句话,就是该管的事有人管,该做的事有人做。学校管理的理想目标,就是要让师生能时时刻刻感觉到学校是师生工作、学习和生活的乐园。

学校管理的实践路径就是落实。在学校管理的过程中,一定会不断地遇到各种问题;也正是有这些问题,才需要我们管理者实施管理。学校管理者需要重点思考的是,如何使教育教学管理这些问题及时被发现,及时被解决。学校管理要进入常态化,有了常态化管理作为保证,教育教学管理的问题才不是问题。

落实的前提是管理团队关系和谐。讲分工,更要讲协作。一个班子就是一个团队,团队中任何一个人有缺陷,整个团体也就有缺陷。所以,整个团体相互协作,共同提高至关重要。人们经常很容易看出别人管理中存在的问题,而忽略了自己管理领域也有别人眼中的问题,所以,一要从别人管理存在的问题反思自己的问题;二要善意提醒别人管理中存在的问题。总之,整个团体关系和谐,一切皆有可能,互相拆台只能是一盘散沙。

一、用精细化管理落实常规工作

学校无小节,处处皆教育;学校无小事,事事是教育。学校在管理中仍暴露出"细节决定成败,态度决定一切"的管理理念还没有真正形成;"不拘小节"的管理现象依然时有发生;管理有据、实施有案、过程留痕、结果呈现的管理过程还是不够扎实;被动应对的管理现象还或多或少存在;等等。这些都极不利于学校管理水平的提升,更不利于学校良好风气的形成。为此,特别提出进一步强化学校管理制度落实意见,要求相关责任人切实承担起责任,严格责任追究制度。

(一)进一步加强领导

为切实加强对精细化管理工作的组织领导,七中成立精细化管理领导小组,由校长任组长,副校长任副组长,各处室主任为成员。领导小组负责学校精细化管理的组织、实施和考核。

（二）进一步明细责任

1.对照反思,突破难点

对照《尤溪七中精细化管理》主要内容,围绕学校中心工作,深刻反思落实情况,找准自身工作的重点和薄弱环节,关注每一个细节,做好每一件小事,着力解决突出问题。

2.对照分解,责任到人

对照《尤溪七中精细化管理》主要内容,第一责任人将责任进一步细化给第二责任人,依此类推,第二责任人将责任进一步细化给第三责任人,直至每一位教职员工,乃至学生,让全校每一个人都明确自己的责任所在。政工、教学、后勤三大管理部门要本着精细但不烦琐,利于管理、利于工作的原则,制定出精细化管理网络图,使任务和责任人、责任部门一目了然,便于检查和考核。

3.对照落实,全员监督

对照《尤溪七中精细化管理》主要内容,初中重点围绕《福建省义务教育管理标准化学校建设》《福建省义务教育教改示范性建设学校》;高中重点围绕《福建省一级达标学校建设标准》,逐项分解落实,做到项目有依据、责任有人担、过程有留痕、结果能呈现,并进行全校公开。

4.明晰任务,一抓到底

在细化过程中。每一项工作,都要精细到如何做、何时做、做到什么程度,一点一滴都不能有任何疏漏。在教育、教学、服务过程的每一个环节,都要有明确精细化意识,即使是最细微的部分也不能忽略,在工作中要求做到有布置、有检查、有反馈、有整改、有考核。

（三）进一步落实责任

1.落实的关键是领导带头

必须形成"一级做给一级看,一级带着一级干"和"处处有人管,事事有人抓"的良好氛围,才能确保责任落实到人、到位。

2.落实的核心是各负其责

必须将每一项工作做成项目,并在全校全面实行"承包制",做到"人人包""处处包""事事包"。

"人人包"是指人人都有自己的工作内容。努力做到人人都满工作量，每人每天都要高质量、高效率地完成各自的工作任务。

"处处包"是指把学校的财物、卫生区等化整为零，分包下去，每一处公共财物的保管、每一处卫生区都要有责任人。

"事事包"是指目标管理。学生管理、教学教研、环境卫生、财产管理等各方面，将总目标分解到各个部门和岗位，做到事事都有责任人，把目标管理的结果作为评优、奖惩、晋级的重要依据。目标管理的实施，旨在让每个人都积极地参与学校管理，形成"全校一盘棋，人人都参与"的局面，调动全校教职员工参与学校管理的积极性、主动性和创造性。

3.落实的督促是日志反馈

进一步完善行政领导周工作日志制度，周工作日志内容包括本周必须完成的任务完成情况（职责范围内常规工作和项目化内容），本周发现了哪些问题及处理情况（突出自己责任范围内存在的问题），本周发现了学校有哪些亮点，本周听课的内容（时间、对象、指导、感受等），本周深入老师、学生情况，下周要执行的任务及设想，以及周管理所得。每周五下班前，通过学校办公系统，由下往上依次上传，主任汇总上传给分管，分管汇总上传给校长。同时还进一步完善了行政值日日报制度（日报单示例见附件4-4）。

（四）进一步严肃责任

1.主管部门奖惩明晰

县教育局把学校精细化管理工作的成效作为检验学校办学水平的重要标准，列入对校领导班子考核评价和学校年度目标管理的重要内容。对实施校园精细化管理工作扎实、成效显著的学校予以表彰；对因管理疏忽、不到位，或工作失职、渎职引发的管理事端，实行责任倒查，追究主要领导和相关责任人的责任，并在年度评优评先时给予一票否决。

2.学校抓好奖惩落实

七中精细化管理领导小组将根据分工对全体班子成员进行考核，并把考核情况作为评价干部的重要依据。同时，严格落实责任制，对因管理不到位，或工作失职、渎职引发的管理问题，实行责任倒查追究制，追究相关责任人的责任。

二、用项目化落实学校重点工作

学校工作唯有抓住重点，理清思路，一抓到底，才能取得实效。为此，特制定重点工作项目化实施方案。

（一）指导思想

重点工作项目化的指导思想是：落实有依据，责任有人担，过程有留痕，结果能呈现。

学校的人才理念是"实干是真功夫，落实是真本事"，因此，实干与落实就是检验人才的重要指标。将学校重要工作项目化或课程化，目标明确、内容精准、措施具体、成果可评、责任到人，不仅能使学校的各项重要工作得以有效落实，而且还能有效地促进相关人员的成长。

（二）工作目标

各处室依据督导与评估的相关精神与要求，初中重点围绕教育部的《义务教育学校管理标准》和福建省的《义务教育教改示范性建设学校》、高中重点围绕《福建省达标高中评估标准》，将本部门相关工作项目化或课程化，具体包括项目名称、项目责任人与相关人员、项目内容、项目标准、落实途径、时间节点、成果展示、项目评价，确定每个项目的责任人，由责任人确定相关落实人员。相关人员中必须明确一个台账负责人，负责对项目实施过程的信息记录与材料收集，学年结束，将材料按项目计划、实施方案、过程记录、新闻报道、过程图片、成果素材、项目总结等顺序装订，作为考评的重要依据。每个项目的考评结果作为考核相关责任人的重要指标。

（三）具体项目

学校提出各部门需要项目化的工作，就必须按项目化管理加以落实，各部门可结合本部门实际增加或整合相关内容。

1.德育部门

德育部门重要项目包括：安全教育与管理、每月一事、完美教室、家校共建、学生综合评价机制——学生成长档案袋、大课间活动、温馨宿舍、班主任节、学生社团活动、年段德育特色活动等。

2.教学部门

教学部门重要项目包括：教师专业成长评价机制——教师专业成长档案袋（成长规划、课题研究、教学技能提升训练、校本培训、校本课程研发与利用）、晨诵—午读—暮省课程、跑操课程、教学质量监控机制——周测、功能室的建管用、体育文化艺术节、教师专业成长月、课程改革试点、优秀学科建设、年段学习特色活动等。

3.后勤部门

后勤部门重要项目包括：食堂、财产、基建、修缮。

4.工会

工会重要项目包括：教工文体活动常规化、教工社团。

5.党支部

党支部重要项目包括：两学一做、教工志愿者队伍建设、"136"党建项目。

（四）项目表格化

所有项目化重点工作按表4-1和表4-2填写并公示。

表 4-1　重点工作项目表

项目名称	
责任人	
台账负责人	
参与人员	
预期目标	
主要内容	
主要措施	
成果表达	
项目评价	

表 4-2　重点工作项目汇总表

项目名称	责任人	台账负责人	考评要点

三、以年段为单位落实教书育人

以年段为管理基层单位,是基于学生年龄的相似性、成长的可比性,无论是从管理上,还是从落实教育教学任务上都更加便捷、有效。因此,在加强年段工作中长善教育提出了如下意见。

(一)把育人作为年段工作的第一要务

一要深刻领会立德树人是教育的根本任务。学校班子成员、年段长、班主任等必定是学校德育的核心力量。作为核心力量,每位成员在理解党的教育方针政策上要领先一步、深入一点。立德树人,就是要教育引导学生树立共产主义远大理想和中国特色社会主义共同理想,增强"四个自信",肩负时代重任,立志扎根人民、奉献国家,以高远的志向砥砺奋斗精神,在人生道路上刚健有为、自强不息;就是要教育引导学生厚植爱国主义情怀,增强民族自尊心和自豪感,坚定为祖国的繁荣稳定贡献力量的信念;就是要教育引导学生从自身做起、从点滴开始,在日常学习生活中培育和践行社会主义核心价值观,踏踏实实修好品德,成为有大爱大德大情怀的人;就是要教育引导学生珍惜学习时光,心无旁骛求知问学,沿着求真理、悟道理、明事理的方向前进;就是要教育引导学生学好服务祖国、服务社会的本领,培养综合能力,培养创新思维,增强综合素质;就是要教育引导学生增强体质、健全人格、锤炼意志,提高自身的审美艺术和人文素养。要教育引导学生崇尚劳动、尊重劳动,弘扬劳动精神。

有人认为花时间进行德育教育会影响学业,其实,这是极其错误的认识。学生道德水平一旦提高到一定层次,认识到求知问学是能为他人服务、为社会服务的时候,对绝大多数学生来说,完成学业是一件小事。参加中考高考,用三分之一时间真用心投入就足够。宋代理学家程颐、程颢有一句名言:"或谓科举事业夺人之功,是不然。且一月之中,十日为举业,余日是可为学。然人不志此,必志于彼。故科举之事,不患妨功,惟患夺志。"(《二程外书》)阐明了科举考试并不妨碍他们追求圣人之学的道理。

(二)认真研发立德树人年段课程

各年段要根据国家课程标准、学校校本课程研发指导意见和本年段学生的年龄特征,有针对性地研发促进本年段师生健康成长的相关主题课程和活动课程。以七年级开设《弟子规》课程为例,是基于这样思考的:传道的"道"指的是什么呢? 老子说,"道"是宇宙的本原和普遍规律。那么,作为人的本原和普遍规律又是什么呢? 笔者认为,古人总结的人的"道"与"德"就是"五伦"及其关系,即"父子有亲、君臣有义、夫妻有别、长幼有序、朋友有信",其中父子、君臣、夫妻、兄弟、朋友就是"道",有亲、有义、有别、有序、有信就是"德"。关于这个"道"与"德",最简易、最经典的教材就是《弟子规》。因此,七年级开设《弟子规》课程,以形成良好生活、学习习惯为目标,制订相应的有老师、家长、学生共同参与的系列活动。其他年级参照确定适应学生实际的学习内容和主题活动。

(三)段长要用思想和方法来引领年段工作

决定一个人成长的主要因素,是本人的内在诉求。但是,因为人的自觉性是有限的,所以,外因的作用不仅不可忽视,而且很多情况下是起重要作用的。同样,一个人在管理懒散的环境与在管理有序的环境,其成长一定是截然不同的。把一个年段交给段长,不把年段学生引向正道,就是段长失职,这个失职不是殃及几个人,而是一批人。作为段长,对所领导的师生,应该有什么样的态度,一位企业管理人员给出了答案:"如果真的爱你的员工,就考核他,要求他,促使他成长,逼迫他成长;如果你碍于情面,在自己的团队里养了一群小白兔、老白兔,这是最大的伪善! 正确的做法是让他们和企业一起成长,培养他们赚取财富、掌控财富的能力,使其具备完善的品行。对员工严格,让他不断的成长,就是最伟大的爱,最高格局的爱! 即使哪天离开,他们也能够独立、幸福地生活、工作!"因此,作为段长必须树立"严格是最大的关爱"的理念,作为个体必须树立"为公就是最大的为私"的理念。

作为段长,本着为老师负责、为学生负责、为自己负责的态度,要思考自己的管理思想与方法,并用此加以引领。年段管理的思想,就是围绕学校的办学理念、宗旨和目标,提出自己年段的管理理念、思路和目标。学校办学的核心思想"相信潜能",即如何引领师生朝着年段制定的目标,采取切实有效的措施,充分挖掘各自的潜能,齐心协力向美好的未来前进。年段教师的两支核心队伍,分别是班主任与备课组长。如何发挥这两支队伍的作用是年段工作的重中之重,"缔造完美教室""构筑理想课堂",就是发挥教师作用的两大具体措施。思想正确、方法合理,就要理直气壮地加以落实,特别是对学校的相关制度的落实,首先要带头落实,其次要督促落实。

（四）段长要明晰工作标准并做好相关台账

所有年段要认真执行学校教代会通过的工作标准（表 4-3），并按要求做好相关台账，作为考核依据。

表 4-3　年段段长工作标准

职责	具 体 内 容	达标要求
精心计划	年段长是年段第一责任人，负责订好计划并落实到位。计划要以学校的总计划及各部门的具体要求为指导，结合本年段实际制订	目标明确，任务清晰，措施具体，预期有据
扎实队伍	通过"缔造完美教室"行动，促进班主任专业成长；通过小课题研究，促进教师专业成长	有布置、有落实、有成效
开好会议	一是坚持周一班主任或备课组长晨会。利用每周一晨读时间20分钟，召集班主任或备课组长会议，重点用来点评或交流上周工作，对一些具体要求形成文字发放或公布 二是每学期至少召开两次全段教师会议，布置任务和交流经验 三是每学期至少召开一次全段家长会议，鼓励班级以多种形式召开班级家长会 四是每学期至少召开一次全体学生会议和一次师生代表座谈会	有主题、有落实、有留痕、有总结
抓实常规	要把"晨诵、午读、暮省""大课间""跑操""疏散练习""自主管理""安静自习"等作为年段的常规工作来落实，要一抓到底，变成全体学生的良好习惯	有措施、有评比、有成效
突出特色	一是突出学校特色，紧密配合相关职能部门，积极开展相关活动，包括"营造书香校园""师生共写随笔""聆听窗外声音""培养卓越口才""构筑理想课堂""缔造完美教室""推进每月一事""家校合作共建"等新教育行动以及学校开展的相关文体活动 二是突出年段特色，每学期要有一项相对固定的德育活动和智育活动	有主题、有活动、有成果

附件 4-1　班子成员周工作日志(示例)

（姓名　卢佳参　;分管:教学、评优评先等）

2019 年 5 月 6 日至 2019 年 5 月 12 日　第十二周

一、本周必须完成的任务	落实情况
1.迎接、陪同省义务教育管理标准化学校市级核查	材料撰写内容不够翔实
2.对教代会文件教学部分进行修订	已完成
3.落实县教育局布置的帮扶梅仙中学事宜	选派蒋更生、杨敏、蒋盛海、林昌明
4.组织初中非毕业班书香少年和书香家庭展示、评选活动	参加
5.召开高三市质检质量分析会	教务处组织
6.组织九年级及八年级生物、地理市质检	分析现状,布置后阶段工作
7.组织高二理化生、通用实验操作考查	按规范操作
8.对省义务教育管理标准化学校送评材料进行修改完善	按规范操作 独立对"第四部分"进行全面完善

二、本周发现的一个优点或亮点
教务处徐华玉对自己分管的工作有自己的思路

三、本周发现的问题及处理情况
高三安排周五至周日模拟考,周五下午监考的老师没有培优补差津贴,意见很大。处理办法:按照高一、高二的做法,将周末应有课时拿来进行平均。

四、下周工作重点	具体操作方案
1.召开高三班主任会议	强调最后阶段班级工作重点
2.迎接省对市教育督导评估对县延伸检查	按规范做相关工作
3.参加九年级市质检质量分析会	总结经验,发现问题,采取对策

五、听评课情况
本周听了九年级(8)林光彩老师的一节课,课后进行了交流

六、与师生交流情况
与朱兴杰交流教务处管理的问题,与吴厚感交流年段管理的问题,与李肇焕交流保卫科管理的问题。

七、周管理的思考与建议
经过二级达标校和省义务教育管理标准化检查,我们发现,平时的工作忙忙碌碌,但是比较无序,也没有什么成果,关键的问题还在于未对照标准逐一落实相关工作,使得面对检查时只能疲于应付

附件 4-2　大美七中

✳【原创】大美七中

尤溪七中英语组　张德权

欲作此文,念想已久。现得以如愿,颇为欣慰。虽文笔粗糙,文采乏乏,然,殷殷之心,笔下可鉴,此文可表。今以寥寥数语,描摹眼中所观,脑中所思,意中所达。并铭记学道之严谨、师道之尊严。谨上此篇,略表寸心。

——题记

千禧之年,时值盛世,又恰逢科教兴邦之际。政府深谋远虑,智者群策,忧百姓之忧,急百姓所急。竭力举荐,兴建民办学堂,以顺民心,解莘莘学子之燃眉,惠一方水土之黎民。此乃百年之大计也。

涪坑幽谷,处女之地,丰盈而肥美,处处孕育生机。前有V字群峰叠翠,后有惟翠峰屏障。远眺,并斜视,可见天湖寺庙,脚下可见朱熹公园,人文景观,气息浓郁。内里可见南溪书院,书稿诗篇,篇篇精髓。回眸,又仰望,可见锦云亭,巍巍青山,气势不凡。西面可见九阜山,山内碧水绕青山,瀑布造轰鸣。

涪坑,一年四季,草色青青,树高林茂。一条溪涧,美其名曰:青印溪,蜿蜒而出。涧,宽窄因地势而不一,溪,流速因涧势或湍急或缓和。时而哗哗有声,时而叮咚似乐。可谓是"声喧乱石中,色静深松里"。每逢晨光微明,红日初升,或暮色垂落,晚霞映天,常有栖息群鸟,引颈和曲,或悠扬,或婉转,或动听,或悦耳。可真是"百啭千声随意移,山花红紫树高低"。此风水宝地,理应为摇篮圣地所居。即刻,破土动工,随后,历经数载,完善竣工。于是乎,众人哗哗然,百姓欣欣然。

新校名曰:尤溪文公高级中学,办学数载,桃李无数。后因资源整合,由县政府收购,并把尤溪县第七中学迁址于此。尤溪乃宋朝理学家朱熹诞辰之地,文公系其谥号。校址距县城二三里。校门别致庄重,校牌金碧辉煌。入,经一小桥,尽头两侧,各栽种一棵榕树,时值壮年,郁郁葱葱,苍劲有力。视之，喜人也；拥之，暖心也。由此，分支有三，左右各为环绕水泥路，若居高鸟瞰，似巨人双臂，拥其入怀，正中为向上石阶，皆可通往校区及校舍。

沿正中石阶，拾级而上，伫立平视，脚下可见一块方形操场，前方可见一座五层教学大楼，各室宽敞明亮，空气通达清新，内置现代化教学设备。先生们传道、授业、解惑，学子们或屏息静听，或开口对答，或动笔操练。知其然，知其所以然，此乃聪慧者之大道也。

每日清晨，晨曦微开，旭日东升之时，便可见，各处光影交错，而学堂阳面，更是朦胧隐约。楼内各层，才子佳人，风姿绰约。顷刻之间，书声琅琅，书香四溢，未来之梦，中国之梦，梦想成真。

操场正前方，三根旗杆，直插云霄。每逢周一，学子们列队于操场，神情专注，举目凝望，国歌奏响山谷，国旗冉冉升起，于是，国之伟大，民之可敬，爱国之心，便油然而生。

操场正前方下陷处，可见标准田径场一个，夺眼球者，当属四百米红色跑道也。外侧绿化簇拥，中央碧草如茵。在此，运动、健身、休闲及漫步等无所不可。

操场右侧方，其一，低处为一座五十米小型游泳馆，水清可照人，水凉可降温。游泳、泡水、嬉戏、漂浮无不可乐。紧邻其右侧为体育馆，各设室内和室外场地。竞技高手视其为乐园，每每大显身手，观者必喝彩之。其二，高处为一座图书馆，藏书齐全，室内空间宽敞整洁，座位舒适温馨。午时和傍晚，学子们纷至沓来，择其所好，先阅之，再思之，后悟之。每遇豁然开朗之时，必喜形于色。其三，与图书馆接壤者，系科技馆办公大楼和各功能室，布局合理，各尽其用。各部门处室、各年段办公室，均端坐着领导班子、干事和教师们，勤心苦研。陈利灯校长，儒雅彬彬，学富五车，深知，唯有礼贤下士，方能万众一心。其修身品行，常为众人所称道。为顺应时代潮流，与时俱进，陈校长，集思广益，察纳雅言，率众辈，致力于教研教改，勇走创新之路，开启一片教育教学新天地。

教学楼背后，依次排列学生公寓、教职工食堂等。其环境优雅，景色宜人。小径四通八达，花草点缀其间，树木昂首其侧，处处春意盎然。山中飞鸟，频频光顾，或择木而停，或筑巢而栖，呢喃唧啾，不绝于耳。自然之美，诗意之美，师生共享之。难怪乎！教之喜，喜于此；学之乐，乐其中。

七中之美，绝非仅此。尔等若闲暇之余，雅兴陡然上来，又不惜脚力，便可择晴日，登上锦云亭，抑或天湖寺。居高临下者，远眺，山峦起伏，氤氲氤氲。鸟瞰，山谷空灵，安详恬静。七中校园，静卧其间，似空谷幽兰，吐纳徐徐，清香四溢。若有耐心，便可等一场盛大日落，其壮观之美，定能震撼尔等。若雨后登顶，亦有别样景致。一场云雾，款款而至，或袅袅升腾，或缭绕山腰，或浮在空中。此时，远山近水，七中校园，若隐若现，颇有一番韵味。此刻，不问景中谁作画，只须画中把景赏。

大美七中，你若许我一隅，我便念你一生。你若许我一愿，我便记你一世。你若许我一欢，我便陪你终老。你若许我一梦，我便拥你入眠。

附件 4-3　党建"136"项目简述

尤溪七中党建工作坚持不断完善"明确一个目标,依托三个平台,建设六项机制"的"136"党建模式,将党建与学校中心工作紧密联系,把争创党建先进目标与实施长善教育目标融合起来,细化分解到各党小组、处室、年段、教研组,明确具体措施、责任人和完成时限,党建领航育人,目标引领发展,实行目标管理,用机制激发动力,实现了党建工作与育人工作同步推进、互促双赢。

一、明确一个目标

尤溪七中明确党建目标,即"争创党建先进,打造幸福校园",建设"长善教育"校园文化,充分发挥党员先锋模范作用,以新教育十大行动为平台,让师生过一种幸福完整的教育生活,实现师德师风建设有新气象、教育教学有新亮点、党建品牌工作有新面貌的目标。

近年来,尤溪七中荣获福建省义务教育教改示范性建设学校、全国新生命教育基地学校、福建省读写教学研究基地学校、福建省情商教育实验学校、三明市优秀家长学校、尤溪县教育工作先进单位等荣誉称号。

二、依托三个平台

(一)思想导航

不忘初心,牢记使命。坚持用习近平新时代中国特色社会主义思想武装党员教师,牢固树立"四个意识"、坚定"四个自信",坚决做到"两个维护"。全面贯彻党的教育方针,落实立德树人根本任务,提高适应新时代、实现新目标、落实新教育的能力,为实现中华民族伟大复兴的中国梦努力奋斗。

（二）道德护航

长善教育，为人师表。培育和践行社会主义核心价值观，深入挖掘中华优秀传统文化蕴含的道德规范，坚持弘扬"长善"文化，营造"长善"的文化氛围，搭建"长善"的教育平台，构建"长善"的教学课堂，激励学生向上向善、孝老爱亲，忠于祖国、忠于人民。加强师德师风建设，开展理想信念教育，深化中国特色社会主义和中国梦宣传教育，弘扬民族精神和时代精神，建立高素质教师队伍，提高教师思想觉悟、道德水准、文明素养和教书育人水平。

（三）项目助航

分项落实，成果展示。新教育是全国政协常委、苏州大学朱永新教授于 2002 年开始实践的，尤溪七中于 2012 年加入新教育实验。学校充分利用新教育"营造书香校园、师生共写随笔、聆听窗外声音、培养卓越口才、构筑理想课堂、建设数码社区、缔造完美教室、研发卓越课程、推进每月一事、家校合作共建"十大行动，展示十大行动实践成果，建设学生享受成长快乐的乐园，搭建教师专业成长的理想舞台，不断提升学校教育教学品质。

三、建设六项机制

（一）共同参与组织机制

一是学校建立党建联席会议制度，二是学校领导挂段包班制度，三是加强家校联系制度。

（二）师生共同成长机制

一是营造书香校园，二是师生共写随笔，三是班主任节活动，四是教师专业成长月。

（三）党员思想教育机制

一是组织政治理论学习，二是开展"两学一做"学习教育，三是落实主题党日活动，四是为党员和教师上党课，五是组织党员参加义务劳动，六是组织党员参加网络学习活动。

（四）党建责任考评机制

一是亮岗履职制度,二是党风廉政和师德承诺制度,三是党员目标管理和民主评议制度,四是党员干部日常管理考评制度。

（五）结对帮扶机制

一是党员结对帮扶学生,二是党员结对帮扶困难教师,三是"以老带新"指导培养教师制度,四是关注留守孩子健康成长。

（六）民主管理监督机制

一是实行党务校务公开,二是坚持教职工民主管理,三是开展教师、学生、家长教育满意度调查。

附件 4-4　行政值班日报单(示例)

值班人员:陈维文　林圣挺　　　时间:2019 年 5 月 8 日　　　星期三

		项目	具体时间	发现问题	处理、反馈情况
值班记录					
情况记录	重点时间巡查	早餐 宿舍检查 卫生检查	6:20 6:30	1. 几个初中部学生早起打篮球和乒乓球 2. 早上学生起床较早,6:48 学生排队买餐结束,6:55 分学生用餐结束,到班晨读 3. 晨会前学生打扫卫生结束	批评教育
		晨会	7:05	1. 晨会课,大多数班主任都能准时到场,(段长全部准时到场) 初一、初二晨读声音洪亮	
		上午 上课	7:55 9:15 11:30	1. 第一节,高一、二均有学生伏案,学生精神状态不好 2. 因初三市质检,大课间没做室内操 3. 科技楼三层男厕排水管损坏,已多日未修 4. 教研活动正常 5. 日语生因为考试到图书馆自习,想提早到食堂用餐,被拦回	再次通知总务部门维修
		中午	13:23	1. 午自习时段,初中学生管理人员及年段值日到位。赖爱群、肖业妹、吴德贤到班级辅导学生 2. 高中大部分学生在宿舍午休,仍有少部分学生在教室学习或睡觉	查明原因,接受教育
		下午 上课	13:50 14:45	1. 午读秩序良好,值勤学生到岗 2. 初三学生参加市质检 3. 各班级均有个别学生伏案或睡觉	

续表

情况记录		项目	具体时间	发现问题	处理、反馈情况
	重点时间巡查	傍晚	17:25	1. 校园秩序正常 2. 校男女足球队在花格广场训练	
		晚自习	18:30 19:00 20:45	1. 初一年段前15分钟暮省秩序较好,他们都在写作,后5分钟没事做,爱说话,做小动作 2. 在图书馆自习的学生秩序好 3. 下班老师没讲课,只做个别辅导	已告知年段长
	其他情况			1. 图书馆四层有艺体班学生练琴,声音较大,影响学生自习 2. 体育馆旁边有两处工程垃圾,建议总务安排人员及早清理 3. 九年级举行市质检	
管理建议					

说明:1. 值班人员应认真履行职责,积极巡查,及时发现、处理、反馈问题并详细记录:

(1)晨练、中午、傍晚:主要巡查学生活动情况,包括起床、卫生、纪律等,发现问题,及时处理,紧急、重要之事,第一时间报告行政值班领导,其他事项及时通报班主任、年段长。

(2)晨会、上课和晚自习:主要巡查教师上课及课堂管理、学生请假及其他活动情况。紧急、重要之事,第一时间报告行政值班领导,其他事项及时通报班主任、年段长。

2. 实行值班日报制度:年段值日应将巡查情况及时记录,值日当天交班前,将情况记录通过办公系统上传至当天行政值班带班领导、保卫科郑美燕老师。

第五章

长善教育与书香校园

　　七中力行全国新教育实验十大行动，助力生命精神成长。十大行动中的前四大行动分别是"营造书香校园""师生共写随笔""聆听窗外声音""培养卓越口才"，这四大行动传递出非常明确的观点：精神成长的基本养分的获取是确保生命有质量的前提，这个基本养分获取的基本能力就是"听说读写"，也可以说是一个人"长善"的基本能力。"听说读写"能力本质上就是"读写"能力，因为听是用耳朵"读"，说是有嘴巴"写"。因此，长善教育通过营造书香校园，力求实现其发展理念："读写起家，知行合一，健康成长，持续发展。"

第一节 "洛阳亲友如相问,一片冰心在玉壶"
——营造书香校园的缘由

古人说"3 岁看大,7 岁看老",这句话已被脑科学证明了。科学研究显示,3 岁之前是一个人大脑发育的重要时期。一个人出生时脑重量只有 370 克,第一年年末时,婴儿脑重就已经接近成人脑重的 60%;第二年年末时,约为出生时的 3 倍,约占成人脑重的 75%;到 3 岁时,婴儿脑重已接近成人脑重的范围,以后发育速度就变慢了。一个人对 3 岁之前所经历的事情会像海绵一样吸收。这意味着孩子性格形成和能力培养的关键期就在 3 岁之前,这个阶段的孩子跟随什么样的人,接受什么样的教育,就将会形成相应的性格。和其朝夕相处的成人所说的每一句话,所做的每一个动作都可能会深深地烙在他们的心灵深处。美国著名心理学家布鲁姆曾做过对近千名儿童从出生一直到成年的追踪研究,结果表明:5 岁前为智力发展最为迅速的时期,如果把 17 岁的智力水平看作 100%,那么孩子在 4 岁前就已经获得了 50% 的智力,其余的 30% 是在 4~7 岁间获得的,剩余的 20% 则在 7~17 岁间获得。因此,孩子从出生到 7 岁这一段时期,对家长来说,是必须要密切关注和把握的。

七中坐落在南宋著名理学大师朱熹的诞生地——城关水南。一代圣人朱熹 0~6 岁在尤溪长大。身为尤溪教育人,对教育就要多一份敬畏之心,因为这是一块能够诞生圣人的土地。

老师是否真敬畏自己的职业? 有一条很重要的检验标准就是是否坚持成长。一所学校的校长在坚持成长,老师在坚持成长,就没有不成长的学生,也就没有不发展的学校。校长老师有没有坚持成长,最重要的表现就是有没有坚持读写。

朱熹有"读书是起家之本"之说,这一说中还有"三本"是:"循理是保家之本,和顺是齐家之本,勤俭是治家之本。"这"四本"说至今都不过时。古人还有一说:"不动笔墨不读书。"加上近十年来笔者个人的成长体验,更加深刻感悟到,读与写,特别是读写结合对一个人的成长具有至关重要的作用。读书扩展知识,书写深刻思维。人有别于其他有生命的东西就是人能够思维,把自己的想法变成文字的过程,是训练思维的重要途径。

2003 年,笔者第一次上"教育在线"开始接触新教育,也开始了读与写。也是这一年,笔者从尤溪教师进修学校办公室主任调到尤溪职专(六中)担任副校长,各种会议明显增多,包括全校教师会、年段教师会、家长会、学生会及各种部门会议,参加各种会议,坚持养成撰写讲话稿的习惯,这个坚持直到现在。从最开始的怕写、懒得写,到现在,不能说写得有多好,至少不怕写,而且敢写。2009 年 12 月调任进修学校当校长,2010 年 4 月建立个人博客,至今已上传 300 多篇博文,全部原创。通过校长自己带头,进而要求全体教研员在 2010 年秋季开学时都必须建一个博客,每月至少上传一篇原创文章。还要求教研员写周工作日志,理由是,一线老师要写教案,教研员就要写工作日志。目的就是促进老师们坚持读写,用写来带动读。

2011 年 8 月,笔者调任七中任校长。到任后做的第一件重要工作就是创建书香校园,创建书香校园从推进读写活动开始。读写最重要的意义就在于是人健康成长的基本保证。因为,人的健康成长,一定包括身体的健康生长和精神的健康发展,身体的健康生长以饮食和消化作保证;精神的健康发展则以读书与思考作保证。大量事实表明,读写能力决定学习能力,而读写能力形成的唯一途径就是大量阅读、海量阅读、坚持写作。通过海量阅读、坚持写作,获得学习动力,找到正确方法,提升学习能力。

21 世纪的文盲不再是不识字的人,而是缺乏学习能力的人,不能有效更新自己的知识、技能的人。苏霍姆林斯基说:"要创造爱书和尊重书的气氛,要对书怀有崇敬的感情——学校和教育工作的实质就在于此。"书籍是校园的底色,是学生走向智慧彼岸的桥梁,阅读则是培育良好精神的最佳途径。苏霍姆林斯基说过:"让学生变聪明的方法,不是补课,不是增加作业量,而是阅读,阅读,再阅读。"《义务教育语文课程标准》要求"培养学生广泛的阅读兴趣,扩大阅读面,增加阅读量,提倡少做题,多读书,好读书,读好书,读整本的书"。培养学生良好的阅读习惯、阅读能力,是对学生的终身学习和终身发展负责。正如朱永新教授说:"没有阅读的教育,没有阅读的学习,是训练,不是教育。只有阅读的孩子才能拥有健康的精神发育过程。一个没有阅读的学校不可能有真正的教育。"

经过一学期的精心准备,于 2012 年 2 月 13 日,在操场隆重举行了全校师生和家长代表参与的营造书香校园启动仪式,在仪式上发放了班级同读一本书的书籍。这一本书是这样产生的:以年级为单位,由老师先推荐书目让学生选择,最后老师根据学生选择的书目进一步把关,初、高中每一个年级各确定 8 本(每个年级 8 个班)、12 本(每个年级 12 个班),同年级班级之间一个月轮换一次。

仪式上,还明确了"晨诵、午读、暮省"的具体时间和要求。在实践中不断发现问题,解决问题,逐步使问题课题化,课题课程化,目的只有一个,就是使读写更加落实、更加规范、更有成效。

为了丰富师生的生命历程,为了全体七中人的成长,学校把推进师生读书活动作为常规工作来做;期待师生乃至学生家长能与伟大的书籍为友,与经典同行。从创建书香校园启动之日起,就把读写活动写进了学校发展规划,落实到日常工作中,一直到今天,都在努力践行自己的诺言。广泛开发阅读资源,寻找契合师生生命成长的书籍;精心营造读写氛围,让学校成为浸润书香、墨香的乐园;系统构建读书机制,创新开展读书活动,激发师生读书热情。2011 年开始启动"晨诵、午读、暮省"读书机制,到"师生共写随笔,共同成长"等各项课题的实践,全员参与"书香少年""书香班级""书香教师"评选,开设全县范围内的读书活动,影响带领兄弟学校同行……

这样坚持读写活动,有人说,那是出力不讨好的活儿。但七中人更相信孩子们的阅读将终身受益,今天我们播下一颗颗爱阅读的种子,明天一定可以收获满园春色!

第二节　"问渠那得清如许,为有源头活水来"
——推进读写活动的举措

关于读写活动,每个学校都会根据自己实际情况,采取独到的做法。七中主要从以下六个方面推进读写活动。

一、读写氛围的营造

"让读写像呼吸一样自然"是长善教育的不懈追求。七中围绕"读写起家""知行合一"和"追求至善"打造校园文化,楼道、立柱、教室、宿舍、食堂等按主题进行相关展示,有名人关于读写、知行和追求真善美的至理名言,也有校园内师生自己的读写感言;有名人的读写和行动成果,也有师生自己的成绩,时时激励着全校师生投身读书活动。学校充分利用各种阵地宣传读书意义、树立读书典型、展示读书成果:广播台、记者站定期播报读书活动中涌现出来的新人新事,校园网、橱窗、板报设有读书专栏,校报、校刊刊登师生读书体会、好书推荐等,电子屏流动呈现读书名言,浓浓的读书氛围流淌其间。我们还努力将博学馆打造成师生最爱去的地方,博学馆共四层,每层近 1000 平方米。一层为图书馆,可借阅、可阅读,还可上阅读课;二层为学生阅览室,包括电子阅览室、"心天地"多媒体互动阅读教室、平板阅读室;三层为教工活动室,包括教工阅览室、国学讲堂、电子备课室和健身室;四层为多功能室,可健身、可表演、可集会等。

二、领导老师的示范

要让校园真正书香起来,尤溪七中领导及全体教职员工带头读写至关重要。为此,学校对行政班子成员提出 8 个字要求:以身作则,率先垂范。要求班子成员带头读写,带头写工作日志、写博文建好博客,所有班子成员以实名将自己的博客呈现在学校的网页上,每月撰写一篇学习心得,撰写有质量的教育教学类文章,促进自己成长,引领老师成长。

在全体老师中,也开展共读一本书活动,形式有全校老师共读一本书、班主任共读一本书、教研组老师共读一本书、年段老师共读一本书等。学校将《中国教育报》和《中国教师报》上推荐的书基本都买下来了。除了统一购书,学校还为每位老师每年征订至少一种专业刊物,并给予适当补助,老师自行购书也给予一定金额的补助。为了达到共读一本书的效果,学校要求教师例会、教研组活动、年段会议必有的环节就是读书心得交流。同时,对老师创建博客的进程提出时间要求。第一学年要求全体班子将自建的博客链接到学校网页上,第二学年要求全体老师做到,并将写博文列入年度考核项目,分值不多,在总分 150 分中仅占 2 分,目的是引领老师养成读写的习惯。

新课程、新课改最重要的理念之一,就是老师要养成写反思的习惯,这也是福建省教育厅提出的教育教学常规之一,但老师在教案撰写的落实上还略显被动。所以,我们在检查老师的撰写教案时,将此作为重点,发现优秀的教学反思加以推广,指出不足的教学反思希望得到加强。此外,我们还要求班主任、备课组长撰写周工作反思,并利用每周一晨诵课时间以年级为单位进行交流;要求全体老师撰写月工作反思,并召开交流会。

三、阅读资源的开发

学生需要读什么样的书？读最适合的书。新课程标准对义务教育阶段的课外阅读有量的具体要求——必须达到 400 万字,有明确的阅读目标,强调要"学会制订自己的阅读计划",要求读"各种类型的读物"和"名著"。我们组织了学校各科骨干教师为不同年级的学生推荐读物,以文学作品为核心,兼选了自然科学、人文科学等方面的优秀读物。再通过学生问卷调查的形式确定班级精读书目,每月一本,作为学生"同一本书"共读,同时还鼓励学生自主阅读,拓展阅读。

学生需要的书从哪里来？"心天地"多媒体互动阅读教室配备了上千册好书,学校每年拨出专项资金用于购买书籍,还通过发动学生以及爱心人士募捐等形式充实学校的图书馆和班级图书角。其中配备了学生"同一本书"共读书目三十几种,每种读物都配备了 50 本,以便班级内部共读,各班之间"漂流"。

学校还积极为老师们准备各种读物近千种。其中《致青年教师》《我的阅读观》《第 56 号教室的奇迹》《爱,上课》《一间可以长大的教室》《好老师在这里》《学生第一》《点燃孩子的热情》《知识不是力量》《课堂管理,会者不难》《一位教育学教授的听课评课与教学断想》《高效课堂导学案设计》《从零开始——创建你自己的课堂》《把爱献给教育的人——霍懋征》《给长耳兔的 36 封信》等是老师们的必读书目。

与肝胆人共事,无字句处读书。除了各种读物外,老师们还需要读无字书。社会是一本无字书,优秀的人也是一本无字书。我们每年还邀请专家、学者给老师学生做报告,开讲座。走出去的学长回来说"好(hǎo)读书时好(hào)读书";消防官兵带来了"安全你我他"知识;科技专家带来了最新科技时讯;心理咨询专家带来了心理健康知识;励志演讲家给了学生坚定的信心……一本本鲜活的无字书,激励着老师学生开展更广阔的阅读。每周一升旗仪式的文化早餐,是我们学校的一道试听阅读大餐。内容涉及演讲、表演、老师寄语等。我们还带着学生看《开学第一课》,看《感动中国人物》,听邹越的演讲,听《新闻联播》,看《新闻周刊》,等等。

四、读书课程的保证

每周一次的阅读课。我们根据学生的阅读兴趣与阅读方法指导和学校语文教研组的研究课题相结合,以研究推动书香课程的开发与建设,研究阅读推介课模式、名著阅读指导等阅读指导策略,利用"心天地"多媒体互动阅读教室,完成阅读互动。

"晨诵、午读、暮省"课程。"晨诵——与黎明共舞",每天早晨 7:00—7:20 有 20 分钟晨诵时间,学校专门编印了《日有所诵》校本教材,倡导用琅琅的读书声唤醒黎明,开启一天有激情的学习生活。每天 20 分钟的午读,学校规定 14:00—14:20 为师生午读时间,与智者对话,让我们的精神丰富起来,学生利用班级图书角和学校图书馆的书籍或师生自由购买的书籍展开自由自主的午间读书。"吾日三省吾身",暮省,指的是师生每天在 18:40—19:00 思考与反省自己一天的生活,用随笔或日记等形式记录自己的成长,同时师生之间也可以通过日记、书信、批注等手段,相互编织有意义的生活,从而使暮省成为一种日常的生活方式。

在每周日晚上开设《新闻周刊》观评课程。基于学校是全封闭全寄宿制的特点,为了让学生有一条关注社会、获取知识、增长见识、扩充信息、开阔视野的途径,学校把该课程开设成一堂重要的时事政治、国情教育课,并建立督查机制、检查机制、活动机制、评比机制和总结机制加以落实。

开设"班级三报"校本课程。"班级三报"是指"班级月报""科技月报""读写月报",课程目的是让班级建设、科技宣传、读写活动等有一个展示平台,让班级每一个成员都参与其中,自主参与,互相协作,共同成长。

五、读书活动的开展

(一)常规活动

以学校备课组为单位,以各活动项目引领各年级各科目读书活动,学生读书项目组研究目前主要有初中语文"晨诵、午读、暮省"项目、"同一本书"共读项目、高中语文"经典阅读"项目、高中英语"美文阅读"项目、初中英语"趣味阅读"项目等。教师读书活动开展"五个一"工程,即每周读一份报纸,每月读一本好书,每月写一篇读书心得,每学期组织一次读书成果展示,并进行各类评选。

(二)读书节

利用每年的 4 月份(4 月 23 日是"世界阅读日")或者 10 月份(9 月师生刚入学)举办学校读书节。学校每年确定主题举行读书活动展演。如举办诗词美文朗诵会、演讲比赛、征文主题比赛、阅读知识竞赛、读书笔记展览等活动,举办书香班级读书展示、世界阅读日主题晨会、年度阅读宣言、"我最喜爱的图书"评选,选举了"诵读之星""读书之星""写字之星""创作之星""书香教师""书香班级""书香家庭"等奖项,并通过阅读节表彰晚会,把全校师生一年的读书成果在这个节日里集中展示,用榜样的力量带动全校师生的读书热情,营造浓浓的书香氛围。

(三)"书香"寒暑假读书活动

学校充分利用每年的寒暑假,做好读书活动的拓展延伸,把七中人的读书热情撒向更广阔的家庭、社区、乡村。

六、读书机制的建立

要让读书活动常态化、长效化,建立读书机制是保证。为此,我们不仅将推进读书活动写进学校发展规划,学校还先后出台了一系列的活动制度保障。如《尤溪七中"书香校园"创建活动领导小组》《尤溪七中晨诵、午读、暮省管理办法》《尤溪七中"同一本书"共读管理办法》《尤溪七中阅读之星评选办法》《尤溪七中书香教师、书香班级评比办法》《"心天地"多媒体互动阅读教室阅读方案》等,将师生读书活动列入各项考核评比。

第三节 "向来枉费推移力,此日中流自在行"

——读写活动带来的收获

　　坚持多年的师生读写推进活动,正实现着全体七中人一次又一次的成长。七中先后被评为全国新教育实验优秀学校、全国科学教育实验基地、福建省文明校园、福建省"书香校园示范校"、福建省首批义务教育教改示范建设学校。全校两百多位老师开设了博客,师生读写总量超过几千万字。读写在持续改变我们、改变我们的学校。

一、在读写中遇见成长

　　读写从校长做起,从班子成员做起,从老师做起,进而影响全校学生养成读写习惯。笔者坚持读写,每月阅读量不少于 30 万字,每月至少上传一篇原创到博客,内容包括各种场合的讲话稿、读书随笔、观课评课等。在七中八年,坚持每学期开学升旗仪式的国旗下讲话都做到脱稿演讲,共 16 次,每次主题明确,对师生的影响较大,甚至影响了一些学生期待像笔者一样脱稿演讲。高中 2015 级高二一位王同学就到笔者办公室申请一次在国旗下脱稿演讲的机会,并且还提了三个条件,一是要求校长亲自主持;二是全程录像;三是不穿校服。笔者审阅了他的讲稿,并让他在笔者面前试讲后,同意并鼓励他上场,在师生中产生了良好的效应。

　　(一)"我欣赏这样有深度的读者"

　　2014 年,八年级学生林芝,才 14 岁的她在读书方面就取得了非凡的荣誉,她有自己独到的读书心得。课余时间,她最喜欢去学校的图书馆会她的"老朋友",那些让她爱不释手的书籍。她说:"我看书比较喜欢看那种百读不厌的书。就像我比较喜欢四大名著里面的《红楼梦》。那种书就是可以让我百看不厌的。《三国演义》我也有去看。还有一些侦探小说、散文、杂文什么的,我都有去看。"

　　林芝还说,单单是一部《红楼梦》,她从小学二年级开始,到现在已经看了不下 30 遍。书中所有的判词都能背,而且都有自己独到的见解,观点非常新颖。也正是基于这一点,她顺利通过县、省两级海选,正式入选《中国读书达人秀》总决赛。当年,全国入选 2014 年 CCTV10《读书》特别节目总决赛的选手共有 35 人,其中福建省入选 5 人。林芝是三明市唯一入选的学生。

林芝:"读书是一件令我快乐的事情,遇见一本好书可以让我一直快乐下去。"因为能够快乐下去,所以,也就能够深入下去,也因此看到了不一样的景色。

(二)"我喜欢这样有思想的学子"

2013 年 06 月 20 日 13:54(星期四)(均为邮件上复制下来的时间),笔者的邮箱里发来了名为 Brave(1464759444@qq.com)的信件。信的内容(原文复制)如下:

尊敬的校长,你好!

我是高二理科班的一名学生。我想跟你说说我成长中的感受,我从小接受爷爷爱国思想的熏陶。罗斯福总统说过:使这个国家有衣穿有饭吃是不够的,使它得到教诲和知识也是不够的。因为它还有精神。在身体、脑袋和精神三者之间。精神才是最重要的。在信息化的今天,青少年面临着各种各样文化的冲击,其中不乏低级文化腐蚀着青少年的心灵,我觉得非常有必要对现在的青少年进行爱国主义教育。

说说我的经历吧,有一次我和同桌讨论各地的风景,他说他最喜欢日本,出于我对日本军国主义的仇恨,我就问他:"你忘了 9·18,卢沟桥还有南京大屠杀了吗?"他回答我说:"关他(我)什么事。"

他的回答很让我失望,我实在无法忘记日本人在我中华土地上犯下的种种罪行,也忘不了千万中华儿女为反对侵略而献出宝贵的生命。我在想,如果现在的年轻人都这么轻易地忘记国耻,哪一天日本军国主义再一次向我们举起屠刀的时候,我们还有反抗的能力吗?一个人有知识有能力固然重要,但是一个人的精神更为重要。

教育当以育人为先,育人当以爱国为先。二战(第二次世界大战)日本入侵中国,占领中国领土,欺凌中国百姓,掠夺中国资源,犯下了种种不可饶恕的罪行,但,同时我们也要反思,为什么日本把中国选择(作为)入侵的目标?为什么日本可以兵不血刃的(地)占领东北?为什么日本可以短时间占领华北？为什么一个国家被入侵了 10 年之久才正式地对日宣战？为什么在自己的领土作战还需要看英美法列强的反应？为什么国民政府的高官一个个前赴后继的（地）投敌？为什么国民党副总裁汪兆铭可以公开投敌组建伪政府招募了超过侵华日军两倍兵力的伪军？为什么"伟大"的领袖蒋中正会说出："宁亡于日，不亡于赤"？答案就是当时饱经战火，各地军阀分裂的中华，百姓没有国家的概念，倒了一个旧军阀来一个新军阀对百姓来说都是受苦，百姓只不过把日本侵略者当成了一个新军阀而已。而日本自明治维新以来就开始了极端的爱国教育，国民的爱国激情极度高涨，对外扩张的野心也是极度的膨胀。日本士兵受军国主义的思想影响严重，他们宁死不降，玉石俱焚的战斗方式让当时的中国军队包括盟军蒙受了很大的损失。我相信只要每个中华儿女明白自己对国家的义务，就一定能实现中华民族的伟大复兴，使历史悠久的中国屹立于世界强国之林。

看到这个内容，我们之间有了如下的对话：

我：2013 年 06 月 20 日 16：09（星期四）

亲爱的同学，你好！一个高二的学生，一个理科的学生能如此深刻反思教育，对历史有如此深刻的认识，令我敬佩！

教育当以育人为先，育人当以爱国为先。我在努力，我在带领我们的全体老师，我们的全体同学在努力。谢谢你让我分享你的成长感受！

Brave：2013 年 06 月 21 日 15：21（星期五）

尊敬（的）校长，谢谢您能在百忙之中阅读我的感受，作为一名中国学生，我能理解你为了学校、为了我们这些稚嫩的（学子）所付出的辛苦。感谢您举办"书香校园，读书节"活动，唤醒我读书的渴望，让我明白了书真是个不错的东西。周总理说过，为中华之崛起而读书。我相信我们这一代是为了中华之复兴而读书。

我：2013 年 06 月 21 日 15：57（星期五）

正是因为你走进了书的世界，所以你发现了精神领域的秘密，你也能从中汲取精神营养，当然，这个营养中也不乏一些有害物质，这不可怕，因为正营养一定多于负营养。行动加上坚持，一定会有奇迹的。如果你不介意，我可能会将你我之间的这个交流或为你的这个成长感受写一篇我的感受，发布到我的博客上，可以吗？

Brave：2013 年 06 月 21 日 16：35（星期五）

我很荣幸博学多才的校长能为我们之间的交流而发表自己的感受。我的成绩一直很差，我总是给老师们留下不好的印象，我总是一次又一次让家人失望,我希望(在)今后的学习生活中,我能彻底改变自己。在今后的社会生活中,我希望能用自己的双手帮助更多需要帮助的人。最后,非常谢谢您,校长！您在今后的工作学习中一定会有更大的成功,您一定可以成为21世纪的陶行知、蔡元培校长。

我:2013年06月21日19:39(星期五)

成绩好不好是相对的,再说成绩真的不好责任也不能完全由你一个人来承担,我们大人是有责任的。当然你能认识到自己的不足,改变自己,这是最有效的提升方式。每个人的成长都有一些拐点,也许现在正是你出现重要拐点的时刻,能否让这个拐点之后有更美丽的风景,主要还取决你自己。相信自己,改变自己,坚持不懈,一定会收获令自己开心的动人景象！

我很欣赏你说的,教育当以育人为先,育人当以爱国为先。是的,爱国要从爱自己的父母开始,学会爱身边的人、爱老师、爱学校,然后逐步升华到爱自己的国家、爱我们赖以生存的大自然。我倡导我们学校的同学在坚持锻炼身体、坚持读书写作中,养成卫生习惯、养成博爱胸襟,就是因为,我意识到,让人拥有博爱的胸襟应该是教育的根本目的。你认识到,要让自己的双手帮助更多需要帮助的人,这本身就是一种博爱胸襟。有这样的胸襟,我十分相信,你会更加努力学习,因为只有更加努力学习,你才会掌握更多的本领,才能在现实中真正做到帮助更多的人。

当天,笔者给这个对话取了一个题目——"我喜欢这样有思想的学子",上传到博客上去。

……

"我还喜欢更多在读书中慢慢成长的学子。"

二、在读写中从容授课

全校教师建立了博客,每个月都要上传一篇原创,浏览教师的博客成了笔者的一项任务,慢慢地变成了一个了解教师、学生、家长的窗口,也从中读到了许多优秀教师的全心投入、用心做教育的故事,其中吴惠清老师就是让笔者感动的一位老师。2012年4月13日,笔者前往中仙中学参加尤溪县中学第二片区(尤溪三中、中仙中学、台溪中学、清溪中学)教研活动,吴老师借班上了一节专题复习课——"现代文阅读之修辞"。我就特地去听了一节,因为课上得好,更因为她与学生分享了一篇描写当地风景(中

仙龙门场古银杏林)的下水文章,还因为感动,让笔者当晚就写了一篇题为"教师从容,师生受益"的评课稿并上传博客。全文如下:

听完吴惠清老师这节复习课,我给她的评价是:课堂实在,教师从容,师生受益。

课堂实在,首先体现在目标明确、简洁——"准确判断修辞;学会分析修辞",并指出这是依据三明市中考考试大纲确定的两个考点。学生很高兴地领着这两个任务,加入"新"老师引领的复习之"旅"。

其次,体现在教学思路非常清晰、富有节奏。沿着学生自主复习—合作复习—当堂训练—个体展示—总结提升这样的思路,通过学生"开火车"逐个展示,教师恰当评价激励,师生共同总结归纳,让全体学生都清晰地再现了8种修辞的基本表达效果,并将8种修辞归纳成描绘类、结构类和表达类,便于学生记忆。整个教学过程,在辨析训练中强化知识记忆;在比较探究中凸显修辞效果;在表达展示中掌握答题要点;在真题演练中提升分析能力。

更为可贵的是,真题演练"请从修辞手法的角度赏析这段文字"的最后一道题是吴老师自己的作品,是一段描写中仙本地一景观的作品,文章虽短,无论从观察的角度、作品的立意,还是修辞的运用,在我看来,都是一段相当精彩的文字。我把该段文字录入于此与大家共享:

"古老的银杏,安静的村落,苍翠的远山,宛若一幅成熟、饱满的油画画卷,在午后的阳光中熠熠生辉,天上地下,一派温暖的金黄。

一阵秋风飒飒吹来,银杏树在秋风中着一身金装,像一把把黄色的小扇子,打着旋直落地面;像一只只金灿灿的蝴蝶林间飞舞;又像一群追逐风的孩子,天地间飘飘洒洒,酣畅淋漓,原来生命的没落可以这般绚烂。我脑海里不禁想起老舍那句感叹:'不只是美丽,是灿烂,活像一大蓬火,一整坡笑,看了是会令人感慨,奋发,狂热的。'"

老师不照本宣科,最有效的途径就是要创作自己的作品,老师能拿出自己的作品,也是让学生"动"起来最有力的"声音"。老师的作品可以是文章,也可以是小制作、小发明、小创新,总之,应该是老师自己独到之处的展示。

吴老师更具魅力的是,面对第一次接触的一群学生,就能让全体学生都积极投入她所引领的课堂,也正是学生积极学的表现,让我体察到了吴老师在课堂里的从容。我一贯认为,教师在课堂中的从容,一定来自课前的精心准备,作为一名优秀的老师,课前花多长时间备课都不算长,课堂里老师多"懒"也不算懒。苏霍姆林斯基在《给教师的建议》一书中讲过这样一个故事:一位有30年教龄的历史教师上了一节公开课,课上得很成功。有人问他花了多少时间来备这节课,他说:"对这节课,我准备了一辈子。而且,总的来说,对每一节课,我都是用终身的时间来备课的。不过,对这个课题的直接准备,或者说现场准备,只用了大约15分钟。"我也十分相信,吴老师向学生展示的作品,也一定不是她课前的一两个小时备出来的;她课堂上语言之精确、板书之美观、文本之有力、节奏之轻松也一定是她长期积累的结果。

　　这是一堂学生受益的课,是全班学生受益的课,还是全体听课老师受益的课。学生受益于不仅复习了相关知识、进一步操练了相关技能,更为重要的是体验了师生、生生共同学习与表现的氛围;听课老师受益的应该是再一次深受启迪——谁能将"五学"模式(目标导学、自主探学、合作研学、展示赏学、检测评学)的核心理念(自主、合作、探究)理解到位,并付诸行动,无论是什么课,就是毕业班的复习课照样能用,而且能用好。我需要进一步延伸的是,无论是什么学科的课,只要老师能真正领会其核心要义,也一样都能用,一样都能用得精彩。希望老师们尽快"动"起来,生活的精彩、生命的精彩就在"动"之中!

三、在读写中自信展示

　　我们的世界读书日活动"今天,你读书了吗?"在县中心广场拉开;我们每年承办县局"书香少年""国防少年"评选;我们的"同一本书"共读活动展示吸引了省、市、县200多位领导老师的莅临参观;我们应邀承办全县"钟灵诗歌节";我们的《书香记者报》《毓秀园》诞生、成长……

　　2015年12月19日上午,福建省第七届中小学读书经验交流会暨书香校园创建论坛在尤溪七中博学馆隆重召开,这是福建省读书经验交流会举办七年来,首次走出福州举办,有来自全省各地的400多位嘉宾参加。我们主办的本次活动,给全体与会代表留下良好印象。一是有包括来自中央电视台的优秀主持人、全民阅读形象大使李潘女士等众多名家、专家莅临分享,内容专而精,使与会者深受启发;二是一台高水平的"快乐读写,放飞梦想"书香校园文化建设主题汇报展演,让与会者感受到了读写文化的魅力。19 日晚的汇报展演,民族舞《相和歌》首先拉开了序幕,典雅的舞蹈《朱子家训》、歌曲联唱《致青春》、音乐快板《书香校园》、课本剧《窦娥冤》、大合唱《放飞梦想》与《阳光路上》等精彩纷呈。其中舞蹈《朱子家训》很好地展示了千年古县尤溪深厚的朱子文化底蕴,让人叫绝!整场晚会可谓是视听盛宴,收获诸多好评:"节目安排真用心!""中学能办出这么高水平的晚会真是出乎我的意料!""这超乎我之前对中学文娱水平的定义!"……

澹澹沈溪,菁菁文山,我有嘉宾,鼓瑟吹笙。2018 年 1 月 6 日至 7 日,以"新教育影视课程研发"为主题的 2018 福建新教育论坛暨省社科规划重大项目开题会在七中召开。200 余名八闽教育工作者汇聚西苑教育村,探索教育新思路,分享教育新成果。搜狐网以"闽中聚首襄盛会,群英共话新教育"为题对此次活动进行了全方位的报到。在此次会议上,笔者以"新教育实验的实践探索与理论思考"为题向与会代表做了分享。

一切,都在读书的力量之下悄悄成长。七中人十分相信"行动就有收获,坚持才有奇迹",努力践行"过一种完整幸福的教育生活"的理念,为实现"花香、墨香、书香"的七中校园而不懈奋斗,为建设"到处皆诗境,随时有物华"的校园文化而添砖加瓦。

第六章

长善教育与课堂教学

　　长善教育倡导的课堂遵循教育教学的普遍规律。一是人的潜能无限，相信人的无限潜能；二是人有学习的自主性，充分发展人的自主能力；三是人只有在"做"中学习才能真正掌握，落实"教学做合一"教学理论；四是人只有在安静中才能真正思考，积极创造有利学生思考的时空；五是人喜欢接受问答而不喜欢被建议，善于创设调动积极思考的问题情境。正是基于这些普遍规律，长善教育的理想课堂坚持面向全体、全面发展、自主发展、个性发展，充分尊重学生、相信学生、依靠学生，最终充分发展学生。

第一节 吹尽狂沙始到金
——课堂教学改革势在必行

学校教育的主阵地在教室,教室内所发生的一切几乎可以决定学校教育所能发挥的作用。高度信息化的社会,学生获取信息的渠道之多之广,已经远远超乎我们的想象,因此,传统课堂教学以老师讲授为主的模式,已经严重不适应现在学生的学习。

随着高中新课程标准的颁布与实施,要求我们全体教师立足立德树人,教学目标从三维目标调整到核心素养,聚焦核心素养和课堂教学,探寻课堂改革的途径和方法,提升课堂教学的质量。一场以核心素养为导向的教学变革正在全面展开。我们的教学目标从"双基"(基础知识和基本技能)到"三维目标"(知识与技能、过程与方法、情感态度与价值观)再到"核心素养"(正确的价值观念、必备品格和关键能力),不断地从"物"走向"人",实现教育回归,是对"为谁培养人""培养什么人""如何培养人"的回应。培育学生发展核心素养要靠学科核心素养的教学落实。只有抓住学科核心素养,才能抓住学科教育的根本,才能正确地引领学科教育的深化改革,全面地发挥学科的育人功能。培育学生发展核心素养离不开知识教学的基础支撑。美国的著名心理学家伯尔赫斯·弗雷德里克·斯金纳说过:"所谓教育,就是一个人把在学校所学全部忘光后剩下的东西。"遗忘就是所学的具体知识和内容,而剩下来的就是正确的价值观、品格和能力。教学活动离不开知识,没有了知识,教学活动便成为无源之水。培育学生核心素养需要教学改革。教学改革必须回到原点、回归初心,这个原点、初心就是人的素养,就是培养德智体美劳全面发展的人,这才是教学改革的出发点和落脚点。因此,为了适应新时代学生的学习,课堂教学改革势在必行。

一、从课堂现状看

从当下许多教师的课堂看,有很多的教学行为不仅没有遵循人的成长规律,而且还背离基本常识,难怪有学生在网络上问:"万水千山总是情,学校到底行不行?"所谓背离常识,比如,课改中强调的"三不讲":学生已经学会的不讲、学生自己能学会的不讲、老师讲了学生也不会的不讲,这不是非常普通的常识吗?可是,课堂上常见到的情景是,老师上面拼命讲,学生下面睡觉、玩手机等什么形态都有;还有,经常听到老师的抱怨是:"这个问题我已经讲了数十遍了,还有很多学生不会。"这些不是背离常识,又是怎么一回事呢?2500多年前的孔子就总结道:"举一隅不以三隅反,则不复也。"不再重复去教他,当然不是放弃他,而是要查找原因,对症下药。相反,许多课堂不用说,举一不能反三,没有不复也,连举一不能反一,照样一复再复,老师只管按进度教完,不管学生到底能不能跟上,典型的"满堂灌"教学。

课堂的这种现状早已发出信号,不改革必定"整死"学生,"搞垮"自己。因此,无论从教师自身的生命质量考虑,还是从学生的素养发展考虑,这种课堂教学非改不可。课堂是教师生命中最重要的一个节点,这一节点时间不长,但几乎决定了几十年教师教书生涯的生命质量。教师为了改进自己的生命质量,花再大的代价都不应该吝啬。小改革,大困难;大改革,小困难;不改革,更困难。成功者之所以成功,就是因为他们面对困难的态度是,困难就是机会,困难来,能力提升的机会也来了。

二、从课程基础看

课程的三大基础决定了必须进行课堂教学改革,因为课程的三大基础即学生、知识和社会发生了巨大变化。学生变了,变化了的学生需求变了,即20世纪70年代中学生想要有饭吃,20世纪90年代中学生想要有衣穿,现在中学生最想要有自由、能自主。当前学校的生活就是少了自主、自由的东西。知识变了,学科知识综合与分化,即知识的激增(爆炸),知识的综合,如生命科学、环境科学、知识的分化等。社会变了,当代社会生活的特征变了,即一是当代社会发展呈现出经济全球化、政治多极化、文化多元化、生活个人化、生存信息化的趋势,二是当代社会劳动生产方式呈现体力向脑力转化、竞争与心理压力增大、人际交往减少和关系淡漠的变化,三是当代社会生活方式呈现城市化的生活方式——活动空间减少、体力劳动与活动减少、饮食中高脂肪和高蛋白质的摄入量增加,四是生活方式给人类带来了现代文明病:心血管系统疾病、癌症、糖尿病及心理疾病和性病等,五是人体的生物结构和机能退化：终日伏案工作使人越来越胖、越来越弯。我们在精神方面获得的越多，在本能方面失去的也就越多。

基于学生变了，必须改变"满堂灌"的教学方式。自由、自主的需要应给予满足。

基于知识变了，必须改变死记知识的学习方法。信息爆炸时代，学会信息过滤至关重要，让信息变成知识、让知识变成智慧、让智慧服务发展，必须通过课堂教学改革予以实现。

基于社会变了，要让学生体验不同的角色，要有自主、合作、探究的良好习惯，要学会学习。

变是合乎规律的，这个世界上唯一不变的就是"变"，在"变"之中一切皆有可能。

三、从人本性上看

人性本善，没有一个人生来就以恶为目标，要做一个恶人。事实上，世间万物本善，恶是来自不良环境的影响、来自内心的不纯洁。因此，善不是教出来的，"满堂灌"不仅教不出"善"来，还极可能教出"恶"来，做教育最重要的是如何营造善的环境，让每个人的善得以展示、让每一个人的内心保持纯洁，从而达到无欲则刚。

因此，课堂以教为重点的方式必须改变，教师在课堂上教的用力必须改为课堂之外的用功，从这个角度讲，教师在课堂之外要多用功都不为过，同样，教师在课堂之内多"自在"也不为过。教师在课前的用功，一要不断厚植教育情怀；二要不断提升爱生能力；三要不断增强学科能力。教师要让自己的善不断增长，继而影响学生长善。

四、从人本能上看

人的好奇心、求知欲和展示欲都是与生俱来的。每一个健康的孩子一降临到这个世界，就表现出极大的好奇心和求知欲，这种本能，很多小孩在会说话时又表现得更加突出，问题之多，搞的大人都头晕，但也正是从这个时候开始，相当一些小孩的这种好奇心和求知欲本能开始不知不觉地被扼杀掉，特别是进入学校开始标准化考试后，就被扼杀得差不多了。儿童的展示欲望也非常强，人人都称赞现代小孩聪明，对其模仿能力之强、甚至于创造能力之强,常常是佩服得五体投地,能做出这样的反应,基本上是从小孩的各种展示中产生的。因此,小孩的好奇心、求知欲和展示欲都不是教出来的,教育所能做的就是如何保护小孩与生俱来的本能,并通过他们的这些本能,最大限度地开发他们的潜能。

无论是国内还是国外的众多名校,无论是 2500 年前的老子、孔子,还是 18 世纪以来国内外一些著名教育家,它们之所以在教育上成名成家,核心的要素就是抓住了发挥人的主观能动性,即自主学习。老师真的会教人吗?必须为此打上一个大大的问号。到底是教做人容易,还是教书容易?其实,人不是教出来的,书也不是教出来的。如果一定要比较,笔者认为,教做人要比教书容易,因为教做人的内容简单,考核题目不变,而书的内容太多,考试的题目也越来越变化无穷。教做人简单,因为教做人的内容就两个字,爱心,一个字,就是爱,一个有爱、有爱心的人,就会有责任心,一个有爱心、有责任心的人至少不危害别人,更不会危害社会,也就是教他做到这两个字至少是及格。相比之下,这两个字都教不会,几本书,甚至几十本书,还有什么能耐把他们教会呢?当然,说做人与知识都不是老师能够教得出来的,并不是否认教师的作用,教师的作用就是引导帮助学生确立进取的目标,唤醒学生的梦想,设置引发思维的情境,带领着学生、陪伴着学生或推动着学生迈向目标,最终实现目标。

发挥人的主观能动性,激励人的自主性,才是真正的教育。早读课一两个早上班主任没有来,高中晚自习第三节课没有班主任到场,学生迟到的就多起来了,班级就乱了,需要思考这样的教育是教育吗?学生没有自主性,也没有相互制约性,这样就没有实现教育所要达到的目的。勤能补拙,有些勤只能补拙,勤不是万能,勤要能感动学生,才能发挥教育的作用。在七年级班主任反思总结会上,有一位班主任就表态要通过勤到、早到班级,以身作则,来带动学生。笔者相信,她能感动学生,因为她的表态已经感动了笔者。

五、从需要层面看

课改从严格意义上说,首先是老师自己的需要。多数老师都能感觉到现在的学生越来越难教,课堂越来越不和谐。老师在讲课时,学生要么插嘴的多,要么睡觉的多,这些现象,如果能认真去分析一下,就会发现,都是向老师的讲课水平发起挑战。面对如此不和谐的课堂,能否让它和谐一些,主动权在谁? 毫无疑问在老师。面对资讯爆炸时代,如何帮助学生过滤掉许多无用的信息? 如何帮助学生学会过滤信息? 应该成为这个时代老师着力思考与行动的内容,在此过程中,努力帮助学生形成学科思想、掌握学科方法,从而构建和谐的师生关系,师生共同过上一种幸福完整的生活。

其次,是学生的需要。学生有需要,谁来满足? 主动权还在老师,这个主动权一定不能理解为控制权。谁愿意被人控制? 尤其是当今世界,学生对自由的理解比老师还到位。老师的主动权可以使用的就是彻底、全面、深入地了解本校的学生、本校学生的真正需要。七中的学生有什么特点呢? 笔者认为,至少有三点是铁定的事实,一是自信不够。学生自信不够并不见得都表现为内向,好多还很狂妄,不论他有多狂妄,外表越是狂妄,只能代表其内心越是虚弱,因此,老师要学会察言观色,给我们的学生恰当的鼓励、适时的鼓励,这一定是七中学生的第一需要。二是习惯不良。不少学生生活习惯、学习习惯都有较大欠缺,让他们学会如何不给别人增添麻烦、学会配合老师完成学习任务、学会自主管理与学习,一定是七中学生最主要的需要。三是学习基础较差。七中学生的基础差在哪里? 但凡学习成绩不好的学生都有一个共同点,就是阅读能力较弱,而且都有明显的薄弱学科。在他们向高处攀登的时候,七中老师能给他们提供怎样的阶梯,这一定是七中学生最重要的需要。研制"导学案"这个工具就是力图解决后面两个主要、重要的需要。

最后,是社会的需要。学校培养的人到底是只会读书、背书的人,还是会主动学习的人? 在知识经济时代,随着科学技术的不断更新,知识,尤其是科技知识正在日新月异地更新着,"文盲"一词将不再单纯地指没有文化、知识的人,而是指不能继续学习,不能更新自己的知识、技能的人,正是在这个意义上,有人也把知识经济称为"学习经济"。因此,我们的课堂虽然必须传授知识,能力与素养的形成、发展也离不开知识,但更重要的是以知识为桥梁,形成、发展学生的能力和素养,有了这样的课堂,假以时日,学生就能拥有一个包含生理的、心理的,智力的、人格的,知识的、能力的等等因素在内的健全的生态化的精神系统,就能在未来社会发展中担当起历史赋予的重任,应付远比将来的社会挑战难度小得多的中考、高考,更是绰绰有余。当然,这里的一个关键是,要将"未来社会需要""中高考目标""每一堂课特定的这一点教学内容"等三点连成一线,实现"一课一得,得得连线;线线关联,交错成面;面面关联,结构成体"。

众多坚持课改并取得成效的学校，都已经用大量事实表明，他们已经实现了这三个层面的需要。因此，对要不要课改还在观望的心态，说难听一点确实是有点顽固不化了。

基于以上认识，可以得出的结论是，最有效的教育是自我教育，最有效的学习是自我学习，最有效的管理是自我管理。而这些自我能力的最有效形成，需要营造长善的环境，包括长善的家庭、长善的学校、长善的社区，长善的学校又包括长善的课堂和长善的校园，长善的课堂一定少不了长善的老师和长善的教材。

第二节　腹有诗书气自华

——课改人必有的理念与品质

要让课改真正发生、持续发生、有效发生，老师必须拥有相应的理念和具备相应的品质。

一、课改人必须有的理念

课改是课堂走向新生的唯一出路。课改最需要树立的两个理念是：教育要以生为本、教学要以学为本（以下简称"两本"理念）。

（一）以生为本——相信学生　解放学生　依靠学生　发展学生

1.相信学生

相信学生是一种智慧，是教育的力量源泉，是教育的不二法门，是教师的第一素质。相信学生甚至比爱学生还重要。相信学生意味着尊重，意味着放权，意味着允许出错。索里特尔富《教育心理学》中有一句名言："如果你把学生看作是做事认真负责的人，他们就会有认真负责的行动；如果你把他们看作是小孩，他们将会有像小孩似的行动；如果你期望你的孩子去偷东西，他也将不会使你失望。"台湾教改先行者和社区大学创办人黄武雄认为："有自主才有自律。给予学生充分的时间与机会，学生才有充分的自主性，也才会由心底培养出对自己负责、由自己完成功课的积极态度。"黄武雄还有一句名言："人生必须要有出轨的经验，从不出轨的人，心智不会成熟。越早出轨，越有出轨去尝试错误的人，心智越成熟。从小一直品学兼优，到后来仍能开创格局的人事实上为数甚少。小时了了，大未必佳，就是这个意思。"因此，老师要给学生出轨的时间与空间。

2.解放学生

解放学生才能发展学生，也只有解放学生最终才能解放老师。陶行知早就说过："在现状下，尤须进行六大解放，把学习的基本自由还给学生：一是解放他的头脑，使他能想；二是解放他的双手，使他能干；三是解放他的眼睛,使他能看;四是解放他的嘴,使他能谈;五是解放他的空间,使他能到大自然大社会里去取得更丰富的学问;六是解放他的时间,不把他的功课表填满,不逼迫他赶考,不和家长联合起来在功课上夹攻,要给他一些空闲时间消化所学,并且学一点他自己渴望要学的学问,干一点他自己高兴干的事情,还要把工友当作平等的人和他们平等合作。"温家宝对如何解放学生有更为具体的阐述:"解放学生,不是不去管他们,让他们去玩,而是给他们留下了解社会的时间,留下思考的时间,留下动手的时间。"我最近常思考,从自己的经历感受到,有些东西单从老师那里是学不来的,就是人的思维、人的理想、人的创造精神、人的道德准则。这些,学校给予的是启蒙教育,但更重要的要靠自己学习。学和思的结合,行和知的结合,对于学生来讲非常重要,人的理想和思维,老师是不能手把手教出来的,而恰恰理想和思维决定人的一生。这不是分数能代表的。教学改革还要回到学、思、知、行这四个方面的结合,就是学思要联系,知行要统一。笔者一直信奉这样一句话:"教是为了不教。"不在于老师是一个多么伟大的数学家或文学家,而是老师能给学生以启蒙教育,教他们学会思考问题,然后用他们自己的创造思维去学习,终身去学习。

3.依靠学生

教师所有的"教"都是依靠"学"来体现,学生不学、没学,教师再会教都没有用。依靠学生需要智慧,知人者智,因此,依靠学生的前提是了解学生、研究学生。"一切问题从学生中来,一切答案到学生中找。"教育家罗杰斯说过:"谁也不能教会谁任何东西。"知识是没有谁能教会你的,要真正掌握知识,将知识变成自己的财富,只能靠自己。教师的作用,书的作用只是外因,要改变总要靠自己的,即内因。黄武雄先生说得更形象:"分数不是老师的财产,也不是任何人的财产,分数像山谷溪底的水一样,要取多少水,完全看你自己,但你要自己想办法下到谷底去取;同样要拿多少分数也完全看你自己,你不必也无法向任何人求乞。"教师多从学生成长的角度来看待,要及时表扬学生。恰如其分的表扬能鼓励学生,增强他们的信心,激起他们的学习欲望,带给他们学习的动力,扬起他们前进的风帆。表扬应该适时、适度。在学生表现出好的行为和取得一定进步时,一般应马上给予表扬,及时强化。表扬也应该有个度,太多的表扬会造成学生内心浮躁,表扬变成了一种公式,这样的赞赏就失去了应有的价值和意义。

4.发展学生

发展学生是教育的根本。发展学生要奉行"八字"方针:全体、全面、个性、自由。发展学生就是发展全体学生、全面发展学生、发展学生个性、自由发展学生。教师要切实突出学生的主体地位,充分相信学生,尽量给学生机会。给每一个学生机会,让每个学生都有"事"做,才能发展全体学生;给每一个学生多方面的锻炼,才能全面发展学生;给每一个学生展示自己特长的机会,才能发展学生的个性;给每一个学生锻炼自我最充分的时间与空间,才能自由发展学生。教师要从学生根本出发,以学生的进步发展为理念,终极目标是学生的可持续发展,使学生具有适应当前以及未来社会、生活、职业等方面发展变化的能力;使学生的潜能得到不断的、最大限度的发展,从而不断完善自我;使学生的发展与周围环境以及自身内部发展相协调。

(二)以学为本——以学定教 以教导学 以评促学 自学为主

1.以学定教

以学定教要成为教师教学的最基本原则,一切教学行为都应本着"一切有利于学生的学,一切为了学生的学,一切促进学生的学"为依据,恰当地确立教学目标,合理选择教学策略、方法,灵活调节教学的内容和进程,及时评价学生的学习进展,使课堂教学的过程真正成为自主探究和主动发展的过程。为此,学情调查必做"三问":学生已经知道了什么?学生还想知道什么?学生自己能够解决什么?学生课堂必知"六学":在哪里学(空间)、学多久(时间)、为什么学(学情调查)、学什么(目标与内容)、如何学(方法与策略)、学得怎样(评价)。教师课堂应知"四教":为什么教、教什么、如何教、教得怎样。

2.以教导学

"教"是为了更好地指导"学","教"不等于"讲","讲"只是教的"十八般武艺"中的一种最低级最简单的方式,也是效果最差的方式。美国约瑟夫·特雷纳曼通过课堂教学测试发现:教师讲解 15 分钟,学生能记住 41%;讲解 30 分钟,学生只记住前 15 分钟内容的 23%;讲解 40 分钟,学生则只记住前 15 分钟内容的 20%。学习金字塔理论:

第一种:"听讲"的学习方式,两周后记住 5%。

第二种:"阅读"的学习方式,两周后记住 10%。

第三种:"声音、图片"的学习方式,两周后记住 20%。

第四种:"示范"的学习方式,两周后记住 30%。

第五种:"小组讨论"的学习方式,两周后记住 50%。

第六种："做中学"或"实际演练的学习方式",两周后记住 75％。

第七种："教别人"或者"马上应用"的学习方式,两周后记住 90％。

爱德加·戴尔提出,学习效果在 30％以下的前四种学习方式,叫个人学习或被动学习;而学习效果在 50％以上的后三种学习方式,叫团队学习或主动学习。

3.以评促学

考试只是评价的一种方式,好的教育不会因为考试而改变,更不会在考试中败下阵来。评价有"四个维度":评价内容、评价方式、评价主体、评价功能。比如,评价"各小组合作学习课堂参与度"这一内容,其评价方式可以采取表格式评价方式,统计并对比各小组参与次数与人次;评价主体可以是小组自评或者教师评价;此项评价的功能就是具有积极的导向作用。评价"六大功能":积极导向、反馈调节、展示激励、反思总结、多元互动、记录成长。

4.自学为主

所有能有效地促进学生发展的学习都一定是自学。并不是所有的教学都能够促进学生的学习,有些教学行为有可能属于无效教学或者负效教学。比如讽刺、挖苦、侮辱、打骂、冷漠、耻笑、高压等教学行为会成为摧残、贬抑、泯灭学生发展的力量。有效自主学习"十种"状态:(1)当学生对内容感兴趣时;(2)当学生的身心处于最佳状态时;(3)当教学内容能够用多种形式呈现时;(4)当学生遭遇到理智的挑战时;(5)当学生发现知识的个人意义时;(6)当学生能自由参与探索与创新时;(7)当学生被鼓舞和信任做重要事情时;(8)当学生有更高的期许时;(9)当学生能够学以致用时;(10)当学生对教师充满信任和热爱时。自学理想结果"十自"标准:(1)学习目标自提;(2)学习计划自定;(3)学习对子自结;(4)学习方法自选;(5)学习进程自控;(6)遇到问题自议;(7)个人观点自表;(8)有关资料自集;(9)课堂练习自选;(10)学习效果自评。

总之,上述"两本"理念不仅有充足的理论依据,更有丰富的实践成果。当前课改已经取得丰硕成果的区域也好、学校也好、个人也好,没有不是"两本"理念落实的最好的区域、学校或个人。树立"两本"理念,运用"六项"教学技术支撑,行动起来,一定能收获课改所带来的喜悦。

二、课改人必须有的品质

从发展趋势看,就当前的课堂教学现状而言,教师要清醒地意识到,改革是唯一出路,否则就会被淘汰。可课改为什么就那么难呢?有人说是因为校长怕牺牲升学率,老师怕成绩下滑。局外人这么说纯粹是猜测,而校长、老师如此说则纯粹是借口而已。笔者作为一所县中的校长,经过长时间的观察和实践,慢慢认识到,究其真正原因——人性本懒,表现在懒于学习、懒于思考、懒于践行,这是改革者必须克服的三重阻力。与其对应的就是改革者必须拥有的品质。

(一)坚持学习,才有思想引领

不学习,理念就无法更新,行动自然也就滞后;不学习者,只凭着自己的一点儿自以为是的经验一条路走到底,经常会碰一鼻子灰,其归因也一定都从客观中找寻——生源差,现在的学生没素养,现在的社会环境太坏,现在的家庭教育缺失,领导不重视教育……其基本心态就是:"碰到这些学生算我倒霉,我已'全身心'投入,我不行你来啊……"懒于学习最大的"好处"就是不恐惧于自己无知。

很多道理是明摆着的。一个优秀学生真的是老师教出来的吗?一个"差生"的炼成,教师一点"功劳"都没有吗?怪学生学习没有动力,教师工作又有多少动力呢?怪学生不爱学习,教师自己对学习又有几分热情呢?学生学习不讲方法,教师工作又有多少有效方法?……对于许多教育问题,只要阅读一些教育专著,就会发现,很多答案早已有之。教育要"以生为本"、教学要"以学为本"、"身教胜于言教"等都是经过专家提取的最精练答案,也都是课堂教学改革必须树立的理念,这些理念的确立不仅有充足的理论依据,更有丰富的实践成果。不学习怎么会知道?不知道又何谈引领行动?

(二)勤于思考,才有问题意识

思起于疑,懒于思考首先体现在对问题的态度,最典型的表现就是对问题视而不见,渐渐地发展到对问题视而难见;还表现在自己都没有问题,问题都是别人的。无疑则无思,无思则无学,无学则不变。

事实上,一个人所遇到的问题大都和自己有关。最普遍的例子就是在教育学生时,学生不当一回事,甚至敢顶嘴;在班级里学生大声喧哗、卫生习惯不好、课堂秩序很乱;在课堂上有好多学生睡觉、做小动作、不配合……这些与自己无关吗?把它看成问题,看成是自己的问题,就要思考如何解决。但,面对有好几位学生打瞌睡的课堂,在懒于思考的老师看来,"这几个人睡觉也好,省得影响其他同学听课"。而注意发现问题、解决问题并坚持积累理论知识的老师,一定就会质疑:"为什么他们上我的课会爱睡觉呢?"质疑才会去思考深层原因,质疑才会去思考应对策略,从而改进自己的教学过程。除态度之外,老师能否发现教育教学中的问题与自身的理论知识积累有很大的关系。可以说,理论知识是教师发现问题的"放大镜"。当我们没有问题的时候,有必要提醒自己,是不是理论知识不够了?就此而言,也还是要解决懒于学习的问题。

(三)勇于践行,改革才有实质内容

践行就是实践,就是行动。但只有主动地为促进学生的发展而实施的教学行为才是践行。因为有些有意或无意的教学行为不仅不是践行,说难听一点可能成为践踏。比如讽刺、挖苦、侮辱、打骂、冷漠、耻笑、高压等教学行为就是一种摧残、贬抑、泯灭学生能力发展的恶性。

懒于践行,首先就是因为总觉得践行很难。20世纪初,孙中山先生就说过一段话:"中国近两千年文明不进步的原因,便是在学术的思想不正当。不正当的地方,简单地说,便是以为行是很难的,知是很易的。这便误了中国,便误了学者。"近百年时间过去了,今天听起来,仍发人深省!

可以说,知易行难的观点现在依然根深蒂固,尤其是觉得行太难,所以干脆不去行。新课改十年来,理论专家也好,实践先行者也好,一再重申按规律去做,做了就知道不难,做了就一定有不同程度的收获,但去做的人还是为数不多。有些人做出了成绩,却还要承受来自多方的各种攻击。著名语文特级教师李镇西在《保卫崔其升》一文的结尾部分写道:"现今'中国特色'的背景下,居然出现了崔其升这样纯正的教育改革者,我实在不愿意看着他悲壮地倒下。因此,我最近写下一系列文字为他辩护,我真诚希望我们每一个理想不灭、良知犹存的教育者,支持杜郎口,宽容崔其升,保卫真正的改革者。崔其升做到了我们想做却不敢做或不能做的事,实现了我们想实现却无力实现的教育理想,因此,保卫崔其升,就是保卫我们自己——保卫我们追求的教育理想,以及我们心灵深处的教育良知!"从表面上看,行真的很难,而从本质上看,最根本的原因还是懒于行、惧怕行、阻碍行的

惰性在作祟。

坚持学习、深入思考、勇于实践，是一切改革者必须有的品质，三者相互联系，互相促进，缺一不可。一线教师作为课堂教学改革的主力军也要尽快拥有这些品质，牢记陶行知先生的名言"行是知之始，知是行之成"，行动起来，以"勤"替"懒"，课改由难转易也就指日可待了。

第三节　大鹏展翅因风起

—— 课改必须有相关工具支撑

课改需要品质的养成和理念的更新,还需要工具的支撑,教学案就是推进课改的重要工具。

"讲学稿"是全国课改名校南京东庐中学陈康金校长首创,通过向陈康金校长学习,结合七中的教育教学实际,提出七中基于课堂整体管理的"教学案"的基本格式、研制要求和使用要求等。

一、教学案的基本格式

教学案的基本格式(见表 6-1)详细给出了包括页眉、页脚、学习要求、学习过程所要撰写的内容。

表 6-1　教学案

页眉	福建省尤溪县第七中学　高中《学科》教学案(×× 版)
常规	年级、内容、课型、执笔人、审核人、时间
学习要求	学习目标(三维目标融合、学科核心素养) 学习重点 学习难点 学法指导
学习过程	一、课前预习导学 二、课堂学习研讨 三、当堂训练巩固 四、课后拓展延伸
页脚	格言、警句等: 预习铅笔写　用品家中带　回顾旧知识　探究新教材　获取新知识　发现新问题　限时自主探 "学源于思,思源于疑。小疑则小进,大疑则大进。" 如果你希望成功,当以恒心为良友 If you wish to succeed,you should use persistence as your good friend.

二、教学案的研制要求

教学案的质量至关重要,如果不能达到教师教得更轻松、学生学得更容易,那就完全失去它的意义,反而会增加师生的负担。检验一份教学案的质量如何,就是看教师是否乐于使用和能否相信它就是自己课堂整体管理的核心工具。因此,教师乐于使用而且完全相信它,就是作为课堂整体管理的核心工具的教学案务必是研制出来的。研制,首先要主动投入,其次要发挥集体智慧,最后还要不断优化。

基于这样的标准,对教学案具体研制有三个方面的要求:

(一)充分认识研制意义

集教案、导学案、作业、检测、反思于一体的一份教学案,对教师来说是组织课堂教学的路线图,对学生来说是课堂学习的导航图,其根本目标就是为了实现课堂教与学的有效、高效。正如陈康金校长所比喻的,高速公路之所以可以高速,是因为有路标、有服务区、有监控和交警巡逻,这三者缺一不可。课堂学习要高效也需要这三个要素,其中导学就要实现"路标"的作用,教师对学生在自主学习中遇到困难进行帮助就是实现"服务区"的作用,教师对学生在自主学习中偏离目标的行为进行纠正就是实现"监控和交警巡逻"的作用。因此,教师的路线图就要十分清楚每个"路段"的情况,对每个"路段"进行预设,在哪个地方需要设"服务区"、在什么地方需要"监控和巡逻";学生的导航图则要有"入口""地点方向""出口"以及"预告",即从哪里开始学,怎么学,分几个步骤来学,怎样算学会了。

教学案的研制还将实现三个合一:教案和学案的"两案"合一;学生的作业本、笔记本、复习本的"三本"合一;教研与培训合一。

(二)严格控制页面数量

每一课时不得超过 4 个 A4 版面,要以用尽可能少的版面为追求目标。凡是学生手头上有的资料(包括习题),都不在教学案中重复,可用什么资料第几页第几段第几题来提示。一份精简的教学案更加考验教师研制的投入与水平,也是学生会喜欢使用的一个重要因素。

（三）确保学生学习时间

每一个学科要严格控制预习时间和做题时间，多给学生自由思考和发表意见的机会，不要回避学生提出的问题；要积极开展多样、生动的学习活动，让学生充分了解问题的各个方面，寻找合理的解决方法；灵活地对学生的思路进行引导，在学生的思维矛盾和正确的结论之间架起认知的桥梁；通过必要的讨论、练习和讲评，及时拓宽、加深学生对问题本质的认识；引导学生及时进行总结。

（四）高度重视研制过程

如果说教师工作会辛苦，其辛苦应该重点体现在这个过程中，但如果以主动研究的心态来完成，就会体验到也是乐趣所在。完成一份有质量的教学案需要关注以下五个方面的要求。

1.务必保证是集体智慧的结晶

教学案务必是集体研制出来的，即先分工，再合作。先分工就是分单元轮流主备，再合作就是主备后共同研讨，优化教学案，最后师生共用。

2.务必保证过程的扎实落实

坚持提前备课，并严格执行完整的备课流程和教研过程。备课流程：寒暑假备课→主备教师备课→备课组备课→课前备课→课后备课。确保以下教研过程：个人构思→形成个案→交流研讨→后成共案→课前反思→实施精案→课后反思→交流提升。

3.务必保证教、学、考的紧密关系

从教什么学什么转到学什么教什么，从考什么教什么转到教什么考什么，从教考分离到教考一致。为此，教师在备教材时要做到"三学三会"：学"课程标准""教学建议"，会画知识树或思维导图；学"课本""教辅"，会出试卷；学相关文献，会找依据和有效方法。"备学生"时要做到"五问"：一问学生原来学了什么；二问学生实际掌握了什么；三问为学生的后续学习需要准备什么，准备多少；四问学生学习本学科的规律是什么；五问对于不同层次学生的要求和教学策略各是什么。"备教学过程"要做到"五明"：一明教什么，二明为什么要教，三明教到什么程度，四明怎么教，五明教得怎么样。还要做到"五知"：一知考什么，二知为什么要考，三知考到什么程度，四知怎么考，五知考得怎样。

4.务必以研究的方式来制作

要把制作教学案的每一个环节都当成课题来做,包括单元学习目标的精准确定、有效的课前学情调查、有效的学习方法指导、有效的课堂检测、有效的课堂拓展延伸训练等,都务必作为小课题来研究。比如七年级数学备课组的小课题研究就可确定为"七年级代数学习目标精准确定的实践探索",依此类推可以是初中代数、初中作文、初中电学、高中元素化合物知识的学习目标精准确定等。

5.努力确保研制作品的吸引力

要把教学案制作成一份"大餐"作为研制追求的目标。如何依据课程标准、考试大纲、教材、教参等"原材料"来制作一份能调起学生学习"胃口"的"大餐",除了上述四点要不折不扣地落实外,还要注意教学案的页面设计,要努力做到图文并茂,要有知识树、思维导图、温馨提示、名言警句、激励性导语等,努力让教学案成为师生构建学习共同体的重要平台。

三、教学案的使用要求

要用好精心研制的教学案,教师和学生都务必明确相关要求并加以落实。

(一)教师务必树立四大理念

1.树立"以生为本"的理念

明确所做的一切工作都是为了帮助学生学习,激励学生乐于学习,帮助学生学会学习,帮助学生有效学习,确实做到以学定教,以学施教,以学评教,以评促学。

2.树立"有效劳动"的理念

确实全身心投入自己的工作中,努力让自己所做的工作有依据、有方法、可反思,从而享受自己职业的成就。

3.树立"潜能无限"的理念

充分相信学生的潜能,尊重学生,依靠学生,最终发展学生;充分相信自己的潜能,利用教书育人这个平台尽情展示自己的才能,在教学相长中,成就学生,发展自己。

4.树立"终是为己"的理念

一个人来到这个世界,无论做了多少事情,归根结底是为自己,为公就是最大的为私。

(二)教师务必落实七项基本要求

1.确保有效使用

一是原则上不允许再布置课外作业;二是教师应认真指导学生使用好教学案;三是在上课前务必抽查并批改部分教学案以了解学情,再次进行课前备课。

2.充分相信学生

教学要努力做到:新知识放手让学生主动探索,课本放手让学生阅读,重点、难点和疑点放手让学生讨论,提出的问题放手让学生思考解答,结论或中心思想等放手让学生概括,规律放手让学生寻找,知识结构体系放手让学生构建。

3.拓展学生思维

教学中要拓展学生的思维,一方面通过引导学生思维来获得知识,暴露思维过程中的困难、疑问、障碍和错误;另一方面积极寻找学生思维的闪光点并及时给予鼓励和拓展。

4.坚持"四精四必"

用教学案教学要做到"四精四必","四精"即精选、精讲、精练、精批。精选,指精选教学方法、内容、习题、例题、提出的问题,这些都必须落实在集体备课上;精讲,指学生可自学的不讲,让学生自己理解的问题可不讲,不满堂灌,这一点落实在启发解惑上;精练,指课上多练,集体训练,人人动脑,人人动手,这一点落实在以练助讲的课堂教学上;精批,指通过精批发现学生共性的错误,及时弥补教学中的不足,这一点落实在全批全改、统计分析、及时反馈、讲评辅导上。"四必"即有发必收、有收必批、有批必评、有评必补,是对精批的高效落实。以"精"来提高质量,以"必"来调控负担,贵在"精"字,重在"必"字,功在课外,利在课内。

5.落实"三个结合"

教师在教学中要处理好"三个结合",即教材与课外拓展相结合、教学案与课堂有机生成相结合、学生的主体地位与教师的主导作用相结合。

6.坚持少教多学

教师必须根据学情优选教学方案,优化教学手段,减少课堂语言密度,少讲、少问、少板书,增加知识与思维密度,精讲教学重点,根据教材内容,灵活使用教学手段,做到寓教于趣、寓教于乐、寓教于情,使学生始终处于主动学习的积极状态。

7.明规则严纪律

教师要根据本学科的学习特点和自己课堂教学的实际,制订严明的学习规则和落实要求。比如,教学案提前一天发到学生手上,明确要求由小组长组织本组成员共同预学。又比如,第几页中的问题必做(动笔写)、自测不做、应用拓展视学生能力课前预习时题目必须阅读一下。再比如,学习小组长第二天检查教学案的预习情况,并做好向老师汇报的准备等等。

(三)务必通过建立小组落实

学会自主、合作与探究是学会学习的核心,学生也是课堂学习的重要资源,这种资源得以利用的重要途径就是学习小组的建立,学习小组自然也是落实教学案的最重要力量。合作学习是目前世界上许多国家都普遍采用的教学策略,国内所有课改学校能取得显著成效的精髓都是自主前提下的"合作学习",因此班级学习小组建设与管理要作为课改重中之重的工作来落实。

1.学习小组的组建

建立学习小组的意义至少有:一是便于教师落实学生的学习要求;二是通过分工让每个同学都有事做。首先,小组组建,原则上以 4～6 人为一个小组,按优、良、中、差生合理搭配,同时兼顾性别、地域、身高、特长等,保证各小组有各学科优秀学生。可以先让学生自由组合,教师再做个别学生思想工作予以调剂。

其次,确定行政组长、学科组长、记录组长等。选择组长的原则:要求被推荐人责任心强,并有较强的组织能力、协调能力。选择组长的办法:由老师推荐,或者由小组成员推荐选举产生,但班主任必须把好关。明确组长及每一位成员的职责:行政组长全面负责本小组日常管理工作;学科组长负责本小组成员本学科学习任务的分配、合作交流的开展、展示人选的确定以及收集疑问和难点,汇总给课代表等日常学习工作。每位组员至少担任一个学科的组长;记录组长:负责记录本小组成员的各种表现。

2.小组文化的创建

一是创设组名:各学习小组根据自己的特点,创设自己学习小组富有个性、积极向上、朝气蓬勃的组名,使本学习小组相互鼓励、奋发向上、团结协作。如飞天火箭、畅游太空、终极一组等。

二是确定组训:学习小组成员通过讨论选择名言、警句或者格言,形成自己的组训,以便激发学习小组的进取心、凝聚力。

三是制作组标:制作学习小组标志牌,放置本组桌面,时刻警醒、激励团队永远向前。

四是确定目标:小组讨论制定本学习小组阶段目标和长期奋斗目标。在遵规守纪、行为习惯、预习效果、课堂展示、学业成绩等方面达到什么目标,在班级的所有团队中要达到什么样的水平,要求目标清晰,人人明确。

每个小组都有名称、目标、口号、组徽、组牌、组旗。例如组名:雄鹰队;组训:厚德载物,格物致知;组歌:团结就是力量;组标:天空等等。

3.小组合作的培训

一是班主任要负责对行政组长和记录组长进行管理培训以及对各小组成员进行系统培训。二是科任老师负责对学科小组长进行管理培训,重点利用课堂教学进行现场培训,比如,小组合作时段,老师直接参与并做指导、评价、反馈等。

4.小组内评价细则

评价是为了改进、促进。小组内的评价由组长与学科组长负责,采用嵌入式评价,教师事先一要合理分割学习内容,以此建立若干明确、恰当的学习目标,二要建立评价点,组织有效的评价任务,实行一节课一考评,一天一统计,一天一评比。用"正"字统计本组每位同学一天参与小组合作学习及展示的成绩,排名次。考评共包括五项内容:

一是课堂发言:发言一次加1分(正字画一笔得一分),得到老师的特殊表扬加2分;回答错误不加分。

二是课堂展示:展示一次加1分,有解题方法的总结或得到老师的特殊表扬加2分;展示错误不加分。

三是组内讨论:积极参与组内讨论的,有自己观点的得1分,有反驳别人观点且有理有据的加2分;不积极不参与该项为0分。

四是完成任务:老师或组长分配的学习任务,及时完成的加1分;不及时为0分。

五是违纪:在小组学习过程中,讨论和问题无关的、注意力不够集中、纪律差的每次扣除1分,老师点名批评的扣除2分,连续两天多次违纪的请出小组,需向老师、组长申请方可回组以观后效。该项由副组长认定,一节课结束后由组长记录。

组长选出最活跃的和最不活跃的学生各一个,表现好的在每小组黑板上表扬,表现差的由老师教育,让其定出第二天课堂展示次数的目标。学习表现最好,但是纪律最差的不能当选最优秀学生。

组长每周一总结,找出每组学习问题,确定下周努力方向,并给表现最好的学生家长打电话报喜或者写喜讯,同时与问题学生家长取得联系,由班主任和家长沟通,取得家长支持。

每个组表现最好的学生期末评三好学生加上三票,第二名加上两票,第三名加上一票。

5.班内优秀小组评选

在全班评选课堂学习优秀小组,优秀小组的标准是:声音洪亮,展示准确,表情大方,文明守纪。每节课下课时老师和科代表宣布优秀小组,同时说明理由,然后作好记录。学习委员结合科代表统计,一天内得到优胜次数最多的小组是当天的优胜小组,可以得到流动红旗,保留一天。在月考、期中、期末考试中,几次考试平均分加上组内学生在年级进步分,分数最高的小组是本学期最优秀小组,小组组长为最优秀组长。(每进步5名加1分,退步5名减去1分)。

以上给出了教学案基本格式、研制要求和使用要求,特别是研制要求和使用要求能否落实到位,从根本上决定了能否实现整体课堂管理和有效教学,从较高层次上考验教师的专业素养与专业能力。专业素养首先体现在对专业的热爱、喜欢,愿意将大量的时间投入到专业研究中;其次体现在能够把学科核心素养渗透到教育教学全过程。专业能力第一体现在能精准确定课时学习目标,并用学生容易理解的语言加以描述;第二要能比较全面地调查学情,即编制有质量的课前测试题;第三要能将目标问题化、问题任务化、任务情境化,在课堂上,通过巡视、监督、反馈、指导,有节奏地调控学生学习进程;第四要能下"题海",从而精编当堂检测题和拓展延伸题;第五要能从教学依据、内容、方式、效果进行全面反思自己的课堂,并及时进行修订。

总之,以融合的方式推进整体课堂管理,强调课堂之外老师要多投入,从而实现课堂之内教师教的从容和学生学的高效,尤其是第一轮做教学案,教师们一定会更辛苦的,如果没有感到更辛苦,说明融合还只是形式,无法实现真正的一体化。

第四节　千磨万击还坚劲

—— 用整体课堂管理推进课改

为了确实有效推进尤溪七中课堂教学改革,在改革中促进尤溪七中教师的专业成长,学校于 2018 年研究决定,引进刘正荣教授"十二五"国家级课题研究成果——《整体课堂管理教师手册》加以推进。为确保推进工作有序有效,特制订《尤溪七中整体课堂管理教学改革工作方案(试行)》。

一、整体课堂管理改革的内容

课堂是学校教育的主阵地,课堂内所发生的一切几乎可以决定学校教育所能发挥的作用。理想的课堂必定是学生成长,教师也在成长,即教学相长。但事实是,教师从备课开始就把自己给忘记了,那是因为,教师长期以来,要么根本没有机会接受继续教育,要么被动应付继续教育,要么就只有理念的灌输或学科知识体系的培训,至于教师应如何规范地履职,极少有这方面的引领。刘正荣教授主编的《整体课堂管理教师手册》就能较好地解决这个问题。

刘教授对"整体课堂管理"的界定是"从心理学的角度激励教师自觉运用管理学的方法,对其教育活动的整个过程进行优化管理,对教育活动中所需要的各种资源进行科学配置,从而使课堂效益最大化"。

其基本观点和内容有三点:一是"技术"是解决教师职业幸福问题的钥匙;二是学习、模仿、创新是教师专业成长的三个步骤,先"规范"再"出新",先"科学"再"创新",先"技术"再"艺术";三是整体课堂管理的目标是同步实现教学有效、德育实效、教师发展、学生成长,实现途径包括课堂研究、课堂设计、课堂创建、课堂评估和课堂升华一整套操作流程循环反复。

其理论创新点有四个:一是自我成长。其基本观点是教师的职业成就取决于职业幸福,职业幸福感源自教师对其教育行为的"无畏",教师获得这种"无畏"的方式是"学习—模仿—创新",对这一方式的优化管理,能够帮助教师节约成长的时间和成本;教师的自我成长主要是通过教师的自我激励完成的,外界因素只起到辅助作用。二是最少技能。其基本观点是教师只需要掌握对他最有用的那部分理论与技能即可,这些技能能够满足教师开展日常教学教研工作的需要,是担任教师工作的所有教师都必须掌握的技能。教师只有在掌握这些规范的、通用的、基础的、科学的教育技能之后,才能满足基本职业需要,才能够在此基础上实现教育创新,从而形成自己的教育特色。三是整体优化。其基本观点是教师在实施课堂研究、课堂设计、课堂创建、课堂评估、课堂升华教育行为时,都有整体优化的"简易"程序和具体方法。四是构建了整体课堂管理的理论框架,包括心理学论、教学论和管理学论。

全面深入地理解刘教授提出的相关理念,用心扎实地执行刘教授总结的相关操作,从而能让"教学相长"在自己的课堂里持续发生。

二、整体课堂管理改革的目标

积极探索推进课堂教学改革的管理新模式,促进教师构筑专业成长的个体模式。具体目标是:

(一)构筑促进教师成长的管理模式

通过建立与完善相关激励机制,引领教师主动规划、有序训练、保持成长,从而构筑一个有七中特色的能有效促进教师专业成长的管理模式。

(二)构筑教师专业成长的个体模式

一是构建教师专业成长的理念系统;二是构建教师专业成长的操作系统;三是构建教师专业学科知识系统,包括学科思想体系、知识体系、评价体系等。

(三)构筑基于教学相长的课堂模式

"学然后知不足,教然后知困。知不足,然后能自反也;知困,然后能自强也。故曰:'教学相长也。'"(《礼记·学记》)因此,教学相长的课堂,要先让学生学起来,这是出发点也是目的地,这样的课堂需要具备以下四个特征:

1.学生主动乐学

要让学生成为课堂的主人,活动的主角,以活动为主线,让每个学生主动参与,爱学乐思。

2.发展学生能力

以综合素质发展为主攻方向,全面发展思维、交流、表达、独立、组织等综合能力。

3.适应能力高考

以能力和思维训练为主旨,让课堂成为智慧课堂、活力课堂。

4.适应规范办学

唯有课堂的优质高效,学生才有自己能支配的课外时间,才能适应规范办学。优质高效的课堂简单说就是在课内能解决的问题决不延伸到课外,具体要求就是要坚持以训练为主线,大容量、快节奏、全面完成教学目标,切实提高课堂教学的实效性。

具备这四个特征的课堂,本身就对教师提出极高的要求,同时在实际课堂中还会时不时有生成性的挑战,教师只要勇于面对这些挑战,就是自强,就是最好的成长路径。

改革目标分为近期和远期。

近期目标(2018年6月至2020年7月):

近期目标拟用两年时间初步构建相关模式。第一年,通过遴选确定首批各学科领航人先行先试,通过专题培训、专家引领、自主实践、自我反思,初步形成本学科专业成长、教学相长课堂的基本路径。第二年带领本学科全组人员通过参与教研、互听互学、熟悉路径、反思总结,初步实现上述三个目标。

远期目标(2020年7月至2023年7月):

第一阶段:到2020年秋季,形成整体课堂管理教学改革的阶段性成果(初步成果),将初步成果运用于全校教师,进行再实践、再反思、再总结,通过一年的努力,取得关键性成果——构筑有高效学校管理模式、教师自我成长模式、教学相长课堂模式。

第二阶段:从2021年开始,在教研片区部分学校推广试行,用两年时间从理论与操作层面进一步完善研究成果。

第三阶段:到2023年,形成有理论、有模式、可操作、可推广的初高中发展模式,让师生都能得到全面而富有个性的发展。

三、整体课堂管理改革的措施

（一）建立与完善相关保障激励机制

1.建立学习合作小组的建设与管理机制

明确学习合作小组建设的意义、方法、管理和评价等。意义突显合作能力是核心素养之一、合作学习是有效学习的重要途径、合作学习是培养学生自主能力的重要方式。方法突出小组如何建？如何培训？小组文化怎么形成？……管理和评价突出导师配备、考核指标等。

2.建立学科骨干成员全员联系教师制度

学科骨干成员包括全体班子成员、教研组长、学科带头人、骨干教师等，全员联系教师，通过双向选择或直接指定，组成一对一或一对二关系，明确职责与考核办法，促进学科教学研究深入开展。成立学校教学指导委员会负责该项制度的落实，委员会成员要深入课堂听课，经常性召开各种各样的教师、学生、家长座谈会等。

3.完善教育教学的组织制度保障机制

为确保扎实推进整体课堂管理的改革，从以下六个方面完善教育教学组织制度。

一是加强和完善教研活动制度。教研活动必须提高针对性和实效性，活动必须以课堂为载体，面向课堂，立足课堂，发现问题，研究问题，解决问题；每次活动必须有明确的侧重点或主题，紧紧围绕整体课堂管理的五个项目进行精细化研究；提倡课后的即时交流研讨，加强规范每周两课时的教研组活动和备课组活动；把教研活动效果纳入绩效工资考核管理。

二是加强和完善集体备课制度。集体备课必须统一解决前一周存在的问题，统一备好下周上课的基本教案（包括教学设计、学案、教学清单等）。基本教案备好后，于每周的星期五上午9点前送教务处，由校教学指导委员会组织检查、审阅批准后统一在下一周教学中实施，未经审阅不得使用。

三是加强和完善教师培训制度。第一，要确保全员参与"整体课堂管理"的相关理念与技能培训；第二，要重点开展以"认识自我、完善自我"为主题的心理健康培训和指导学生生涯规划的培训；第三要落实教师通过自主阅读与写作提升素养；第四要明确培训要求和考核方案；第五要制订与完善培训激励机制。

四是加强和完善教师研究制度。每位教师每学期要进行解决一个小问题的研究,内容包括什么问题,为什么确定这个问题,与这个问题相关的核心刊物文献搜索有多少篇文章,研读了多少篇,找到了解决问题几种方法,通过应用与反思,发现了最有效的解决方法是什么,用一节公开课加以展示。评价办法,由教师自行申报优秀评选,获得优秀评价给予一定的物质奖励或其他奖励。

五是完善教师专业成长月内容。增加整体课堂管理项目中的相关内容的展示,比如各种导图制作评比,以教研组或备课组为单位参评。又比如国家教材二次开发、校本作业设计、优质资源利用等的展示评比。

六是完善课堂教学评价制度。与新的课堂教学模式相适应,必须改革原有的课堂教学评价制度,原有的评价制度重评价教师行为、轻评价学生行为,重评价课堂表面、轻评价课堂实效,甚至是听课教师只观察教师行为,不顾及学生行为,与新课堂教学模式所倡导的教育理念是背道而驰的。必须建立起以学生为主体的、重学生表现、重课堂实效的评课制度,积极推进课堂教学改革。对于仍然满堂灌、没有留足时间给学生的课实行一票否决。

(二)引领教师制订专业成长规划

做规划是一个人主动做事的开始,因此,对老师做专业成长规划,学校做好引领和督促落实至关重要。

在引领上,首先是提出相关要求,给出规划模板。所要规划的内容包括:一是自我分析,包括专业成长现状、教育教学主张、教学模式、教育教学成绩预期等。二是目标制订,包括 3 年总目标和近期目标。三是成长途径,包括专业阅读、专业实践、专业写作、专业交往。其次根据内容要求制作成长规划书让老师填写。

在督促上,重点督促老师认真填写《尤溪七中教师专业成长规划书》,并定时或不定时检查教师填写情况和规划落实情况,实施班子成员、学科骨干教师联系教师制度,强化班子成员和学科骨干教师的引领示范作用。

(三)建立教师专业成长理念系统

理念引领行动。做好任何事,脑子里必须要有一个正确的理念来支撑,如果没有正确的理念,脑子里就会有不正确的理念来左右其行为。整体课堂管理的核心是老师转变观念。没有这个前提,即使告诉老师再多具体措施,也完全没有效果。

要实施整体课堂管理,依据刘正荣教授的六大基础理念,结合学校实际,建立七中教师"1236"理念系统。

1.牢记一个道理

最有效的教育是自我教育,最有效的学习是自我学习,最有效的管理是自我管理。

2.树立两个意识

一是相信学生、依靠学生、解放学生、发展学生。二是生命在于运动,亲戚在于走动,教育在于活动。

3.拥有三种心态

一是为己工作。"做任何工作都是为自己做,你在任何工作中积累的经验、资历和智慧永远都属于你自己,别人是无法拿走的"(俞敏洪)。二是主动工作。主动与被动相差百倍,优秀者主动而谦卑,平庸者被动而自我。三是心怀感恩。心怀感恩,享受幸福。常怀感恩之心的人,世界永远是明亮的,生活始终是温暖的。常怀感恩之念,常说感恩之话,常行感恩之举。

4.确立六大理念

刘正荣教授提出整体课堂管理的六大基础理念:

一是预防基于矫正。《学记》有言:"禁而未发之谓豫。发然后禁,则悍格而不胜。"预防分为整体预防和重点预防两个层面,整体预防主要策略是制订实用、可操作、可评价的课堂规则,重点预防是预防重点人群和重点人物,充分了解,应对有数。

二是授人以育。"鱼"——知识与技能;"宇"——胸怀与情怀;"渔"——过程与方法;"娱"——阳光与愉悦;"誉"——自我激励;"遇"——机会机遇;"愚"——人生观与世界观;"欲"——态度与价值观。

三是整体优先。在课堂上,老师要始终以保护"多数人"的利益为出发点,不因个别学生行为而影响全班同学,教师如果有整体优先的理念,就可避免很多课堂问题特别是课堂冲突现象的发生。

四是全程优化。《学记》对善教者的描述是"其言也,约而达,微而臧,罕譬而喻"。教师应该追求"简约"。全程优化,是指老师在教学管理过程中,必须去掉那些无关紧要的行为、语言、资源等,尽可能地使用"最少"的方法和手段,尽可能地提供给学生"最优质"的教育资源,以实现教学目的。

五是宁慢勿快。教师在课堂管理中,不能急,不能快,遇事要多问几次自己,这是"为什么"。即找出问题的真实原因后,再决定"怎么办"。眼睛所看到的并不一定都是事实,还要宁勤勿懒,不要怕麻烦,务必要调查清楚,知道真相,教育才会发生作用。

六是过程与评估不分离。教师在课堂管理过程中,始终要把静态评估和动态评估结合起来,并根据评估的结果及时调整自己的管理策略。

(四)熟悉教师专业成长操作系统

基于整体课堂管理的教师专业成长,重点就是能对课堂教学的各个环节进行行为(操作方法)规范性和科学性的"行为模块"管理。即熟练掌握规范性和科学性的课堂研究(分析)方法、课堂设计(备课)方法、课堂生成(上课)方法、课堂评估(测评)方法、课堂升华(行动实践后的再研究)方法。

1.熟悉课堂研究相关导图的制作

(1)《××学科知识导图》,即该学科通过教材分析而获得的教材重点、难点、知识关联的结构图。

(2)《××学科课堂资源整合优化配置导图》,即该学科通过课堂资源分析而获得的各知识点的总体资源配置结构图。重点突出信息技术与课时学习的深度融合资源的建立。

(3)《××学科学情导图》,即该学科通过学情分析而获得的学生应该掌握的知识和技能导图。

(4)《PCK导图:教学风格和魅力设计》,即该教师通过对自己的分析而获得的应该向学生展示哪些魅力的导图。重点突出学科核心内容和核心价值、学生学习策略、教学核心能力、评价策略。

2.熟悉课堂设计的内容与程序

设计依据(课标、学情等)→教与学目标设计→学习任务设计→学习活动设计→学习效果评价设计。

3.熟悉课堂创建的环节与规则

(1)环节。课堂创建包括三个环节,分别是课前、课中和课后。课前落实"发放预习案、预习案处理、获取预习反馈";课中落实"明确课堂规则,形成课堂文化:口令、座位、用具、自主、合作、展示、检测、评价";执行"五学"模式:目标导学、自主探学、合作研学、展示赏学、检测评学。课后落实"教师的质量提升、绩效评价、教育反思,学生的知识应用、知识迁移、发展创新"。

(2)规则。熟悉课堂管理应有的礼仪和管理规范。礼仪规范包括穿着打扮、言行举止、仪式庄重、严守师德等;管理规范包括教学环节做到相对完整、知识讲授突出结构体系、信息总量安排均衡合理、重点突出难点突破、教学方法讲求启发诱导、教学情境体现生动活泼、学习活动有清晰的规则、最大限度地关照到每一位学生。

4.熟悉课堂评估的主要指标与方法

整体课堂管理的评估目的就是评估其课堂管理行为在课堂管理中是否得到有效落实？德育是否取得了实效？教师是否发展了？学生是否成长了？即评估"教学有效、德育实效、教师发展、学生成长"四个目标是否达成。

教学有效：目标是否准确？过程是否落实？结果是否达标？

德育实效：规则是否执行？动力是否激发？情感是否融入？

教师发展：反思是否有依据？结果是否有体验？行为是否有变化？

学生成长：学习能否自主？合作是否有效？展示是否大方？检测是否达标？

5.熟悉课堂升华的内容及意义

课堂升华包括课堂管理反思、内化、拓展和成果四个内容，这四个内容之间具有一定的递进关系。

管理反思。适合教师反思的呈现形式主要有反思札记和反思日记、教育叙事和论文等。

管理内化。将管理反思中所取得的成果进行理念提升，重新假设，形成新课题，自觉以研究方式进行课堂管理。

管理拓展。管理拓展是管理内化的进一步深入，教师进一步审视自己的备课环节，是否做到了教材的二次开发？自己的说课，是否做到了反思探究？自己的上课是否做到了动态生成？自己的听课是否做到了全息透视？自己的评课是否做到了评判分析？

管理成果。通过对自己的课题研究成果的梳理，形成自己的学科知识体系和教学知识体系，然后在学校的帮助下，进行成果的展示推广，从而迈进一线教育家的行列，实现教师的成长。

四、整体课堂管理的条件保障

（一）组织领导保障

建立以校长为组长，副校长、支部副书记和工会主席为副组长，各处室主任等为成员的整体课堂管理教学改革领导小组，加强对教学改革工作的组织领导，实行行政推进和实验推进相结合，措施落实有力，而且科学可行。同时设立校长为主任的教学督导委员会,负责教学改革工作指导、督促和检查;设立学科主任负责每天深入课堂跟进听课、及时反馈。实行分块包干责任制和月汇报制。

（二）经费保障到位

学校经费要向教学改革倾斜,同时要积极争取其他经费投入。

（三）做好培训动员

组织教师外出观摩学习先进教育理论和外地课改的先进经验;邀请整体课堂管理教育专家到校开展讲座、深入课堂听课、指导课堂教学;组织教师全员学习培训和教研组长备课组长培训;经常召开教师座谈会:课改实施前多次分层次、类型召开教师座谈会,听取教师对课改的意见和建议,取得绝大多数教师的支持,课改开始后不定期召开教师座谈会,听取反馈,及时解决课改中出现的问题;课改前召开学生动员会,课改开始后经常召开学生代表座谈会,听取学生的反馈,帮助学生树立信心、解决困难;课改前后也多次召开家长会和家长代表座谈会听取家长对课改的意见和建议,指导家长配合学校推进课改等。

五、整体课堂管理的预期成果

到 2021 年夏季完成一届三年目标,形成一定数量的课改科研成果。

(1)完善教育教学改革的相关制度,构建七中特色的教师成长管理模式,开发校本教师培训课程"教育有道"。

(2)教师优秀小课题每学年汇编一册《研究有道》。

(3)"教师专业成长月"活动优秀案例每一届汇编一册《成长有道》。

(4)每一位教师用"五个一"(影响我的一个人、影响我的一本书、我的教学主张、我的教学模式、我的教学预期)描述自我,并形成一份 PCK 导图,汇编成《教师有道》。

(5)以备课组为单位,完成年级学科教学案,并精选代表性作品汇编成《教学有道》。

(6)每一位课题组成员完成一篇较高质量的促进教师专业成长的论文。

(7)完成改革实验报告。在上述成果的基础上,形成一届三年改革的实验报告。

第五节　千树万树梨花开

——整体课堂管理的初步成效

通过近两年对整体课堂管理模式的实践与研究,初步形成了具有本校特色的课堂教学改革管理模式。

一、制定和完善相关制度为推进整体课堂管理提供制度保障

为了确保整体课堂管理改革持续、有序、高效地深入开展,我们从制度层面陆续出台规章制度,把改革的过程性管理纳入学校制度层面,保证改革项目与学校日常教育教学管理相结合,最终让改革真实有效。在此期间,我们出台与本项课题研究相关制度,并统一收录在《教育有道》《学习有道》之中。涉及课题实施与管理的具体制度主要有:

(一)教学有据

包括常规管理、规范化落实等十几项可操作、可评价的制度。

(二)研训有据

包括教研组组织建设、校本培训、小课题研究、教师专业成长规划等若干制度。

(三)课程有据

包括校本课程研发、校本课程方案等若干研发卓越课程相关指导意见。

(四)评价有据

包括课堂评价表、教师专业成长量化考核方案、考评办法等若干项目考评方案。

这些制度从课堂的研究、创建到设计、评估都有详细的规范,既有系统性,又有指导性,不仅针对本课题研究,而且对全校师生的课堂管理和专业发展都具有指导作用。为此,学校统一将制度及相关说明印刷成书,并分发到全校每个教师手中,扩大整体课堂的课题知晓率和影响面,确保本课题的教育教学理念深入人心。通过制度保障,既为实现当前课堂的整体优化研究提供了制度上的保障,又为课题后期研究与推广注入动力,提供保障。

二、研究绘制实施路线图为扎实推进整体课堂管理提供路径指引

整体课堂管理最重要的两股力量就是教师和学生,为了更好地从师生两头有效落实整体课堂管理,我们根据课堂和学生实际,组织人员根据学科特点编写学科知识导图和学科课堂学习方法等,并将内容分别编入《教育有道》和《学习有道》中。

(一)发挥教研组的作用绘制教师成长路线图

以学科教研组为单位,组织教师根据课标、教材和其他各类资源编写学科知识导图、学科课堂资源整合优化配置导图、学科学情导图、教师 PCK 导图,为教师专业发展提供方向指引。

(二)发挥课题组的作用绘制学生学习路线图

以课题组领衔团队为单位。研究制定课堂学习路线图,初步形成整体课堂的管理模式,确保师生在课堂上有据可依,规范了课堂管理模式。在《学习有道》的"方法篇"中共收录了课题组研究制定和收集整理的关于整体课堂管理的若干内容,包括学习路线图、课堂结构图、课程学习基本要求等,形成系统的初中学科学法指导及学习路线图和高中学科学法指导及学习路线图。

三、用周学习清单和教学案及相关评价有效推进整体课堂管理改革

整体课堂管理的课堂教学改革同样离不开工具的研发与评价的跟进。

在实践中,我们以周学习清单和教学案为工具,以周测反馈为主要评价方式,有效地推进整体课堂管理改革的实施。

（一）依托周学习清单和教学案,为整体课堂管理优化提供路线规划与方法

要求教师把研究学生作为最重要的教学课题,把研究学科作为自己最拿手的本事,并明确最终的落脚点就是课堂。因此,探究什么样的课堂才是学生最喜欢的就是非常重要的课题了,不言而喻,整体课堂管理就是其中之一。作为推动整体课堂管理优化实施的前提就是要有好的工具做抓手,这个抓手就是周学习清单和教学案。为此,我们专门制定了《周学习清单制定要求》《教学案研制要点》《教学案使用要求》等,并编入《教育有道》和《学习有道》,为整体课堂管理实施前做好准备。具体实施流程如下:

（1）以备课组为单位,根据每周的教学内容完成学习清单制定,并发放给每位学生和任课教师。

（2）任课教师以周学习清单为指导,依据课标、结合教材及其他资源编制教学案,提前发放给学生,安排学生预习。

（3）学生根据周学习清单和教学案自主研学,提前完成预习任务。

（4）教师和学生依据教学案进行课堂的教与学。

总之,通过周学习清单的"引学",教学案的"导学",有效激活课堂,拓展了学生思维,对整体课堂管理的优化起到了很好的规划与导向作用。

（二）制定"周测反馈"等制度优化评价机制,为整体课堂管理优化指明方向

为确保整体课堂管理能够持续深入开展,我们根据改革的需要,制定了《尤溪七中周测管理制度》《尤溪七中课堂教学基本常规》《尤溪七中课堂教学十条基本要求》《尤溪七中课堂评价表》《尤溪七中教案检查评价表》《尤溪七中考试常规要求》《尤溪七中关于课堂学习小组建设与管理意见》等相应管理评价机制,从制度层面上确保教师教有所依,评有所据,有效促进整体课堂管理改革的深入实施。

四、整体课堂管理改革的扎实开展，有效促进师生成长和学校发展

一项改革的实施，必然牵动了全校师生。改革方向明确、路径清晰、措施有效，也必然有效促进师生的健康成长和学校的持续发展。

（一）教师的理论修养不断提升

为深化对课题理论理解，通过"引进来、走出去"方式帮助教师拓宽视界。整体课堂管理改革主要根据吴安春研究员和刘正荣教授的相关研究作为理论依据，特别是刘正荣教授提出"整体课堂管理"的概念，并以心理学、管理学、教学论为指导，通过研究得出整体课堂管理的理论基础和操作流程。通过研究，我们对比国内外研究现状的查询发现，相比较于刘正荣教授提出的"整体课程管理的教师成长模式"而言，无论是国内还是国外，在教师专业成长与发展的已有研究成果中都更多偏向理论性，实操性不强；个案研究较多，系统构建极少；立足于教师最重要的场所——课堂，探索出促进教师专业成长的具体学校范式尚属空白。因此，有必要采取一定的方式方法帮助全体教师更好地理解整体课堂管理理论，要求各教研组以"同读一本书"的形式共读刘正荣教授编写的《整体课堂管理教师手册》，交流学习心得，深入理解整体课堂管理内涵与要义，为整体课堂管理有效实施提供理论支撑。在此期间，我们邀请了中国教育科学研究院研究员、全国学本教育联盟理事长韩立福博士开设"学本课堂"构建的讲座，并多次组织改革领衔者外出学习，为推进改革积淀了丰厚的理论基础，增强了教师对整体课堂管理的理解，实现了教师内在的自我成长。

（二）教师的专业素养不断提升

教师的专业素养是一项改革能否成功推进的重要因素。我们为此搭建"尤溪七中教师专业成长月"活动平台，有效提升教师专业素养。从注重教师专业的成长规划入手，以"问题导向，读写突破"为研究思路，重点引领教师思考自己的教学主张、教学模式和教学预期，强化课程标准、学科素养、学生发展核心素养、教材及生活的有效融合，充分展示自己的读写能力、教学能力、教研能力和组织能力等，在展示中交流，在交流中学习、在学习中共同成长。倡导每位教师经营一个网络空间，认真撰写读书心得、教

学案例、管理体会或教学反思等文章,并及时上传网络空间,不断提升教师的学习力。鼓励教师积极承担各级课题研究,倡导全体教师都有小课题。每年都有省级课题、市级课题和县级课题立项,其中县级小课题立项通过率均居全县之首。组织教师总结教育教学经验,撰写教学论文,据统计,2018—2019 学年,全校教师共发表 CN 论文 92 篇,市获奖论文 2 篇、县获奖论文 28 篇,校级论文 59 篇。每年教师参加各类竞赛成绩斐然。其中,2018—2019 学年,郑枚沣老师获得第五届全国信息技术优质课评比一等奖;教师参加微课比赛获三明市级 15 人次;一师一优秀课省级 1 人次,市级 3 人次,县级 22 人次;教师网络空间建设省级 2 人次,市级 1 人次,县级 7 人次;三优联省级 1 人次,市级 2 人次,县级 8 人次。每年校本课程的研发成果丰硕。

针对学校实际情况,以"研发卓越课程""构筑理想课堂"为目标。一是每年确定校本教材开发的重点。2018—2019 学年,各学科校本教材开发的重点是研编教学案和编撰校本课程。其中教学案的编写与整体课堂管理推进相配套,效果显著。校本课程的开发成效良好,涉及内容有自然科学、人文、地理、艺术等各学科,共汇编了 16 门校本课程,内容丰富,形式多样。二是课堂上明显呈现出"老师悠闲,学生忙碌"的状态。老师在课堂处于指导地位,不急于讲授知识,只需在学生有疑难处给予帮助;善于捕捉学生的"闪光点",及时做出热情的鼓励性评价,做到多一点表扬,少一点批评,让学生从中体验到学习不应仅仅是辛苦,还有精彩与欢乐。学生在小组宽松愉快的环境中,激发了学习潜力,不同层次的学生在小组中主动参与、主动合作、主动探究、主动思考、团结协作、各尽所能。

(三)学生的学习能力不断提升

在整体课堂管理改革中,学生是课堂学习的主人,学生在这样的课堂里,培养了吃苦的精神,训练了自主、合作的良好习惯,进而不断提升学习力。

能吃苦。首先,学生意识到了只有付出才有回报的道理,只有吃了苦中苦,方能甜上甜。其次,在课堂上因为有了时间与空间,学生特别主动投入,积极参与,有不把问题弄清楚,绝不罢休的干劲。

习惯好。整体课堂管理改革的目标是提升课堂的整体效益,这个效益的产生要通过学生养成讲规则、重自主、善合作的习惯来实现。

一是养成遵规守纪的好习惯。一个好习惯的养成首先要有好理念,我们强调准时就是迟到的理念，因此，学生做任何事情都会略微提早些；我们强调不给别人添麻烦的理念，因此，学生就会认为遵守规则很重要。

二是养成自主合作的好习惯。绝大多数同学都是第一次离开父母，开始自己独立学习与生活，这是给大家训练自主能力最好的机会。只要努力做到自己能完成的事就不麻烦别人，那么你很快就能自主学习、自主管理，你就能真正健康成长。在家孝敬父母、友爱兄弟，到学校就要尊敬老师、友爱同学，要学会帮助同学，大家想一想，如果我们每个人都想帮助同学，我们将会得到多少人的帮助呢？学会帮助别人，这是学会合作的前提，只要学会了合作，就有了无穷的成长力量。

三是养成爱美习惯。每位学生都能背诵"容止格言"，树立"学校因您而美丽"的理念，并竭力养成爱美习惯。除了让自己保持好的形象外，学生还重视保持学习和生活的环境美。在宿舍，"五个一条线"让各种物品给自己美的感觉；在教室，桌面整洁、地板干净、墙体美丽，让自己舒心学习。拥有了爱美之心，让自己美丽起来、让宿舍美丽起来、让教室美丽起来、让学校美丽起来，让这个世界美丽起来。

整体课堂改革，充分发挥了学生的学习主体地位，为学生提供了一个充分施展自己的才华、发挥自己最大潜力的舞台，使每一个学生都尝到了学习的快乐、成功的喜悦。

第七章

长善教育与教师成长

　　成长，泛指动物或事物走向成熟的过程，简而言之，就是自身不断变得更好更强又成熟的一个变化过程。成长是一切生命最动人的姿态，为了人生的更加幸福、社会的更加和谐、人类的更加美好，教师最需要以这种姿态呈现。因此，可以说，教师最重要的师德就是教师的精神成长与专业发展。反之，教师不成长、不发展，不只会伤及学生，也必将伤害自己。因为成长、发展的力量都是巨大的，不成长、不发展就没有力量，感动不了学生、影响不了学生、教育不了学生，甚至被学生看不起，教师没有获得感，更没有成就感，如此恶性循环，必将严重影响自己的生命质量。因此，让自己保持成长姿态，以长善引领长善，是当老师的最佳选择。

第一节　教师最需要树立的价值观是成长观

人的一生什么时候最快乐？童年。因为童年让人们真真切切地感受到成长，所以说，成长是人生最快乐的方式之一。童年的成长主要是身体的成长，一旦长大了，尤其是当身体成长已经结束时，还能感受到成长吗？如果能，那一定是精神的成长。学生的健康成长是学校办学的根本目标，教师作为学生成长的导师，用什么来影响学生的成长？那一定是用坚持成长的行动来影响学生的健康成长，因此，教师树立成长的价值观至关重要，拥有成长价值观的教师就能明白精神成长所需要的营养来自哪里，需要的基本品质有哪些。

一、成长需要营养——读写

如果把读比作吸取精神营养，那么写就是在消化吸收精神营养。因此，教师要成长离不开读写。读，可读书、读人、读物，可以读有字书，也可以读无字书；写，可以用手写，也可以用嘴"写"（说），将自己有依据的做法写（说）出来。我们用读写方式发现做法与成效间的关系，这就是一种研究的状态。读写使我们知识广博和思维深刻，在读写中找到标杆，在读写中启迪智慧，在读写中完善自我、超越自我，这些都是成长的最重要标志。

二、成长需要训练——勤奋

勤奋是一个人确保成长的重要前提。作为一名教师唯有勤于研究学生、研究课标、研究教材，确定出最佳施教方案，并努力付诸实施，取得自己感受得到的成效，才能确保自己的专业不断成长。与此同时，教师务必远离低效甚至是无效的"勤奋"，这种"勤奋"只有时间投入，没有成效产出，不仅自己得不到成长，还浪费学生的时间，给学生起了一个非常不良的"示范"作用。

三、成长需要借力——谦虚

谦受益，满招损。谦虚是一个人最好的美德，谦虚的人最能寻找别人的帮助，也最容易得到别人的帮助，有人帮助无疑为成长助力。一名教师，如果懂得去寻找名师作为自己的偶像，就意味着站在高人的肩膀上攀升；如果能够发现身边人的优势为我所用，同事也好、学生也好、家长也好，都会是促进自己成长的重要力量；如果还能借助于现代信息技术和网络资源，必将大大提高工作效率，无异于为自己的成长找到了"第三只手"，为自己的快速成长注入"催化剂"。

四、成长需要坚持——毅力

毅力是一个人做人做事有成果、能成功最不可缺乏的品质。有毅力的人能坚守不受诱惑；有毅力的人能够坚持不随意中断。成长是一个过程，是一个日积月累的过程，它不是一种结果。因此，成长一定离不开坚持。行动就有收获，坚持才有奇迹，也只有坚持才有故事、才有感动，感动自己，感动他人。我们设想一下，一个人不坚持成长意味着什么？意味着让自己随时回到生活状态，甚至于回到生存状态。

成长最不需要的一定是嫉妒、攀比、抱怨和懈怠。嫉妒，因为不能接受比自己优秀的人，意味着只能与平庸为伍；攀比，因为比的是物质、比的是享受，欲壑难填意味着精神成长将失去时空；抱怨，因为是一个只懂得原谅自己的人，传递出的又都是负能量，意味着自身的成长环境将变得恶劣；懈怠，因为对自己的职位采取松懈懒散、怠慢不敬的态度，其本身就不利于自己的身心健康，成长就更无从谈起了。

总之，当一名教师，唯有真正树立起成长的价值观，坚持成长，坚持用成长引领成长，教育的成效自然就会显现，教育的价值也就实现了。成长的过程有拔节的疼痛，也一定有蜕变的幸福。

第二节　教师成长最不可缺少的途径是读写

成长的营养来自学习,要有终身学习的意识,要有学到老才能活到老的思维,要让学习变成跟三餐吃饭一样的习惯,要能感受到一日不学就"饿得慌",要能感觉到"三日不读书,面目可憎,语言无味"。学习当然不只有读书,不是有"听君一席话,胜读十年书"之说吗?不是还有"读万卷书,不如行万里路"之说吗?身边的人、事、物都是学习的资源,网络资源就更不用说了。问题的关键是有没有主动投入学习的意识与行动,有没有养成思考问题的习惯?学习只是接收,思考才是吸收。有思考的学习才能为成长提供"营养",而写作就是深度思考的过程。因此,坚持读书写作是教师保持成长的重要标志。

唐代文学家、哲学家韩愈(768—824)因赞许十七岁的李蟠能实行古代的从师之道,就写了《师说》一文来赠给他。文章开篇就提出了"古之学者必有师。师者,所以传道授业解惑也"的观点。

"授业、解惑"在过去相当长的历史进程中,都是老师被人尊重的最重要因素。今天,"授业、解惑"已大量地可以被网络所替代,但是"传道"依然彰显着教师的功底。韩愈就认为"传道"才是老师的本质所在,道之所存,师之所存也。"传道"包括两层含义,一是传学习方法之"道";二是传做人的基本之"道"。在做人的基本之"道"中,身教胜于言教之"道"是永恒之"道"。要引领和促进学生成长,教师必须为此做出示范,因此,教师坚持成长必然就成为当代教师的职业底线,也必然是最大师德。

教师有没有坚持成长的最重要标志就是有没有坚持读书写作,也就是有没有坚持"从师学习"。《改变孩子先改变自己》的作者贾容韬原是一名企业家,面对孩子的学习成绩差,还沉迷于网络,痛心之余,决定做陪读爸爸。在此过程中,他读了上千部教育书籍,写了80多万字教育笔记,在读书写作中成长了自己,改变了自己的教育方法,孩子也逐渐变得好学上进,还考上了全国重点大学,他自己也被评为2012年中国家庭教育"十佳公益人物"。贾容韬先生用实际行动证明了读写的魅力、成长的力量。

韩愈在《师说》中就批评一些为人父者:"爱其子,择师而教之;于其身也，则耻师焉，惑矣。"意思是，人们爱自己的孩子，就选择老师来教他们；对于自己呢，却不肯从师学习，这真糊涂了。同时，他还挑明了什么是真正的传道："彼童子之师，授之书而习其句读者也，非吾所谓传其道解其惑者也。句读之不知，惑之不解，或师焉，或不焉，小学而大遗，吾未见其明也。"意思就是，那些儿童们的老师，是教给儿童们读书和学习书中文句的，不是我所说的那种传授道理、解释疑难问题的老师。不懂得书中的文句就从师学习，疑难问题不得解释，却不向老师请教，小事学习，大事反而丢弃，我看不出他们明白道理的地方。试想，我们现在是不是依然做着"授之书而习其句读者也"的事情？

为了学生，为了孩子，更为了自己，当一名老师坚持"从师学习"——选择读书写作一定是一条正确路径。而且，这还是老师建设自己精神世界的需要。

老师属于典型的知识分子，知识分子一定要有自己的精神世界。当然，知识不多的人并不是没有自己的精神世界，而是他们的精神世界极其纯洁，且因为纯洁而彰显坚固，坚固到没有或者很少受外界因素影响，踏踏实实做人、扎扎实实做事，享受着人生的快乐。相反，知识分子的精神世界就复杂得多，容易受外界因素影响，不好好构建自己的精神世界，就极可能痛苦地活在别人的精神世界里。老师有没有自己的精神世界最简单的判定方法就是有没有自己的精神需求，读书写作就是精神需求的最重要表征，读书可以用眼睛读，也可用耳朵"读"——听；写作可用手写，也可用嘴"写"——说。

在坚持读写中坚持成长，在坚持成长中，才能更好地理解教育、理解校园、理解教室、理解社会、理解生活，从而真正理解生命。

在第二届"教师专业成长月"总结会上，我们再次强调，教师成长一定是学校发展永恒的主题，学校一定坚持把这个作为大事来做。坚持读写、坚持有依据的实践——探索，一定是教师成长的必由之路。因此，尽管有老师反感于学校强调读书写作，反感于学校让大家建博客，但是，学校的态度是坚定的——必须坚持。读写是一个人的权利，而非义务，很多人可以放弃这个权利，但身为人师是无权放弃这项权利的。为了学生，为了自己的下一代，更为了自身，老师不能放弃读写的权利，不能放弃探索的权利。学校希望大家都步入自己专业成长之路，让自己的生命更加从容、更加自信、更加幸福。

第三节　教师最需要树立的成长观是实践观

让自己保持成长态势,就要坚持实践。一个人做事如果没有原则、没有依据,一辈子只用一种方式做事,不能叫实践,顶多叫作使劲。教育实践应当思考做什么、为什么要做、怎么做、这样做可能的结果是什么,因此,坚持实践就是坚持在思考中做事,在做事中反思,在反思中改进,在改进中总结提升。

教师要成长就要勇于实践,有思考的行动才叫实践,能坚持的实践才称得上勇于实践。勇于实践,最为重要的是要把自己的工作当研究来做,既要研究学生、课标、教材及生活,也要研究自己,研究自己从规划做起。

一、成长认真规划,实践才有方向

认真规划自己的成长路径,实践才有明确的方向和路径。我们给教师的成长规划内容要求及规划书格式如下:

（一）成长规划的内容

1.自我分析

自我分析从四个方面进行,一是专业成长现状;二是教育教学主张;三是教学模式;四是教育教学成绩。

2.明确目标

一是三年总目标;二是近三年每学年的目标。

3.成长途径

成长途径为"四专",即专业阅读、专业实践、专业写作和专业交往。

一是专业阅读。要求每年读五本书:一本学科名人传记、一本教育专著、一本学科专著、一本学科刊物、一本人文书籍。

二是专业实践。要求规划七个方面的内容。

(1)公开课。如何打造一节有自己特色的公开课?备课组合力打造一堂公开课,建议做到许新海倡导的"十个一"。

①独立教学设计活动，即个人备一节课。

②备课组集体备一节课，表达自己的观点、困惑和建议，也倾听别人的看法和思想。

③确定一人准备一次试教。这次试教形成的课堂实例，将成为学科共同体研讨的一个靶子。

④围绕课堂实例组织一次完整的案例研究，结合专业阅读和专业实践进行反思，在此基础上，形成一份修正后的教案。

⑤进行全校性的公开教学活动。

⑥用手机或摄像机现场拍摄公开课的教学实况。

⑦上课老师整理课堂实录。

⑧呈现录像与书面实录，邀请专家、同伴进行课堂诊断、评述，在又一次的专题反思基础上形成这一课型的完整案例。

⑨学科备课组成员各自完成一篇反思性随笔。

⑩形成一套完整的课题研究资料，存入教师的个人专业成长档案袋。

（2）听评课。重点听校内教学能手、公开教学的课和校外开放周的课。落实教学开放周和进修培训时间。评课原则：实事求是、坦率诚恳、兼顾整体、重在激励、尊重差异；评课内容：从教学目标、教学内容、教学过程、教学效果和教师素养五个方面，对教师的课堂教学行为进行评价。

（3）学情研究。教师接手新班级时，重点研究学生学习基础、学习目标、学习习惯、学习兴趣、学科优势、学习困难和提高成绩措施。

（4）课题研究。本学年重点突破一个教育教学中已经遇到或可能遇到的难题。积极参与县级课题集体申报，每个教研组有 2 个县级课题，1 个市级课题或省级课题。

（5）教学技能提升训练。教师的教学技能包括教学设计、课堂教学、作业设计与批改和课后辅导、教学评价、教学研究等五个方面。

（6）校本课程研发与利用。在分析自我特长、研究学生情况、收集文本资源、研究教育的过程与基本规律，并与同事、学生、家长、教育管理者、专家等进行多边合作中研发。重点结合社团活动，开发特色校本课程。

（7）学困生辅导与优生指导。每学年辅导与指导各 2 位学生，用晚自习第四节或自习课时间，采取检查督促和谈心鼓励措施。预期效果：学困生有明显进步，优生能均衡发展。

三是专业写作。要求围绕日常教育叙事、教育感悟、教育案例及剖析、教学案例及剖析、论文撰写。每月有 1 篇博文上传，每年有 1 篇 CN 论文。

四是专业交往。要求在教学设计、课堂教学、作业设计与批改和课后辅导、教学评价、教学研究等五个方面参与教研、备课组等活动。

（二）教师专业成长记录册

详见附件 7-1。

二、常规规范执行，成长才能保证

随着教师资格"国考"时代的到来，对教师职业能力和综合素质的要求越来越高，只有具备良好师德与教学能力、较高综合素质与宽阔视野和身心健康的人才能进入教师门槛或才能留在这个门槛内。这个能力的提升不是靠背各种理论就能练就的，也不是用几天时间或几个月时间就能突击达到的，必须靠平时坚持规范育人、教学、教研才能实现，只有将这些规范要求变成自己的习惯，并不断加以强化，才能保证自己不断成长。只要用心成长，就一定不担心"考场"。

规范育人从努力做最好的自己开始。做最好的自己就是要坚持成长，坚持成长就是要坚持读书写作、坚持反思实践，进而真诚地走近学生、走进学生的心里，了解学生的需要，满足学生的需要，感动学生，最终也一定会感动自己。

规范教学从努力构建"以学为主"的个性化教学模式做起。课堂"以学为主"一定是课堂教学改革的主流，也一定是今后教师技能大赛、教师各项考核的重点。特别是"片断"教学的展示，在没有学生的情况下，如何体现"以学为主"，若平常没有这个意识，没有一定的规范，考试考核时要表现出来就很难了。

规范教研从勇于面对问题开始。不敢面对问题，慢慢地就看不到问题了。最典型的就是自己在上面讲，学生可以在下面睡，已不是问题了。看不见问题有多方面的原因，有态度的问题，更有能力的问题，没有能力是因为缺少了看到问题的"眼睛"——教育教学理论。心中有素质教育理论的老师，心里"装着"素质教育的"四性"——自主性、全体性、全面性和发展性，就会发现，自己在上课，居然有人会睡觉，那是有问题的！其实，有问题不可怕，因为，解决问题的方法总比问题多，没有问题是最大的问题，也是最可怕的问题。

根据福建省教育厅对普通中学教学常规管理的相关文件精神，将教师常规归纳为三大项十三条,要求所有老师结合自己的任教学科,制订落实计划,并督促自己规范执行,并从中体验职业幸福和生命意义。

(一)教育工作(年段长、班主任工作另行规定)

1.身教

坚持德育为先,立德树人。以坚持读书写作,努力做最好的自己为先,进而真诚地走近学生,走进学生心里,了解学生的不需要,满足学生的需要,感动学生,激励学生。

2.育人

积极参与班级管理,保证参与规定的随班活动,努力为争创优秀班集体做贡献。在课堂教学中结合教学内容实际渗透社会主义核心价值体系、中华优秀传统文化、辩证唯物主义、良好行为习惯、心理健康知识、文明礼貌等教育,教案中要体现以上教育内容。

3.感化

做1名以上"特殊生"的感化工作,建立"特殊生"个人信息档案,畅通家校联系渠道,有针对性制订感化方案,做好感化过程的思路、谈话、辅导、家访和反思等记录,每学年写一个转化案例。

(二)教学工作

按规定完成教学工作量和教师工作量,严格执行考勤制度,树立新课程理念,强化质量优先的意识,高效组织课堂教学。

1.备课

备课要明确课程的性质和目标,领会课程标准倡导的基本理念,把握本学科的基本特点和基本规律,熟悉本学科教材的编写意图,根据本人和学生的实际,认真对提供的教材进行二次开发,努力做到目标问题化,问题任务化,任务情境化,并遵循复杂问题简单化、简单问题容易化、容易问题有趣化的问题处理原则。

具体要求一课时一教案一反思。内容上可以章节、单元或模块备课,但必须分课时撰写,并预留出一定的空白,用以注明上课具体时间和撰写反思;形式上要求坚持集体单元备课(可以使用电子教案),个人逐节再备(各个科任要根据所任班级加以旁注)。新教师的教案要重点关注规范性和有效性,有经验的教师教案突出研究性和创造性。

2.课堂

每位老师要结合自己的特长构建"以学为主"的个性化教学模式,做到目标明确、方法明晰、规则清楚、激励有方、结果明了。在课堂里,老师的职责主要是督促(巡查)、发现(反馈)、指导(启迪、评价)、参与;学生的职责主要是自主、合作、探究、展示。学生能够自主的,老师耐心等待不替代;课堂内能完成的学习任务就不延伸到课外。课堂内尽可能多互动,以老师的用心、真心、真情感动学生,让学生满意,让自己满意。

3.作业

命制或精选作业是教师的一项重要基本技能,要作为备课的一个重要前置环节。以巩固所学知识和训练必要能力为目的,作业难度至少分成两个层次,即基础人人过关检测和尝试挑战题。要坚持做到有练必查,有查必评,要把作业作为师生交流的一个重要平台,严格按各学科规定要求布置与批改作业。

4.课程

综合实践活动课程是国家规定的必修课程,每位教师每学年要指导一个研究性学习课题(学生数不少于 5 人),指导包括:课题选择、活动计划与方案制订、查找和利用资料、活动过程及其记录、撰写活动总结或调查报告或研究论文、活动的评价。此外,还要根据本人任教学科特点或个人的爱好特长,积极开设选修课程或开发校本课程,积极承担学生社团、兴趣小组或综合实践活动的辅导工作。

5.帮扶

有质量地完成 1 名以上"学困生"的辅导,认真制订辅导方案,做好辅导过程的思路、措施、效果(每次测试)和反思等记录。严格按规定做好早晚自习下班辅导工作,每学年写一个帮扶案例。

(三)教研工作

全体教师要树立教研强师、教研促教、教研兴校的意识,把工作做成研究,把研究当作工作,为自己探寻一条幸福的职业之路。认真参加每周一次的教研组和备课组活动,会前做好充分准备,包括准备发言的材料、提出相关问题等;会中积极参与活动,包括积极发言、认真倾听、做好笔记等;会后积极改进自己的教学活动,充分利用教研组这个平台促进自己教师素质的整体提升。

1.听课

每位教师每周至少听 1 节课,听课过程记录要翔实,包括听课年段班级、地点、时间、课题、随同听课教师姓名和教学过程重要环节实录等;听课评议要有针对性和启发性。未满工作量的教师,听课节数至少应多于其他教师一倍。

2.读写

养成读写习惯,每学年征订 100 元以上专业刊物和购买 100 元以上书籍,并自觉阅读。在尤溪七中网页链接教师个人博客,在个人博客中设置"学习心得"栏目,每月上传一篇原创读书心得、管理体会或教学反思等。外出参加培训的老师回校先将"学习心得"上传博客和上交相关材料后,再办理相关报销手续。按要求积极参加并完成继续教育任务。

3.开课

每学年至少开设 1 次公开课,要用心去找到相关依据来设计所要展示的公开课,为自己的课假设一个模式,努力使自己的课堂教学富有特色。在此基础上完成并上交一篇教学案例,包括教学设计、课堂实录片段、教师评议和教学反思等 4 份材料。

4.课题

全员参与课题研究,尤其要做好小课题研究工作,以一学年为一个研究周期,研究过程分阶段完成:开题论证和制订实施方案(9—10 月)、实践探索(11 月至学年末)、个人总结和课题结题报告(第二学期 6 月,附相关案例、论文、获奖证书等)。

倡导老师多研究自己教育教学中遇到的问题,平时养成收集问题的习惯,将大量的问题分类整理,发挥教研组集体智慧,找出切中要害的问题,将问题课题化,牢固树立问题即课题、教学即研究、成绩即成果的校本研究意识。

5.指导

中高级教师要做好初级教师的指导工作,要有指导计划、指导过程记录、被指导教师的体会等材料,一学年听被指导老师的课不少于 5 节。各级学科带头人和骨干教师每学年要完成一篇 5000 字以上的讲座稿并开设讲座。

三、在研究中实践,成长才有力度

研究是长善教育实现立德树人根本任务的必由之路,是教师专业成长的幸福之路。为了让教师的研究更加规范、扎实、有效,我们提出"问题导向,读写突破"的研究导向,并制定备课组小课题研究操作方案,引领全校老师人人参与课题研究,逐步形成以研究的姿态做教育教学工作。

（一）指导思想

有问题就有解决的办法,没有问题才是最大的问题。发现问题也是一种能力,也需要智慧。在教育教学过程中,老师们会抱怨遇到的一些事件,就是问题所在,养成让问题清晰化,并想办法解决它,就是研究。学校提出教师研究的核心指导思想是以问题为导向,用读写来突破,在课堂中实践,在实践中反思,在反思中改进,在改进中总结。

（二）具体操作

1.找问题

找问题可通过教育教学反思、学情调查等途径发现。

首先,由每一位老师独立列出至少 10 个问题,并对问题按照重点且应优先解决顺序排列,提交备课组长。

其次,备课组长召集组会,找出相对一致的问题,确定为本学期或本学年要解决的问题。

2.寻方法

寻方法可通过搜索尤溪县教育局统一购买的中国知网中小学数字图书馆来实现。

首先,备课组集体讨论,围绕所要解决的问题确定关键词或主题词。

其次,将关键词或主题词录入知网,找到可能提供方法的文章,并参照下载量和期刊等级（下载量大、核心期刊优先）,下载不少于 10 篇文章。

最后,概括出这些文章所提供解决问题的策略。

3.去实践

将所学到方法用于实践,在实践中体验、在实践中调整,总结出符合自己课堂的实践办法。备课组每位成员至少开一节围绕该课题的研讨课。

4.做总结

对上述过程做简要描述,然后着重描述解决该问题的方法、依据和成效,以及解决该问题的意义所在。

（三）成果展示

上述过程全部以表格的形式记录，包括"小课题研究个人罗列问题清单""小课题研究集体确定问题记录表""小课题研究下载文章目录及方法摘要表""小课题研究实践月反思记录表""小课题研究研讨课记录表""小课题研究成果总结"等，先自评，再教研组评，由教研组评出优秀小课题推送学校评审。

第四节　教师成长需要学校搭建平台来促进

为了让教师的成长可见,更为了让教师的成长影响成长、引领成长,七中从 2013 年 5 月开始先后搭建"尤溪七中班主任节""尤溪七中教师专业成长月"两个活动平台,有效促进班主任专业成长和教师专业成长。每年 5 月举办"班主任节"、12 月举办"教师专业成长月",每年一个主题,"班主任节"以班主任为主,全校师生及家长参与;"教师专业成长月"以科任教师为主,全校师生参与,至 2019 年 12 月各举办七届。

一、化作春泥更护花——"班主任节"带给班主任的感动

"班主任节",旨在通过"班主任节"的各个层面的各项活动,弘扬七中优秀班主任老师扎根七中、勤于耕耘的精神,积极创造、勇于进取的精神,热爱学生、甘于奉献的精神,让七中的班主任文化得以不断地传承和发扬。旨在弘扬七中学生尊师敬师、主动进取、积极创造的精神。旨在弘扬七中家长尊师重教、勇于担当、以身作则的精神。

"班主任节"活动分教师层面,有"转化特殊生案例"评选、当两天"现代学生"体验、"缔造完美教室"叙事、十佳班主任(生管)评选等活动;学生层面,有"班主任工作体验日"、赠送自制"心愿礼包"、"体验过程、感受成长"主题班会评比、"走进心世界"班主任访谈、"缔造完美教室"评选等活动;家长层面,有十佳"书香家庭"评选、十佳"卓越家长"评选等活动。

"班主任节"活动历时一个月,每次开始有启动仪式,结束有师生及家长参与的隆重的颁奖晚会,所有获奖教师、家长登台接受领导与学生的颁奖,他们的大幅照片、获奖感言及成就在宣传栏公布,他们的作品汇编成书,书名叫《成长有道——班主任可以这样成长》。

"班主任节"活动每一届总结大会,笔者都做总结讲话;每年一本的作品汇编笔者也都写了寄语。

（一）在首届"班主任节"总结大会上，做了题为《教育在于活动》的讲话

讲话首先充分肯定了班主任这一支队伍是优秀的、有战斗力的，发挥着学校教育的核心作用。同时指出，这支队伍在学校教育中，要说多重要就有多重要，因此，要给多高待遇也都不过分，但在现实不可能做到的情况下，我们应当尽最大的努力将待遇向这支队伍倾斜，比如，多给大家创造一些学习考察的机会，并以"选择教师，就意味着选择清贫"进行引导，也就是说，我们选择了做老师，就难以选择物质上的富有，但我们一定可以选择精神上的富有和幸福。美国第56号教室的缔造者雷夫·艾斯奎斯是这么总结的："教师职业的确是一项特殊的职业，选择这项职业意味着老师的众多放弃和倾其精力的奉献。当然，其所收获的成就感也是其他任何职业无法达到的。"魏书生老师也对此做了富有哲理的总结："获得幸福的不二法门就是珍惜你所拥有的，遗忘你所没有的；贪婪是最真实的贫穷，满足是最真实的财富。"

接着，对本届"班主任节"所开展的活动进行简要点评，充分肯定本届"班主任节"各项活动开展得扎扎实实、富有成效，极具影响力。在观摩主题班会过程中，笔者好多次被师生的言行所感动，因为在所有活动中，班主任、科任、学生、家长都是真情投入，一句"老师，给您添麻烦了，感谢您的教育"；一个个真情的拥抱；所有学生在感谢你的歌声中动手折千纸鹤的场面；一位班主任说，47位同学的爱会给我无限力量；等等。还有很多很多细节感动着笔者，之所以有感动，是因为有师生的真情互动；之所以说教育的本质在于活动，是因为有活动才有互动，有互动才有感动，有感动才有真正的教育。

同时指出，在活动中，无论是学生的表现，还是老师的表现，都显得不是非常自如，这主要的原因还是平时锻炼的不够。事实上，老师的能力很强，学生能力也很强，学校给大家一个"班主任节"，就有了这个节日很多感人的故事。平时，教师若也能给学生一个平台，也一定会述说更多动人的故事。

因此，班主任到底应该怎么当呢？还是要引领学生多开展一些有主题的活动，在活动中给学生时间与机会。雷夫·艾斯奎斯说："我这个老师没有特别突出的创造力，于是，我决定给他们我能力范围内最宝贵的东西——时间。"他还说："使孩子成为模范人物的最佳办法，就是让他们参与

帮助他人的各项活动。"向雷夫·艾斯奎斯学习,与孩子们共同探讨活动的项目,然后把活动的时间与空间交给孩子们,让自己成为孩子们中的一员。班主任工作是一门学问,更是一种实践。因此,真诚建议大家要多学习、多实践、多总结。

只要我们不忘初心、牢记责任、拥有真爱、创新智慧就一定能当好班主任、做好真教育,也一定能过上幸福完整的教育生活。

（二）在第六届"班主任节"汇编中,以"做一名有思想的教育者"为题写了编辑寄语

寄语充分肯定了以"心怀大爱,缔造完美"为主题的"班主任节"所取得的成效。笔者认为,本届活动项目精心设计,内容丰富;项目展示形式多样,精彩纷呈;老师、学生和家长积极参与,尽情展示,效果显著。"班主任节"为班主任、学生和家长搭起了一个共同成长的平台,所有参与者又一次见证了自己的成长、分享了成长的快乐,也让笔者更加深刻感悟到,做一名有思想的教育者的重要意义。因此,提出一个教育最缺什么的问题,就是缺一大批有思想的教育者。有思想,通俗地讲,就是有想法。一个人若真有想法,一定能变成行动,也只有能变成行动的想法,才叫真有想法。这个时代不缺理念,更不缺方法,缺少的就是有想法的人。作为一名教师,许多人都有学习现代先进教育理念的机会,学习之后就要付诸实践,主动把理念与方法变成行动,在行动中反思,在反思中总结,就有可能成为一名有思想的教育者。因此,倡导老师,要做一名勤学习、善变革、懂规律、能引领的导师。

勤学习、善变革。"无法成功是因为你一再坚持用原来的办法做现在的事情,然后得到原来的结果;成功者则是用更好的办法做现在的事情,去得到更好的结果。"更好的办法哪里来?答案就一个,即勤学习、善变革。学习的意义,从大的方面说就是丰富自己的内在,提升自己的能力;从最实际角度说,就是站在别人的肩膀上,借鉴已有成果,节约我们有限的时间。

只有做学习的主人,才能真正做到勤学习。要把学习当成吃饭、把思考当成消化一样来看待,就能让自己变成学习的主人。我们不当学习的主人,学习就要当我们的主人,被动学习是既浪费时间更浪费心情之事。当学习的主人,就会对自己的学习做出安排。"这个学期,我要重点读几本什么书;我要坚持看一份什么报纸、什么刊物?我要听多少节课、听谁的、什么时候听?我要参加哪些培训、希望培训有什么收获?"其中,听课、培训获

益最快;读书、写作获益最深。

学以致用,是学习的最高境界,学到的东西能够用于实践,就是一个善于变革之人。"地球不转没有明天,思想不变没有未来。"学习就是为了改变思想,改变思想就是为了改变行动。变化是事物发展的客观规律,世上唯一没有变的就是"变化"。规律是不以人的意志为转移的客观存在,谁不变化,谁就是不遵循规律;不遵循规律,就要遭规律惩罚。"几十年前老师怎么教我,我现在还是怎么教我的学生;去年我怎么教,我现在还是怎么教,一辈子就写一次教案……"这就是典型的不变化。这样的人,表面上,一辈子是活了两三万天,实际只活一天,其结局往往就是"温水煮青蛙",意识到危险之时,已无回天之力了;更有甚者,已经极其麻木,连意识到危险的能力都不具备。

当前,最需要变革的是课堂,课堂中最需要变革的还是老师,因为时代已经变了,学生已经变了,环境已经变了。学生喜欢游戏,因为它刺激;喜欢比赛,因为它竞争;喜欢偷懒,因为它舒服;喜欢课堂,因为它什么呢?因此,作为教师,很有必要去研究一下学生喜欢的东西,想尽办法找到一些合理的因素,给学生几个喜欢课堂的理由。只要找到一个理由,就一定能变革课堂。变革的课堂,既满足了学生的需要,也满足了教师自身的需要,"教学相长"的意境才真正形成。

懂规律、能引领。教育规律,可以追溯到两千五百多年前,我们的祖先就已总结并加以实践,即人的成长具有自主性。孔子也好,苏格拉底也好,都是倡导"学生问,老师答"的教学方式,学生有需求,老师才给予帮助,老师最重要的作用就是帮助,学生才是学习的主体、学习的主人。到了 18 世纪,法国启蒙思想家、教育家卢梭提出了"教育即生长"的论点,而后杜威做了进一步阐发。"教育即生长",言简意赅地道出了教育的本义,就是"要使每个人的天性和与生俱来的能力得到健康生长,而不是把外面的东西例如知识灌输进一个容器"。好奇心、同情心、责任心、进取心、感恩心等,这些能力哪一个不是与生俱来的呢?需要反思的是,后天的所谓教育是不是扼杀了这些能力。"成长自主性""教育即生长"就这么简单几个字,就是教育的本质规律,但在这功利性极强的时代,要对其真正认识到位又是何等之难!

基础教育课改专家余文森教授就主张,教学的落脚点,一定是学生的自主学习。只有自主的学习,才能真正提升自己,包括老师的继续教育,同样是遵循这个规律的。有人可能会质疑,学生有这个本事吗?人民教育家陶行知和苏联教育家苏霍姆林斯基都不约而同说过一句类似的话,陶行知说:"教育的全部秘密就在于相信孩子和解放孩子。"苏霍姆林斯基说:"只有能够激发学生去进行自我教育的教育,才是真正的教育。"这两句话或包括余教授的一句话"之所以殊途同归,就是因为他们都是从'成长自主性'这个基本规律去思考的。"我国实施新课改十多年来,课改取得成功的学校,只要有报道出来的,没有一所不秉承着"以学生为学习主体"的理念。

人具有很强的自主性,这就是教育的重要规律。教师只有将教育规律真正内化成自己的思想,才会深刻地认识到,教师的最重要作用就是引领;也才会认识到,让自己保持成长的姿态有多么重要。身教胜于言教,这是永恒的真理。

能引领。首先,教师要有足够的人格魅力,用自己的人格魅力感动学生,感化学生,让教育真正发挥作用。检验教师有无人格魅力最简单的指标,就是能否建立起良好的师生关系。因为拥有良好的师生关系,教育才可能发生;相反,教育不可能发生,甚至还可能是反教育。其次,还要有足够的专业魅力。之所以教书能育人,就是教师的专业魅力使然,教师的勤学善研、真诚严谨、专业情怀本身,就能感动学生、感化学生。教师还能将学科本身的魅力展示给学生,这样,学生自然就可以被老师引进智慧的殿堂。

做一名有思想的教育者,才会遵循规律,才敢大胆变革,才能成就自己不一样的人生,也才能真正教育学生、培养学生、成就学生。

二、流光璀璨相皎洁——"教师专业成长月"给教师的激情

"教师专业成长月"主要以教师必须掌握的技能为主要内容开展活动,其具体内容涵盖先进教学模式、学科技能、教师基本技能、综合素养能力等。具体活动内容有:教学设计评比,片段教学比赛,撰写学情报告,听评课活动,学科技能展示,教师风采展示等。搭建"教师专业成长节"这个平台让老师们展示自己综合技能,通过互学互比,充分展现教师基本功,有效促进教师素养的提升。

"教师专业成长月"活动之后,学校将其中优秀案例、经验总结等汇编为《成长有道——教师可以这样成长》,并对专业成长优秀教师进行表彰,实现鼓励一批,带动一批,达到互相补充,共同促进目的。同时,这个作为七中极富特色的展示活动,充分展示了教师个人的教育主张和成长预期,

是教师个性鲜明的教学风格与个人综合素养的最终呈现,既是教师自豪感存在的体现,也是教师持续成长的激情所在。

每一届总结大会,笔者都做总结讲话;每年一本的成果汇编,笔者也都写了寄语。

（一）在第四届"教师专业成长月"总结大会上,做了题为《保持成长姿势,感受幸福人生》的讲话

首先向全校师生提出一个问题,有没有想过,人生最有快乐感、最有幸福感的时段是哪个时段?笔者的答案是童年、少年时段,因为那个时段,我们能真切地感受自己在成长,有好多快乐、幸福的时刻至今记忆犹新。今晚即将登台领奖的这些老师,相信他们也是这个答案。不是这个答案的,是不是能静下心来反思一下,自己是不是停止成长了?然后让自己做出一点改变,重新感受一下成长。

接着指出,学校每年举办一次"教师专业成长月"和"班主任节",都旨在为师生展示自己的成长状态提供一个平台,引领全体师生保持成长态势,从而"让师生过一种幸福完整的教育生活"得以实现。一个人要让自己保持成长态势,必须像坚持吃饭一样坚持阅读;必须像消化吸收一样坚持写作应用。书读多了不一定会写作应用,就像饭吃多了不一定会消化吸收,但一个肚子饿的人,一定会想吃东西,由此可同理推出,一个养成写作应用习惯的人,也一定会想阅读。因此,希望七中师生能认真不折不扣地落实学校提出的行动纲领:"两个坚持,两个养成"——坚持锻炼身体,坚持读书写作;养成爱美习惯,养成大爱胸襟。从而让自己身处快乐、幸福状态。

最后希望大家在新的一年里能珍惜每一个当下、做好每一个当下,让自己的人生多一点故事,自然就会少很多事故。

（二）在第四届"教师专业成长月"成果汇编中,以"坚持成长让生命更精彩"为题写了编辑寄语

首先充分肯定了第四届"教师专业成长月"活动内容丰富,形式多样,为教师专业成长提供了一个很好的展示平台,并向积极参与的老师表示感谢,向取得优异成绩的老师表示祝贺。

其次,希望老师不要随便放弃成长权利,并告诉老师们判断自己是不是放弃成长的一个感觉依据,就是自己在工作上是不是还能感觉到有点辛苦?因为,人在走上坡路时会有点辛苦,走平路或下坡路就不辛苦了,所

以,如果感觉不辛苦,就应该提醒自己是不是已经走在平路或下坡路上。为此,写了三点体会与大家共勉。

1.用学习促成长

让自己保持成长不可或缺的途径就是坚持阅读。阅读包括读书、读人、读事、读这个大千世界。当然,阅读如果不与思考相结合,也就是孔子所说的"学而不思则罔",思考如果不与行动相结合,顶多就是一种梦想。行动的第一步最好是把自己的思考变成文字,静下心来思考做什么?为什么做?怎么做?做的结果可能是什么样的?把这些思考认真地写出来,就是行动的第一步,也是关键的一步,接着再将之付诸实施,将实施结果与预想对照、反思、改进,这样才会体验到过程的快乐,感受到工作的成就,也就是孔子所说"学而时习之,不亦说乎"之境界。

不厌其烦地强调老师要坚持学习,确实感受到老师务必要远离无知。原北大光华管理学院院长张维迎说过,无知和无耻给人类带来巨大灾难。他说,人类为什么会犯错误,一是无知,无知是好心办坏事;二是无耻,无耻是坏心办坏事。深刻反省一下,就会发现,老师也经常在好心办坏事。比如,把不一样的学生一定要按照一样的标准来培养,其实是非常残忍的。又如,我们会关注到一个人的身体受到伤害,但我们经常忽视人的心理受到伤害,由于我们不了解学生的心理,以为了学生好,将某些言行强加于学生,对学生的心理造成极大的伤害而不知,这种伤害有时也达到残忍的地步,但老师不一定能感受得到。所以老师要多学习,特别要多学习一些心理学、教育学知识,让自己远离教育无知。

当一名老师在长学识的基础上,一定不能远离思考,不能远离正确的思考。因为,一个人只有把一项项工作都通过缜密的思考后再做,才会做得好,才会感觉越做越有意识。

2.用思考做教育

首先要思考的是教育对象——学生,通过思考来发现,现代学生有什么特点?这个时期的学生最需要什么?不同学生的秉性差异有哪些?等等。现如今中小学教育一个重要问题就是,做教师的几乎不了解学生究竟喜欢什么,想要什么。教师总是自以为是地将自己的意愿强加给学生,而学生感受到的恰恰是压迫与恐惧,为减轻压迫与恐惧,他们往往选择了迎合与逃避。因此,江苏特级教师凌宗伟总结说"了解学生是实现教育使命的前提"。

其次要思考如何走进学生心里。"知其心,然后能救其失。"这个时期的关键是学会如何与学生交往,如何与学生交流,在交流中了解学生之所需,从而有针对性地关爱学生。

最后要思考如何调动学生的激情,激发学生的动力。如何利用一切可利用的资源来激发学生动力?包括班集体氛围的营造、全体科任齐心协力、家长及社会各方力量的充分利用。事实上,这是教师工作的关键。

3.用思考做教学

首先要思考学生已有基础是什么?这一堂课要实现的目标是什么?实现这一目标最大障碍是什么?为什么?如何引领学生突破这个障碍?达成这个目标可利用的教学资源有哪些?怎么知道学生已经实现了这个目标?

其次要思考教学的核心行为是什么?北京十一学校特级教师曹书德老师认为,最能体现佐藤学教育方法学的教学行为就是"听"与"做"。听什么?怎么听?听,是听老师传授知识吗?恰恰不是,从学生角度说,是听老师布置的学习活动、提出的学习话题、提供的学习路径、宣布的考评规则等。从教师角度说,是倾听学生的发言并将任务和思考之"球"再次抛向学生。而学生在学习过程中"听"得更多的是同伴分享经历与感受,然后加进自己独特的理解,再次表达出来成为同伴"听"取的信息。佐藤学所主张的"听",不是单方面的被动听取,而是通过"听"促进思维的开放,产生新的想法,继而分享出刺激学生们形成更多更新颖的想法,生生学习共同体便通过"听"的行为而形成。做什么?怎么做?如果只是按照教师的指令去验证,去操作,去练习,这仅仅属于技术性学习实践,是浅层次的"做"。深层次的"做"至少还要包含互动(生与学习对象、生与生、生与师等),以及情景体验。

最后要学会充分利用网络资源,特别是县教育局出资购买的"中国基础教育期刊全文数据库",也叫知网期刊库,要充分利用,这个资源对做研究、写论文最有帮助,它能全方位地检索到你想要的某一个专题所有已发表文章。

当然这些学习、思考都要用去好多时间。不过,如果是我们在用时间,说明我们还在控制着自己的时间,如果不是我们在用时间,极可能是时间在"用我们"。上帝最公平之一就是给每个人的时间是一样的,不必走后门、拉关系,但是,最后每个人的时间是不一样的,那是因为每个人需要不一样。大量事实表明,对有成长需要的人,上帝表现得更为大方。

附件 7-1　教师专业成长记录册

【　　　　—　　　　学年度】

组别：＿＿＿＿＿＿＿　　　教师：＿＿＿＿＿＿＿　　　编号：＿＿＿＿＿＿＿

一、教师基本情况					
姓名		出生年月		职称	
职务		任教年、班		任教学科	

二、教师专业成长自我分析

★我的专业成长现状：

★我的教育教学主张：

★我的教学模式：

★我的教育教学成绩：

时间　　排名		年段排名	县、市排名
上学期	半期考		
	期考		
下学期	半期考		
	期考		

续表

三、教师专业成长规划目标			
近3年总目标：			
近3年分目标	_____学年度	_____学年度	_____学年度

四、教师专业成长途径			
★专业阅读	学科名人传记		作者
	主要内容简介		
	我的感悟		
★专业阅读	教育名著		作者
	主要内容简介		
	我的感悟		
★专业阅读	学科专著		作者
	主要内容简介		
	我的感悟		
★专业阅读	学科刊物		作者
	主要内容简介		
	我的感悟		

续表

★ 专 业 阅 读	人文书籍		作者	
	主要内容简介			
	我的感悟			

<table>
<tr><td rowspan="5">公开课或讲座</td><td>节数</td><td>时间</td><td colspan="2">课题</td><td>开课范围</td><td>备注</td></tr>
<tr><td>1</td><td></td><td colspan="2"></td><td></td><td></td></tr>
<tr><td>2</td><td></td><td colspan="2"></td><td></td><td></td></tr>
<tr><td>3</td><td></td><td colspan="2"></td><td></td><td></td></tr>
<tr><td>4</td><td></td><td colspan="2"></td><td></td><td></td></tr>
</table>

听评课		省、市、县级	校级	随堂听课	总计
	上学期	节	节	节	节
	下学期	节	节	节	节

★ 专 业 实 践	课题研究	课题名称			
		课题成员			
		立项时间		级别	
		结题时间		获奖情况	
	校本课程开发与利用	校本课程			
		编者		适用年级	
		开展情况简介			

续表

		本学年重点提升的教学技能及规划				
★ 专 业 实 践	教学技能提升训练	教学设计	教学研究	课堂教学	教学评价	作业批改与辅导
		本学年参与各类教学技能竞赛及成绩				
		内容1			获奖情况	
		内容2			获奖情况	
		内容3			获奖情况	
	学情研究	任教年级		任教班级	学生人数	
		学情研究情况				
		发表或获奖情况				
	学困生辅导与优生指导	辅导学生名单				
		措施				
		预期效果				

		类别	教育叙事	教育感悟	教育案例	教学案例	其他类	合计
★ 专 业 写 作	博文写作	篇数						
	论文写作	论文1						
		发表情况		发表刊物				
		论文2						
		发表情况		发表刊物				

	级别 学期	校内交流		县内校际交流		县及县以上各级、各类学科、学术交流
★ 专 业 交 往		教研组	备课组	教研组	备课组	
	上学期					
	下学期					

续表

五、教师学年周工作计划表			
学期	周别	时间	工作内容安排
上学期	1		
	2		
	3		
	4		
	5		
	6		
	7		
	8		
	9		
	10		
	11		
	12		
	13		
	14		
	15		
	16		
	17		
	18		
	19		
	20		
学期	周别	时间	工作内容安排
下学期	1		
	2		
	3		
	4		
	5		
	6		
	7		

续表

学 期	周别	时 间	工作内容安排
下 学 期	8		
	9		
	10		
	11		
	12		
	13		
	14		
	15		
	16		
	17		
	18		
	19		
	20		

第八章 长善教育的课程方案

长善教育认为，卓越课程一定是师生共同成长最重要的养料。卓越课程首先就应当符合课程原本应有的含义——从经验、生活出发，是一种师生共同创造的经历，是可选择的。其次，应当是国家、地方和校本课程的班本化实施。最后，应当是班级甚至是小组自主研发的课程。为此，我们坚持开展"研发卓越课程，丰盈生命智慧"的行动，统一认识，着力围绕学校的培养目标进行国家课程的"二次开发"和校本课程研发。

第一节 直挂云帆济沧海

——让卓越课程铸就有灵魂的教育

朱永新教授说过："如果把教室比作河道,课程则是水流。两者相得益彰时,才会有教育的精彩涌现。有了课程的汩汩水流,田间地头也可以成为教室的延伸部分;课程的水流枯竭了,精心布置的教室也会成为禁锢生命发展的囚笼。课程的丰富性决定着生命的丰富性,课程的卓越性决定着生命的卓越性。"由此,我们应该找到了答案,之所以有相当一些教室不仅让学生感觉像囚笼,连老师自己也感觉到沉闷、压抑,就是因为缺乏灵动的"水流"——卓越的课程、丰富的课程。

对"卓越课程",朱永新教授是这样界定的:第一,卓越课程应该实现新教育实验"让师生过一种幸福完整的教育生活"的使命;第二,卓越课程应该尊重学生的身心发展规律,以生命发展为本位;第三,卓越课程应该经历浪漫、精确、综合三个阶段;第四,卓越课程应该充满惊奇,触及灵魂,生命在场;第五,卓越课程应该实现知识与生活、生命的深刻共鸣。

无论对卓越课程做怎样的界定,它必定要与生命对接、与生活对接,每个人的生命、生活又都是极其个性化的,因此,对每一位教师而言,追求卓越课程,就是追求自己个性化、特色化、高效化的课程。

一、让国家课程个性化

国家课程是国家意志,每一位教师都至少承担着一门国家课程,而每一位教师又都是一个独特的个体,在执行国家意志时,必定会呈现出个性化落实方式。

国家课程个性化,就是将国家课程与当下师生生活联系起来,遵循当下学生的成长规律与认知规律,体现对当下师生生命的关怀。对七中老师而言,国家课程的个性化,就是要研究七中学生生活与生命状态,就是要研究七中学生的认知与学习水平,以本学科课程标准为指导,研究多种版本的教材,从而统整本学科的教学目标、教学计划、教学方法。这也是研发卓越课程的一种形式——教师对现有课程进行"二次开发",即根据需要对课程内容进行适当的增删、调整与加工,从而更好地适应学生学习。

北京二十二中的孙维刚老师用实践向我们证明了国家课程个性化的意义所在。孙老师花大量时间与精力,站在系统的高度教学知识,设计出数学的"结构教学法",并编写了配套教材,取得了极大的成功。他的"结构教学法"使学生成了课堂的主人,课后没有硬性的、烦琐的家庭作业,上课超前学一步,下课更轻松。他的"结构教学法",还注重新旧知识的比较与联系,用他的话说是"八方联系,浑然一体;漫江碧透,鱼翔浅底"……六年的课程基础部分三年就学完,然后进行拓展,学生接连在各种竞赛中获奖。在他看来,生源的差别不应该成为影响教育成果的首要因素,只要方向对头,方法得当,我们的教育对象都能成为栋梁。

像孙维刚老师这样,将国家课程个性化取得成功的榜样老师还有很多,如"课内海量阅读"的开创者山东的韩兴娥老师,在她的课堂上,一本语文课本的学习,一年级只要三个月、二年级只要一个月,三年级只要两周就能学完,然后带领她的学生进行海量的延伸阅读。

因此,我们深信国家课程个性化的重大意义,鼓励教师依靠备课组集体的力量,将国家课程以"周学习清单"和"教学案"形式个性化为每位教师的课堂实施方案。编写教学案有三条明确要求:一是明确依据。编写的依据是课标、教材以及七中学生的实际(习惯不好、基础薄弱、方法不当等)。二是坚持原则。编写的原则是方向性(以立德树人为根本任务,严格执行国家课程意志)、实用性(有利于教与学,特别是学生的学)、导向性(突出学科核心素养、学科学习方法、核心知识结构等)、层次性(突出哪些是必须掌握的知识与能力,哪些是拓展延伸的内容)。三是把握关键。编写的关键是深广度的把握,注意同一知识点在不同年级的要求。通过几年的努力,每一位七中教师初步形成了自己的学科教学主张,包括有自己的教学模式和教学预期等,有了自己的个性化课程。

总之,唯有老师深入地研究学生、研究课程标准、研究教材、研究生活、研究认知规律,走进学生的心灵深处,将自己的生命体验融入课程之中,课程才有生命力,教育才拥有灵魂,有灵魂的教育才是人的教育,也才会是有效的教育。

二、勇于研发特色课程

老师在勇于实践国家课程个性化的同时,要勇于开发并实践新教育提出的弥补性课程——无论是为弥补浪漫的苏霍姆林斯基称之为第二套大纲的课外知识,还是个人依据对学科的理解,增加自己认为必不可少的经典性知识。新教育实验的榜样教师常丽华研发的晨诵课程,在农历的天空下的诗词课程,就是这类课程。近年来,我们学校老师或个人或集体开设的第二课堂活动中的课程,也是此类课程——校本课程、段本课程、班本课程。当然,我们的课程还需要不断完善,但只要有了开始,再加上坚持,一定也能成为卓越课程。

当前,我们不缺少课程资源,也不缺少对这些课程资源(教材、网络、社区、家长等)的提取与整合能力,缺少的是勇于实践的执行者。每一个老师都有研发卓越课程的潜能,关键是能否迈出步子?迈出步子的第一步就是学习借鉴。新教育实验已经有很成熟的卓越课程,如晨诵、读写绘、每月一事、童话剧课程等,我们完全可以实行"拿来主义"。在借鉴中,每一位老师都可以充分利用自己的优势资源、学科特长和个体的生命特质来实施自己的特色课程。

无数新教育实验的榜样教师用行动告诉我们,他们之所以能让自己研发的课程走向卓越,并不是他们拥有特别的资源,也并不是他们有非常特殊的生命特质,而是他们拥有爱心、善心、勇气和执着。他们真正把生命融入课程,在实践中更是用爱心感染爱心,用善心助长善心,用温暖印证温暖,用力量传递力量,这种"润物细无声"的感动,才是真正的教育;他们具有"我就是课程"的胸怀和气魄,认真地理解资源,理解学生,积极地整合课程资源,用心地从一次次小的课程改进、一个个小的课程创造开始,把自己作为课程的组成部分,研发卓越课程;他们可以让一个晨诵经历浪漫、精确、综合的过程,也可以让一年的晨诵经历这三个阶段,还可让整个小学、整个中学的晨诵经历这三个阶段,关注细节,持之以恒,在行动中唤醒学生潜能,在坚持中创造教育奇迹。一位优秀的老师,必定也是一位优秀的卓越课程研发者,这样的老师一定是拥有爱心、善心、勇气和执着的。

三、课程的高效化实施

课程实施的主渠道是课堂,课堂的高效才是课程的高效化实施。课堂的高效,我们重点抓住以下三个要素。

(一)高效课堂应是目标明确的课堂

所谓目标明确,一方面学生要能真正理解目标是什么?有什么用?为什么?另一方面要努力将目标与学生的现实及需要联系起来,有需要的目标才会产生真正的动力,如果需要还能得到满足就有成就感。明确目标方式可以多样,有些学习目标可由老师直接展示,并请学生提出疑问以判断学生的理解情况;有些学习目标可由学生阅读文本后,自行提出,并要求其说明理由来判断学生的理解情况。事实上,有时候,把学习目标搞清楚了,学习目标也就基本实现了。

(二)高效课堂应是任务清晰的课堂

教师的备课就是要努力将目标变成任务一、任务二……每一项任务完成的途径要很清晰(方法明了)、时(能自主)空(可讨论)要有保障、结果要能呈现,学生就能积极主动去完成任务。任务清晰的课堂还能实现师生间的有效互动,在互动中感动,在感动中教育。在布置完任务后,教师在课堂内巡视至少可以做三件事,一是督促不够勤快的学生去完成任务,亦可私下里对不同层次的学生提出不同要求,真正做到面向全体;二是指导、鼓励基础不好的学生去完成任务,真正做到因材施教;三是及时发现学生在完成任务中表现优异的方面和存在的问题,为下一个教学环节(展示、评价)做好铺垫。把老师讲授变成引领学生完成任务,可以关照到不同层次学生,也才能真正实现教学相长。

(三)高效课堂应是有成就感的课堂

能够认知到本节课自己达标情况或任务完成情况是能否体验成就感的基础,任务完成、目标实现就一定会有成就感。一堂课结束,用精心编制的题目(有些课堂还可以让学生自己编题)检测学生达标情况,当堂检测,当堂评改(师生一起参与),当堂公布结果,是最能给学生成就感的,老师如果发现学生都掌握得很好,也是会有成就感的。

　　当然,高效课堂的要素一定还有很多,但从课堂主体的角度看,老师一定是构建高效课堂的关键要素。因此,对老师还明确三项基本要求:一是要有先进的理念。比如,在学生观上,如果能把学生当自己的孩子看待(在家把自己的孩子当学生看待),拥有这么多个性各异的孩子,的确要花费一点精力来调教他们,就会对自己的职业理解发生根本性的变化,把职业理解为事业,从而将为生活而做提升到为实现自己的价值而做。二是课前辛苦,课中从容。老师只有在课前把"苦"吃尽,"苦"研学生、"苦"钻教材、"苦"思方法,才能把"乐"带进教室,师生共同乐在其中,乐在学习,乐在相长。三是要做终身学习的楷模。在这个信息爆炸的时代,"教"永远赶不上"学","亲其师才能信其道""身教胜于言教"之真理更加显现其魅力。"学习的最高境界是自学,成长的最佳方式是自觉",老师如何让学生自学、自觉? 唯有老师自己带头自学、自觉,坚持信奉"只有学到老才能活到老,只有干到老才能活到老",坚决不做"活着好像已经死了,死了又好像没有活过"的人。至乐莫如读书! 至乐莫如成长!

第二节　柳暗花明又一村

—— 以课题研究方式进行国家课程的二次开发

《普通高中课程标准》对教师教学形式的要求是"倡导灵活运用多样化的教学手段和方法，为学生的自主学习创造必要的前提"。现行高中各学科的课程设置，体现多样性、多视角、多层次、多类型、多形式地为学生不同学习方式提供更多的选择空间，有助于学生个性的健康发展。教师如何实现不教教材，而是用教材教，达到提高学生的德育、智育水平是新时期课堂教学值得探究的课题。

七中高中学科教材二次开发课题组成员结合校情、学情，对高中政治、语文、数学、英语、生物、物理、化学、历史、地理等九个学科的教材进行二次开发研究，并通过"五环"模式对课堂进行教学改革，提高课堂教学效率，提升教育教学水平，进而推广至包括初中的所有学科教材的二次开发和课堂教学改革，全面提升学校的教学质量。

此项目研究充分依据校情，尊重学情，践行"把学习权还给学生"的课改理念，积极倡导自主、合作、探究的学习方式。通过国家课程教材的二次开发，编写导学案，运用"五环"课堂教学模式实践研究等，使课题研究在理论和实践层面都取得了一些有价值的成果；课题研究使教师转变并更新了教育观念，提升了科研水平，提高了教学能力，获得了良好的教学效果；学生也改变传统被动接受知识的学习方式，提升了自主合作的学习能力，学习成绩有了很大进步。

一、项目研究的意义

目前高中各学科教学，教师仍然只重视教材，主要表现在照本宣科，形式单一。教材是课程的重要载体之一，是课程的体现和外化，是学生学习和教师教学的重要依托。在编排上，有较强的系统性、逻辑性、精炼性，也有较强的学习指导和学习检测等功能，是系统学习课程，达到课程目标的最好和最重要的材料。但是，教材不等同于课程，只是最重要的课程资源之一,因此,教材不应成为老师教学和学生学习的唯一课程资源。新课程理念强调"用教材教而不是教教材",就是说,教师在教学过程中既要很好地利用教材,发挥教材的独特优势,又要努力克服教材存在的不足,突破教材的局限。这就需要教师对教材进行整合,同时还要整合优化其他教学资源。如,校内的课程资源,包括实验室、图书馆、电子阅览室及各类教学设施和实践基地等;校外的课程资源,包括博物馆、展览馆、科技馆、工厂、农村、部队、科研院所等广泛的社会资源及丰富的自然资源。这样把课程资源由课堂延伸到课外,由学校延伸到社区和所在的地区。教师在使用教材的过程中融入自己的科学精神和智慧,对教材知识进行重组和整合,选取更好的课程资源对教材进行加工,设计出丰富多彩的课型,这样才符合新课程的要求:多样性、多视角、多层次、多类型、多形式地为学生学习提供更多的选择空间,有助于学生个性的健康发展。

二、项目研究的过往与现状

国外关于课程资源开发的研究在美国早已有之,19 世纪末,杜威发起的进步教育运动中,就有了设立一种综合课程的思想。Beane J.在 1995 年提出了课程整合是一种思考方式,思考学校是为了什么? 课程资源是什么? 以及怎样利用知识? 他认为,课程开发应该从这样的观点开始,即把日常生活中遇到的问题、事件和关心的东西作为整合课程的资源。

国内也有相关课程开发研究的思想。如,现代著名教育家叶圣陶认为:"教材即使编得非常详尽,也不过是某一学科的提要,加上一些必要的范例罢了。因此,教材只能作为教课的依据,要教得好,使学生受到实益,还得靠老师的善于运用。"张华在《课程与教学论》中也提出:课程开发的过程是教师和学生共同"创新"课程的过程,这是一个动态的过程,在这个过程中,课程内容持续生成与转化、课程意义不断建构与提升等。该项目就是在国内外教育专家、学者对相关课题研究的基础上提出来进行研究的。

本省的福安一中从 2011 年就开始"五环"课堂教学改革的探索,通过三年的努力,取得了显著的办学成效,在"导学案"的编写与使用、小组建设与管理以及在课堂"五环"结构与操作上都有许多可借鉴的经验。我们正是受此启发,开启本课题的实践研究。

三、项目研究的背景

教学改革研究工作在提高学校教育质量和办学水平等方面都发挥着重要的作用,各级教育行政部门和广大中小学校都将教学改革研究作为抓好教育质量的一项常规工作。教学改革研究工作和德育工作一样,已经成为当前教师的工作职责,学校把教学改革研究工作作为教师工作评价的重要内容。教师通过参与教学改革研究,学习到了许多新的教育理论,掌握了新的教育教学方法,提升了自己的教育理念,改进了自己的教育教学行为,综合素质有了明显的提高。教学改革研究工作是新世纪培养"学习型、研究型、创新型"教师队伍的关键措施。

自20世纪90年代以来,七中教师就积极投身于教学改革研究工作,"张思中英语教学法""学生自主学习法""上海青浦经验法""课堂'五学'模式教学法"等,先后走进七中的课堂,并取得一定成效。七中教师积极承担有关教学改革课题研究实践活动,并取得显著成绩。至2014年,七中共有4项成果获得省级教育科研成果奖,有5项成果获得市级教育科研成果奖,有150多项成果获得县级教育科研成果奖,此外还有一大批校级课题。与此同时,学科教研活动也如火如荼地开展起来,课堂教学竞赛、教学论文评优、课件制作比赛、专题研究活动、学术讲座以及教师培训等活动,都为教师参与教研教改、提升自身素质提供了平台。

尽管七中的教研教改工作取得了不少成绩,但也存在一些问题和不足,需要我们认真思考,寻找对策。首先,一些教师仍然认为教学改革研究是教师"高不可攀"的事情,将教学改革研究"神秘化",不敢或不愿积极投身到教学改革研究工作中去,使得学校教学改革研究仅仅是少数骨干教师或优秀教师的工作,影响到参与教学改革研究的广度。其次,一些人只注重和追求教学改革研究的表面形式,没有深入进行课堂教学改革,改革成效不大。

针对七中教学改革的现状,2014年初,作为校长,笔者牵头组织高中教师开展了"高中学科教材二次开发,提高教学有效性的实践研究"这一课题教学实践研究。

四、项目研究的依据

高中学科课程二次开发,提高教学有效性的实践研究主要依据以下五个方面的理论。

(一)教育研究论

教育研究是分析和解决教育问题,发现和总结教育规律,提高教育质量的过程。教育研究的价值在于创新,创新是教育研究的本质特征。要克服学校教育研究中的形式主义、功利主义、泡沫化倾向,教研工作本身必须要创新。必须按照教育研究或科学研究的基本规律,结合学校教育的基本特点和具体实际,构建一种新的既有科学性,更具操作性的教研模式。

(二)行动研究论

行动研究是西方国家产生于 20 世纪 30 年代,风行于 70 年代以来的一种教育研究方式,是教师和教育管理人员密切结合本职工作,综合运用各种有效的研究方法,以直接推动教育工作的改进为目的的教育研究活动。行动研究倡导"教师即研究者""教师即反思的实践者"的基本理念。目前,行动研究已引入我国的中小学教育科研之中,教师将逐渐成为教育研究的主体。"以校为本的教研模式"要求广大教师积极参与行动研究,从学校实际及学生实际出发,从自己的本职工作出发,反思自己的教育实践,改进教育教学工作。

(三)系统论

系统论作为科学的方法论,其核心是强调系统的整体性。学校教育本身构成了一个完整协调的系统,管理、德育、教学、教研是这一个大系统中的子系统。其中,德育是首位,教学是中心,管理和教研是保障。教育管理和教育科研是为德育和教学服务的手段。教育科研通过解决问题、更新观念、改进方法,对教育教学有极大的推动作用。如何使这种推动作用得到尽可能发挥,需要对教育科研本身进行研究与创新。同时,教育科研本身也是一个系统,需整体考虑教育科研的管理、组织、评价、推广等系列工作,构建一个良性发展的教育科研机制。

（四）学校教育管理论

教育科研管理是学校管理的重要内容。抓好教育科研管理,有利于教育科研工作的规范化,有利于营造教育科研氛围,健全教育科研网络,建立和完善教育科研队伍,提高教育工作者的科研积极性,提高教育科研的质量,促进教育教学改革的深化发展。构建"以校为本的教研模式",实质上是对学校教育科研管理的一种创新和探索,需要借助教育管理学的方法和手段,遵循教育管理学的基本规律。

（五）课程改革论

课程改革是基础教育改革的核心。课程集中体现了教育思想和教育观念,是实施培养目标的蓝图,是学校组织教育教学活动的最主要的依据。21世纪,我国基础教育改革以课程改革为关键环节。新一轮课程改革对教师角色提出了新的要求,倡导教师是课程的研发者,是教育教学的研究者。教师要以研究者的心态置身于教育教学情境之中,以研究者的眼光审视教育问题,对教育问题进行反思和提炼。"以校为本的教研模式"同样要求确立教师在教育教学研究中的主人地位。

五、项目研究内容和重点

（一）目标与方法

制定课程资源整合的目标,探寻课程资源整合的途径与方法,实现课程二次开发的目标。

（二）资源与优化

在高中教学实践中,学会根据教学目标遴选课程资源,整合优化校内和校外课程资源,促进课程资源在每一个教学环节上的组合最优化和教学效益最大化,以提高教学的有效性。建立教学资源库,实现课程资源共享。

（三）教材与整合

重视教材资源整合,如教材中的"探究实验""问题探讨""技能训练""思考与讨论""模型建构""想象空间"等栏目,引导学生自主搜集、处理信息,获取新知识。

六、课程二次开发的指导思想

课程二次开发的重要成果之一就是"学科课时学案"(以下简称"学案"),学案的编写要遵循以下三个方面的指导思想。

(一)遵循基本目标

学案编写的基本目标就是"能用、好用、爱用"。能用,要能起到引导学生爱看书、爱钻研、爱探讨、想交流的作用,师生就一定能自觉地使用。好用,自己好用,同事好用,学生还要好用。爱用,要能激发学生的兴趣是关键,兴趣是人的内在动力,编写中要努力做到"三贴近",即贴近实际、贴近生活、贴近生产。还可以参照游戏能吸引学生的原理进行编写。

(二)明确基本思路

一要明确基本导向。课程二次开发是为课堂教学改革服务,课程标准、课程教材仍是编写最重要的素材,重点突出为学生学服务。二要理会基本功能。学案的最重要功能是将教材、教案、练习、复习、检测一体化,教师可以全面掌控学生的学习情况。三要坚持效率意识。通过运用学案是要提升课堂学习的效率,而不是回到"题海"战术的老路上去。学习能在课堂内完成的就不延伸到课外,让学生在课堂内高效学习,在课外才能有更多的自主支配时间,培养自己的兴趣,扬长避短,扬长补短。四要坚持课堂改革。课程二次开发的重要实践场所是课堂,课堂必须改革,才能达到二次开发的目的。

(三)接受两个挑战

一是向教材挑战,努力实现国家课程校本化、生本化;二是向教辅挑战,教辅将学科知识咀嚼得一点味道都没有,让学生去品尝,不仅无法调动学生的学习兴趣,更难以培养学生的思维能力和学科素养,要通过学案的使用,让教辅名副其实,教辅就是学生学习的辅助材料之一而已。

七、研究的主要结果和所产生的效果

(一)通过对相关调查数据的基本分析以及调查所得的初步结论

1.培养一批课改骨干

经过两年多来的课题实践研究,一批课改骨干脱颖而出。他们通过现代教育理论的学习,在理论的指导下投身教改实践,不断总结经验,树立了崭新的教育观,认识了课堂教育的规律,增长了教研能力,业务水平大大提高,成绩突出:在县级、校际开设公开示范课受到好评;撰写论文、教学设计、案例等几十篇在省、市、县获奖,或发表于《生物学教学》《福建基础教育研究》等 CN 级刊物;能编制出较高水平的导学案;所有参与教师都能自制课件,用多媒体辅助教学。

2.提升教师研发能力

促进对新课程的研究与开发,改变教学与新课程分离的状况,缩短现代教学理论与教学实践的距离,使教学、科研、生活融为一体;教学既是一种生活,也是一种"微科研";大多数教师能创造性地使用、开发新教材,编写校本教材。

3.教学也有许多收获

一是学生的"潜创造力"得到开发,形成了科学的学习策略和方法,创新素质明显提高。课改年段学生在学习中能自主地探索新知,对开放性问题能突破思维定式,从不同角度进行大胆探索。二是课堂焕发生命活力。以前上课都是老师提问题,学生回答问题,很被动。现在课堂非常"热闹",学生善于发现问题,勇于提出问题,并创造性地解决问题,各种新问题、新思路不断涌现,经常下课了还有许多学生紧追老师不放,问个不停,出乎教师意料之外的创造性想法常给老师予新的启迪,师与生、生与生之间合作性大大提高。三是教学质量全面提高。两年多来,课改年段学生参加各种竞赛获得了优异成绩。

4.推动课改深入开展

有效推动七中课程改革的深入开展,吸引了广大教师投身到"五环"课堂教学的实践研究中来,为七中通过教育科学实验推进课程改革提供了一个成功的范例。对初中开展"三环五学"课堂教学改革也起到了重要引领作用。

（二）通过对学生调查和对非课改年段与课改年段考试成绩分析得出如下结论

1.改变了学生学习的方式

大部分学生逐步改变了依赖教师获取知识的现象,学会了通过观察、调查、实验、操作、收集信息等多种活动方式进行自主探究,从接受性学习、灌输式学习,转向了探索和解决问题的"发现型"学习和"探究型"学习,形成了一种积极的、生动的、自主合作探究的学习方式。

2.激发了学生的学习兴趣

"五环"课堂模式教学,为学生提供了有别于传统课程的学习方式,内容与学生的生活经验相关,学习方式多样,强调学生是活动的主体和中心,给予学生个性发展的充分空间,极大地激发了他们的学习兴趣。

3.培养了学生的合作意识

课程提倡与人合作,实现个性差异互补,在合作中竞争,在交流中发展。活动中大多数学生能很好地相互讨论,积极提出自己的见解,表达自己的想法。许多学生在同伴遇到困难时,会主动帮助解决。

4.提高了学生的信息能力

通过"五环"模式课堂教学活动,学生学会了获取、整理与归纳信息,学会判断和识别信息的价值,并恰当地利用信息。

5.增强了学生的责任意识

学生通过"五环"模式课堂教学活动,责任意识得到了进一步锻炼培养,小组合作意识增强了,平时课堂教学能积极参加到小组或集体活动中去,学习成绩也得到进一步提高。

（三）在实验过程中所产生的其他效果

1.编写并完善导学案

形成一套教师自己编写的适合本校各年级学生特点和新教学模式使用的学案(含课前导学案、课堂检测题、当堂训练题、课后拓展题等)。

2.汇编教案案例

形成一套教师自己编写的适合本校学生特点和新教学模式使用的教案案例,并汇编成书。

3.汇编经验总结和论文

教师在运用课堂教学新模式上第一年基本适应,第二年熟练运用,并创出自己的特色。教研组长和备课组长及骨干教师对两年来各学科教学中的细节问题进行认真梳理和反思,并形成经验总结。以此为基础提出改进意见,完善课堂教学各种课型的具体模式和操作方法,并做进一步思考与提炼,撰写教科研论文。

4.学生自主学习能力明显提高

学生在适应新教学模式上,第一年第一学期基本适应,第二学期能够适应,第二年开始完全适应并形成自主合作探究学习的习惯,真正成为学习的主人,学习能力、合作精神、表达能力等明显提高。

八、研究的主要成果和所形成的理性认识

(一)对现状进行归因研究时的理性分析

课改年段老师认真按照"五环"模式进行课堂教学。老师课前精心准备和课堂认真组织。总体来说,课堂上,老师代替的少了,学生参与的多了,睡觉的学生没有了。刚开始课改能做得这样好,已超出大家的想象。但是,还有以下两个方面的问题有待进一步加强与完善。

1.教师的投入不足

如何让教师全身心投入对国家课程学科课程进行有质量的二次开发,真正做到国家课程校本化、班本化、生本化。

2.教师的落实不力

如何让教师充分借力(网络、同行、学生、家长、专家等),把课改引向深入,特别是在依靠学生上要做足功课,要对学生进行指导与培训。一是培训"五环"的基本功能是什么,要怎么做,做到什么程度。二是培训小组合作学习的意义及如何合作。三是培训学生如何梳理知识、质疑问难等。四是培训学生展示的意义(把别人教会,自己才算真会)及如何展示。五是培训如何做老师的助手——监督、落实、评价。六是培训学生如何养成课堂能掌握(包括识记)的知识绝不留到课外的习惯,如何养成"堂堂清""日日清""周周清"的好习惯。

(二)在研究过程中所发现的课堂教学规律

1."五环"课堂教学模式适应新课程改革理念

它包含了"学生主体意识的觉醒""教学过程的互动生成""小组学习效

果的展示""教师的引导归纳"等,课堂教学注重学生的生活逻辑,面向学生的现实,提升学生的创新性思维。

2."五环"课堂教学模式具有较强的可操作性

教师在具体教学改革的实施过程中,能够充分调动学生的参与意识、竞争意识、合作意识、探究意识,教师在新的教学模式和教学方法的尝试和应用中,能够熟练掌握教学过程、灵活驾驭课堂环节、知识总结归纳准确到位。

3."五环"课堂教学模式可复制可推广

课题组成员利用学案进行"五环"课堂模式教学,研究实践成效显著,兼具理论性与实践性,目标明确,环节清晰,有效提高学生自主学习能力,学生学习成绩有很大进步,具有推广和应用价值。

(三)在研究过程中总结出的教育教学原则

课改年段运用"先学先行—问题反馈—互动研讨—当堂训练—拓展提升"五个环节进行了课堂教学模式改革实践,并通过课堂"五环"模式落实高中课程进行二次开发的实践研究。在研究过程总结出了如下有效的教育教学原则:

1.活动性原则

课程的呈现形态主要是学生直接参与的主题活动、游戏和其他实践活动。课程目标主要是通过教师指导下学生的主动参与来实现。

2.主体性原则

要牢固地确立学生的主体地位,切实尊重学生的人格,积极培养他们的主体意识和自主能力。承认研究学生的个性差异,力求让每个学生都能在原有的基础上得到提高和发展。

3.探究性原则

要采取积极、科学的方法保护和发展学生乐于探究的天然本能,保护学生与生俱来的好奇心,让学生自主、自由地探索和实践。

4.开放性原则

课程是以学生周围的自然环境、社会环境、人际环境为背景展开的,学校、家庭、社区以及大自然、大社会都是学生活动的空间,其活动方式、组织形式也是开放的、多元的。

5.合作性原则

教师可鼓励学生互相学习,互相帮助,分工合作,共同分享、交流和体验合作的乐趣。倡导合作探究式的师生互动关系,学校与家庭、社区应建立良好的合作关系,共创学生活动与成长的环境。

6.创造性原则

教师通过"五环"课堂模式,以小组合作方式学习,互动研讨,培养学生自主学习能力、创新意识和创造能力。

(四)进行对策研究时所提出的有效措施与对策

课题组成员在对本课题研究时,提出了以下九个方面措施对策:一是重组教材,编写导学案。二是重视情感教育,包括创设问题情境、运用激励评价等。三是恰当运用现代教育技术辅助教学。四是培养质疑能力,鼓励标新立异。五是强化动手操作策略。六是因材施教,分层教学。七是重视合作激发策略。八是强调自由开放策略。九是营造"自由"的环境和创设思维的情境。

(五)在研究过程中所形成的新理念新做法

以"五环"模式开发应用校本教材《学案》,利用《学案》进行课堂教学,在教学研究过程中形成如下的新理念与新做法:

1.探索优化"五环"课堂教学模式

"五环"课堂教学模式包括:先学先行—问题反馈—互动研讨—当堂训练—拓展提升。这五大环节只是基本逻辑框架,需要各学科和各位教师在教学实践中灵活运用,创造出适合各学科特点的、多样课型(如新课、复习课、讲评课、习题课、实验课、阅读课等)的具体形式,实现形与神的有机融合。不同年级也有不同的特点和具体形式。

2.探索优化学案的编写和使用

组织骨干教师编写与"五环"课堂教学模式相配套的学案,包括导学案、课堂检测、当堂训练和课后拓展练习等。特别是学案要起到引导学生完成自学,带着成果或问题进入学习状态,促进先学后教的作用。学案由备课组长组织编写和使用,并根据使用中反馈的问题由教研组负责修订,学校教研室负责组织。

3.探索优化合作学习小组的建设与管理

小组合作学习是完成学习的重要形式,是一种有效的教学策略,与传统的学习方式相比具有明显的优势,小组中每一位成员都担任一个角色,有利于培养学生主动参与意识,激发潜能,培养学生的自主性、独立性和社会适应性,有利于提高学生的学习效率。

4.探索与课改配套的教育教学管理机制

课堂教学改革,不是简单的模仿,而是一个系统工程,必须建立保障课堂教学改革顺利进行的教育教学管理机制,主要包括保障机制、问题解决机制、质量监控机制等。还要改革评课制度和改进学习评价制度。

该项目于 2014 年作为福建省基础课程教学研究重点课题立项,于 2016 年 12 月顺利结题。2017 年在此课题的基础上,笔者又申报了"以整体课堂管理促进教师专业成长的实践研究"的课题,通过实践研究,促进长善课程的研发和教师的专业发展。

第三节　绝知此事要躬行

——从需求出发进行校本课程的特色研发

　　长善教育,坚信人的成长包括身体的生长和精神的成长,身体的生长需要物质营养和锻炼,精神的成长需要精神营养和修炼。因此,我们的校本课程就以读写课程和锻炼课程为核心,开发系列符合学生需求的课程。学校的行动纲领是:"坚持锻炼身体,坚持读书写作,养成爱美习惯,养成大爱胸襟。"围绕行动纲领,为落实行动纲领,学校制订校本课程研发方案,并开发与实施了入学课程、每天1小时的读写课程和1小时的阳光体育课程、中华优秀传统文化课程等。

一、校本课程研发方案

　　校本课程是在具体实施国家与地方课程的前提下,依据学校自身的性质、特点、条件以及可以利用和开发的资源,通过对本校学生的需求进行科学的评估,由学校根据国家教育方针、课程管理政策和课程计划,针对学生发展所需,结合学校的传统和优势,充分利用学校、社区的课程资源,自主开发多样性的、可供学生选择的课程。

　　(一)课程背景

　　1.基于满足学生发展的需要,即育人的需要

　　校本课程开发首要的出发点和落脚点就在于满足学生的发展需要和兴趣爱好。育人是学校的根本宗旨,课程是育人的核心和载体。在充分体现校本课程与国家课程、地方课程的培养目标相一致的前提下,设置和开发适合本校实际特点和学生实际发展需求的课程,提高课程的适应性,发展学生兴趣,从而形成学生的特长。

　　2.基于教师专业发展的需要,即促教的需要

　　新课程强调教师要有课程智慧,提高课程创生力,实现从"教学工作者"向"课程工作者"的转型。校本课程的开发,必须发掘教师自身的专业资源优势,并将这一资源转化为课程,在课程开发与实施中促进教师更新教学观念,转变教学行为,促进教师提高课程开发与研究的能力,促进教师综合素质的提高,从而实现教师专业的成长。

3.基于学校发展的需要,即兴校的需要

校本课程的开发要因地制宜,充分尊重学校的自主性,使学校课程更好地促进学校的健康发展,适应当地社会的发展需求,形成学校办学特色,从而促进学校特色发展。

(二)课程特色

(1)将学校的传统与优势项目转化为校本课程,体现与学校育人目标相统一的原则。

(2)将学校开展的校园活动进行系列化开发与目标化整理,开发出具有学校特色的校本课程。

(3)把地域资源转化为校本课程,开设地方文化课,让学生感受地方传统文化培养学生人文素质和热爱家乡的情感,弘扬传统文化。

(4)把教师的生活经验、专业特长、兴趣爱好转化为校本课程。

(三)课程内容

"晨诵午读暮省""心理健康教育""走进朱熹""篮球""足球""烹饪""陶艺""人工智能""社团活动""研学活动""大课间活动"等,内容涵盖生命教育、科学素养、人文素养、生活艺术、身心健康、职业技能等。

(四)课程实施

(1)校本课程经审议通过后,编入《尤溪七中学生选修课程目录与课程介绍》,并向全体学生公布,让学生根据自己的志愿、兴趣,自主选择课程。选择该课程的学生人数达 16 人以上,才开设这门课程。

(2)学校统一安排校本课程的教学时间,也可按科目分散安排,但必须保证校本课程的课时,每周至少 1 课时,并把校本课程的课时安排纳入课程表。

(3)授课主要形式就是选课走读,要充分体现学生学习活动的体验性、探索性、自主性。

(4)授课教师要有相关授课讲义或者教案、实施教学过程材料、考核评价与成绩。

（五）课程评价

学校充分发挥校本课程学业成绩考核评价对学生素质发展的激励功能。考核评价的内容侧重态度与能力，一般不采用考试的方式，减少量化，多进行分析性的评价，在学生活动的情景中评价学生，根据学生实际背景的不同进行个性化评价。同时，要帮助学生学会自我评价。评价的结果初中采取等级（分优秀、合格、不合格）加评语，高中采取学分（优秀以上加2分，合格加1分，不合格不得分）加评语的方式记录。对学生的学习情况评价记入学生综合素质评价中，纳入学生成长档案管理。

二、学习有道——入学课程

入学课程是新生入学后，学校在相对集中的一段时间内组织开展的一系列符合新生特点的教育活动的进程与安排。入学课程，包括军训课程、学生培训、开学典礼等。入学课程的基本任务，是让学生了解学校，了解新的学习环境，了解所学课程的基本情况与学习方法，树立新的学习理念，培养自主学习的能力与习惯，形成与中学相适应的思维方式和生活习惯，顺利完成从小学生向中学生的转变，为学生在中学健康成长打下良好的基础。

（一）课程背景

《中共中央国务院关于进一步加强和改进未成年人思想道德建设的若干意见》是新时期指导中小学德育工作、全面推进素质教育的纲领性文件。根据意见要求，未成年人思想道德建设的主要任务是：从增强爱国情感做起，弘扬和培育以爱国主义为核心的伟大民族精神；从确立远大志向做起，树立和培育正确的理想信念；从规范行为习惯做起，培养良好道德品质和文明行为；从提高基本素质做起，促进未成年人的全面发展。通过入学教育活动，全面贯彻党的教育方针，加强学生思想道德建设，使学生树立热爱祖国、热爱社会主义、热爱共产党的观念，培养学生守纪、文明、勇敢、坚毅的意志品质和良好的心理素质，培育学生的劳动意识、创造意识、效率意识、环境意识和进取精神、科学精神以及民主法制观念，增强学生动手能力、自主能力和自我保护能力，激励学生勤奋学习、大胆实践、勇于创造。

(二)课程特色

课程采用集中与分散相结合的方式进行,通过报告、讲座、自学、训练、体验等多种形式,运用学生喜闻乐见的方式,使学生在项目活动中实现能力的提升。通过系列活动、讲座和军事训练,解决新入学学生在生活上、学习上、心理上所遇到的难题和问题,使学生顺利适应中学新生活。一是掌握各项规章制度的内容并自觉服从,做到遵纪守法,能够正确面对各种问题。二是通过团队建设和活动,促进学生相互沟通,培养学生团结一致、密切合作、克服困难的团队精神,培养学生计划、组织、协调能力,培养学生服从指挥、一丝不苟的工作态度。三是了解中学学习方法,激发学生学习热情,帮助学生进行自我调整,使其减少心理冲突,积极面对未来,合理安排学习生活。四是结合主题班会、系列文体活动、军事训练等内容,提升学生的爱国、爱校、爱集体的热情,增强学生爱国、爱校、爱集体的意识,弘扬和培育以爱国主义为核心的伟大民族精神。

(三)课程内容

1.组织学习《学习有道》

新生年段以《学习有道》为主,向学生宣讲学校各种规章制度、行为规范、学习方法和学籍管理要求,使学生明确在中学期间学习和生活的要求。

2.召开主题班会

根据入学时新生实际情况,召开主题班会,为新同学搭建展现自我、施展才华的平台。通过主题班会,对学生进行爱校、爱班、集体主义、文明礼貌、团队精神教育,为培养团结协作、拼搏进取、健康向上的优秀班集体精神奠定良好基础。

3.开展军事训练

军训课程包含四方面内容:①队列操练:列队、立正、稍息、转向、停止间转、起步、跑步、正步;②军事素质:体验性战术训练、阵地救护、定向越野、军事演习、素质测试、国防教育、军事常识、军人传统教育;③政训:新生入学教育、心理健康教育、行为规范教育、校纪校规教育;④团队协作:学生自主管理、个性活动。

4.举行开学典礼

开学典礼主要内容:①升国旗,奏唱国歌;②教师代表讲话;③学生代表讲话;④家长代表讲话;⑤校长致辞。

（四）课程实施

1.教育内容

①《学习有道》；②主题班会；③军事训练：教官讲授示范，学生具体实践，班级团队协作。

2.课程安排

课程共3天，白天军事训练，晚上集中班级学习。

（五）课程评价

（1）采取学生、同伴、教师和军训教官共同参与评价方式，构建学生的自我评价、学生互相评价、教师的评价及军训教官参与评价相结合的整体评价体系。

（2）要求入学课程学习100％合格。其中，每班优秀率60％，良好率35％，及格率5％。

（3）先进集体与先进个人评选。①各班级组织总结评比，由学生在互评的基础上，推选入学训练期间表现优秀的同学，临时班委会讨论后推优，再由学校审定。②学校根据年段、保卫科、教师、军事训练教官等方面情况反馈，结合军事训练会操成绩及学生自主管理效果评分，再由学校审定。

三、晨诵·午读·暮省——每天一小时的读写课程方案

长善教育提出"两个坚持、两个养成"的行动纲领，其中一个坚持就是"坚持读书写作"。为了让行动纲领落实到位，我们用每天一小时的"晨诵·午读·暮省"课程予以保证。

（一）课程背景

为贯彻落实党的十八届三中全会关于完善中华优秀传统文化教育的精神，落实立德树人根本任务，进一步加强新形势下中华优秀传统文化教育，根据教育部制定的《完善中华优秀传统文化教育指导纲要》精神，初中阶段，以增强学生对中华优秀传统文化的理解力为重点，提高对中华优秀传统文化的认同度，引导学生认识我国统一多民族国家的文化传统和基本国情；诵读古代诗词，初步了解古诗词格律，阅读浅易文言文，注重积累、感悟和运用，提高欣赏品位。高中阶段，以增强学生对中华优秀传统文化的

理性认识为重点,引导学生感悟中华优秀传统文化的精神内涵,增强学生对中华优秀传统文化的自信心;感悟中华文明在世界历史中的重要地位,感悟传统美德与时俱进的品质,自觉以中华传统美德律己修身。

学校开设"晨诵、午读、暮省"课程,设法清除网络游戏、不良读物、手机对学生的危害,引导学生共同参与一种积极的生活方式,培养学生健全的心智,让学生从容应对生活的诱惑与压力。晨诵、午读、暮省,是对初中和高中学科课程的补充。通过抓晨诵、午读培养学生浓厚的诵读兴趣和良好的读写习惯,营造书香校园;通过师生共同暮省,完成师生共写随笔;通过以书为友,网上交流,使师生共同了解外面的世界。

(二)课程特色

晨诵、午读、暮省,倡导的是一种回归朴素的生活方式。

晨诵并不是语文课,而是在一天学习的开始,师生共同进入诗的王国,感受语言之美、音韵之美、意境之美、思想之美。它不仅进行着知识的积累,更能直接为心灵输入养分,缓解着各种压力,创造出积极明亮的精神状态,调动起一天的学习激情。

(三)课程内容

晨诵:按新课程标准要求,学生应该背诵积累大量的经典美文,包括语文、英语教材中必背篇目及其他美文、诗词等,由语文、英语老师指定晨诵内容。

午读:阅读书目以年段语文、英语老师推荐为主,完成当天的任务后,在阅读记录本记录自己每天的阅读进程,如:读了什么书,读了多少。也可写下自己的阅读感受,或摘录所读内容。

暮省:学生每天用一定时间来思考与反省自己的生活,用随笔或日记等形式记录自己的成长,同时师生之间也可以通过日记、书信、批注等手段,相互编织有意义的生活。

(四)课程实施

晨诵具体措施:

(1)学生早饭后,不在教室外逗留,不在教室吵闹,应立即进入教室自学,做好晨诵准备。

(2)晨诵期间(7:00—7:20),值日生在铃响后,迅速进教室领诵。

（3）晨诵期间，学生不得写作业、交作业，不得来回走动。

（4）晨诵期间，教师不得随意打断学生晨诵，进行训话。

晨诵可采取带读、集体读、自由读、分组读等形式进行。

午读具体措施：

（1）午读时间：每天 14:00—14:20。

（2）午读期间，必须保持教室绝对安静，学生必须在自己的座位上阅读，不得做与阅读无关的事，不得随意出教室。

（3）午读期间，图书管理员要坐在图书角附近，负责图书的借阅、归还，维持午读纪律。

（4）语文教师每月自行安排一节阅读指导课或读书汇报课。

（5）学生要有统一的读书摘抄或笔记本，进行精彩段落、词语摘抄等，并进行美化，养成边阅读边积累的好习惯。语文教师要定期检查，并在班级开展评比表彰活动。

（6）各班每月进行一次读书小报展示活动。学校将适时开展读书笔记评比和展览活动，评选书香班级。

暮省具体措施：

（1）暮省时间：每天 16:40—17:00。

（2）语文教师要指导学生写好暮省日记，对学生暮省日记进行批阅，保证每周每生暮省本至少批阅一次，并定期对暮省本进行检查评比。七年级、八年级书法老师，九年级以上语文教师每周要检查一次学生习字情况。

（3）教务处每半学期对暮省和习字情况进行检查、评比，并适时开展暮省本和习字本评比展示活动。

（五）课程评价

课程评价以学生自主管理为主，采取量化考核，以年级为单位组建学生督查组。督查组成员，在值日当天佩戴红袖章，公平公正对各班晨诵、午读、暮省情况进行考评，将考评结果与完美教室考核挂钩。

晨诵评价方式：学生督查组在教室外短暂观察后，对整体状态做出评价，晨诵要求"书本立起来，腰杆直起来，声音放出来"。采用学生督查组集体打分评价的方式（见表 8-1），评价各班的晨诵表现情况，形成周积分，然后以周积分总数加入周完美教室考评总分。以学生督查组每日考评登记材料为准，形成原始过程性材料。

表 8-1　晨诵评价标准

整体氛围		
等级	评价标准	赋分
优	坐姿端正,精神饱满,声音洪亮	加 1 分
良	大部分坐姿端正,精神状态较好,声音较洪亮	加 0.5 分
中	少数学生坐姿不端,精神状态不够好,声音不够洪亮	扣 0.5 分
差	大部分坐姿不端,精神状态较差,声音小或没有晨诵	扣 1 分

　　午读评价方式:午读要求"桌上一本书,手中一支笔",平时同晨诵评价一样由学生督查组集体评价(见表 8-2)。同时,采用每月读一本书,然后进入书香网进行阅读测评,从测评成绩中反馈学生阅读情况。以图书馆出借情况及书香网测评结果,形成过程性材料。

表 8-2　午读评价标准

整体氛围		
等级	评价标准	赋分
优	班级安静,全体学生均在认真阅读	加 1 分
良	班级偶尔有声音,但全体学生均在认真阅读	加 0.5 分
中	①班级不够安静;②无经典书籍或从事与阅读无关活动的人数在 2 人以内	每人次扣 0.3 分
差	①班级较吵;②无经典书籍或从事与阅读无关活动的人数达到或超过 3 人	每人次扣 0.3 分,上不封顶

　　暮省评价方式:暮省要求"安静写起来"。平时也同晨诵、午读评价一样由学生督查组集体评价(见表 8-3)。同时,通过对学生的暮省笔记、练字本的检查,反映暮省情况;通过语文教师批改评价,评定学期的学生个体阅读情况。以学生督查组对学生的暮省笔记、写字本情况抽查记录,作为原始过程性评价材料。

表 8-3　暮省评价标准

整体氛围		
等级	评价标准	赋分
优	班级安静,全体学生均在暮省或练字	加 1 分
良	班级偶尔有声音,但全体学生均在暮省或练字	加 0.5 分
中	①班级不够安静;②无暮省本或习字本或从事与暮省(习字)无关活动的人数在 2 人以内	每人次扣 0.3 分
差	①班级不够安静;②无暮省本或习字本或从事与暮省(习字)无关活动的人数达到或超过 3 人	每人次扣 0.3 分,上不封顶

四、阳光体育运动——每天 1 小时的锻炼课程

长善教育行动纲领的另一个坚持就是"坚持锻炼身体"。同样为了让行动纲领落实到位,我们也用每天一小时的"阳光体育运动"课程予以保证。这也是为了贯彻落实全国教育大会精神,促进学校落实立德树人根本任务,全面推进素质教育的要求,从课程上落实每天锻炼一小时的阳光体育运动,提高广大学生体质健康,培养学生良好的体育锻炼习惯和健康的生活方式,使学生在增长知识、培养品德的同时,锻炼和发展身体的各项素质和能力,促进青少年学生身心健康发展。

(一)课程背景

为全面贯彻党的教育方针,认真落实"健康第一"的指导思想,在全国亿万学生中掀起群众性体育锻炼的热潮,切实提高学生体质健康水平,教育部、国家体育总局、共青团中央共同决定,从 2007 年开始,结合《学生体质健康标准》的全面实施,在全国各级各类学校中广泛深入地开展全国亿万学生阳光体育运动。

为切实推动全国亿万学生阳光体育运动的广泛开展,吸引广大青少年学生走向操场、走进大自然、走到阳光下,积极参加体育锻炼,掀起群众性体育锻炼热潮,促进体育对青少年的思想品德、智力发育、审美情趣的形成中的重要作用,学校以"健康、运动、阳光、未来"为宣传口号,积极落实《中共中央国务院关于加强青少年体育增强青少年体质的意见》精神,全面推

动阳光体育运动深入实施。

(二)课程特色

阳光体育运动内容丰富、形式多样,解除体力上的疲劳,恢复生理上的平衡,以获得精神上的慰藉。它不仅是快乐、愉悦的情感享受,更是道德、思想的心灵追求,体现了一种精神态度。阳光体育运动包括上午的大课间和傍晚的跑操。

上午大课间运动以年段为单位,突出了"玩出花样,玩出风采,玩出激情,玩出快乐"的特点,尽情张扬个性,绽放天性,享受快乐运动时光,享受运动带来的乐趣,展现健康向上的风采。

傍晚全校跑操,突出"跑出节奏,跑出精神,跑出气势,跑出幸福"的特点,体现了班级文化,表现了一个班级的精神状态。跑操的整齐度、洪亮的口号、学生饱满的精神,都体现了这个班集体精神面貌和集体意志。在跑操的过程中,学生可以受到集体主义教育和团队教育,更是班级团队建设的一种展示。在跑操中,学生受到教师的肯定,整个班级都会受到鼓舞。

课外体育活动,突出学生个人兴趣特长,每人至少掌握两项体育技能,从而让自己养成科学锻炼的习惯。

(三)课程内容

1.大课间活动

各年段分别开展特色体育活动,例如,七年级踢毽子、八年级击鼓颠球、九年级跳绳、高中部分年级自选一种韵律操。

2.集体跑操

跑操是以班级为单位,进行师生互动跑步。跑操时,领导监督跑,体育老师指挥跑,班主任组织跑,科任教师参与跑,全体学生整齐跑。全员积极参与,师生一起全程跑步。跑操过程中能把握好"三个度"。首先是密度,班与班之间保持规定的距离,领操员能控制步幅。排面要整齐、队形紧凑,不松散、不拖沓;其次是力度,在跑操过程中,要做到抬头挺胸,精神饱满,迈步铿锵有力、步调一致,能听到本班整齐的脚步声,响亮的口号声;最后是速度,进退场时的动作要迅速,班级队伍始终在规定的路线行进,跟紧节拍,听准节奏,步伐整齐,全班全程要保持匀速。

3.课外体育活动

围绕《国家学生体质健康标准》,开展"锻炼身体、达标争优"活动。以班级为单位组织开展游泳、篮球、排球、足球、踢毽子、跳绳、仰卧起坐、掷实心球、立定跳远、短跑、中长跑等各种达标活动,以及开展多种形式的群体竞赛及文化体育艺术节。

(四)课程实施

1.各年段大课间体育活动

学校每天上午大课间活动,各年段开展具有年段特色的体育活动。每天下午第三节课下课全校跑操。如遇雨天,改为室内操。

2.全校跑操时间

每天下午第三节课后,各年级各班按疏散路线下楼,迅速到达规定场地,按前矮后高4列排好站队。集合整队时间为5分钟,各班及时到达指定位置,各班班主任、体育委员要提前整队伍、检查出勤人数、提醒同学做好跑步的准备工作。跑步开始时,所有班级要听学校统一口令,同时班主任站在队伍前端控制本班速度。小步快频、步伐整齐、匀速跑进,学生前后保持一臂距离,左右半臂距离,并控制好与前面班级的间距(约2米),口号响亮整齐。各班选4名优秀学生作领跑员,位于队伍最前排,班主任位于队伍左侧领跑。根据跑操中发现的问题,领导小组及时做出调整。不得擅自改变行走路线等方案规定的内容。

3.课外体育活动

每周三、周五开展2次课外体育活动课。

4.体育老师是落实每天1小时阳光体育运动的直接责任人

体育课教学、体育活动,由体育教师按照有关要求负责组织落实。大课间和跑操活动,由班主任负责组织实施,体育教师负责指导。

(五)课程评价

课程评价以学生自主管理为主,采取量化考核。学生自主管理人员,在值日当天佩戴红袖章,公平公正对各班开展阳光体育运动情况进行考评,将考评结果与完美教室考核挂钩。学生自主管理人员在大课间活动时间,到各年段指定的地点对违纪的学生进行如实登记,对在疏散过程中上卫生间、走路缓慢、拉拉扯扯、无故不到或未按规定时间到达指定地点的学生进行登记,每人次扣1分;动作不规范、不到位的,每人次扣1分;得到值日教师表扬的,班级加2分。对跑操按以下要求进行评价:

1.进退场与队列

(1)各班听到下课铃响后,迅速沿指定路线快速、有序地到指定位置集合。集合要静、齐、快。未能在广播音乐停止前到达指定位置的,扣所在班级考核分 0.5 分。

(2)各班领队按体育老师安排站队,并保持队形的整齐。以各班排头为标准,成一条直线,队形如有倾斜、凹凸的,扣所在班级考核分 0.5 分。

(3)老师宣布解散后,学生方可有序退场。违反上述规定者,扣所在班级考核分 0.5 分。

2.动作质量

(1)各班跑操要做到动作协调,步伐一致,队伍整齐,精神饱满。否则,扣所在班级考核分 0.5 分。

(2)各班领队要掌握跑动节奏与速度,带领班级小步幅跑动前进,班与班之间保持 5 米。否则,扣后面班级考核分 0.5 分。

3.纪律

(1)跑操时,学生边跑边讲话、吃东西的,扣所在班级考核分 0.5 分。

(2)跑操时,无故跑出跑道的,扣所在班级考核分 0.5 分。

(3)不穿校服,将校服绑在身上,戴手套、耳套、帽子、围巾、口罩等,着装不整齐行为的,扣所在班级考核分 0.5 分。

4.出操人数

(1)各班如实汇报班里出操的人数,如故意不出操的,每 1 人次扣所在班级考核分 0.5 分。

(2)各班如有正当原因未能及时出操的同学,持请假条在规定区域内站立整齐;无故旷操的一人,扣所在班级考核分 0.5 分。报假名字或不配合学生会工作者,一人扣所在班级考核分 2 分。

(3)请假的学生,无特殊情况,必须站在主席台;不得在教室、在走廊上晃动或者打闹,否则,每人次扣所在班级考核分 0.5 分。

(4)在跑步的过程中,被广播点名表扬的班级加所在班级考核分 2 分。

五、走进朱熹——中华优秀传统文化课程

为了落实《完善中华优秀传统文化教育指导纲要》(以下简称《纲要》),除了强调国家课程渗透、专门开设书法课程、定期开展主题教育活动外,尤溪县第七中学在全校开设以《弟子规》《论语》《朱子家训》等为主要内容的

中华优秀传统文化课程,培养学生热爱传统文化的热情,激发学生传承中国传统文化的积极性和创造性,提升学生力行能力。

(一)课程背景

教育部为贯彻落实党的十八届三中全会关于完善中华优秀传统文化教育的精神,落实立德树人根本任务,进一步加强新形势下中华优秀传统文化教育,于2014年3月26日教育部制定并发布了《完善中华优秀传统文化教育指导纲要》(以下简称《纲要》)。《纲要》指出加强中华优秀传统文化教育,是深化中国特色社会主义教育和中国梦宣传教育的重要组成部分,是构建中华优秀传统文化传承体系,推动文化传承创新的重要途径。《纲要》全面阐述了加强中华优秀传统文化教育的重要性和紧迫性,教育的指导思想、基本原则和主要内容,分学段有序推进,把中华优秀传统文化教育系统融入课程和教材体系,全面提升中华优秀传统文化教育的师资队伍水平,着力增强中华优秀传统文化教育的多元支撑,加强中华优秀传统文化教育的组织实施和条件保障。在分段有序推进中,明确初中阶段,以增强学生对中华优秀传统文化的理解力为重点,提高对中华优秀传统文化的认同度,引导学生认识我国统一多民族国家的文化传统和基本国情;高中阶段,以增强学生对中华优秀传统文化的理性认识为重点,引导学生感悟中华优秀传统文化的精神内涵,增强学生对中华优秀传统文化的自信心。《弟子规》全文只有1080个字,清代学者李毓秀采用《论语》"学而篇"第六条的文义,以三字一句、两句一韵编撰而成,具体列述了在家、出外、待人、接物与学习上应该恪守的守则规范,是中国人做人、做事、做学问的基本准则。《论语》是孔子及其弟子的语录结集,由孔子及再传弟子编写而成,至战国前期成书,其内容博大精深,包罗万象,其思想主要有三个既各自独立又紧密相连的范畴:伦理道德范畴——仁,社会政治范畴——礼,认识方法论范畴——中庸。半部《论语》治天下,一部《论语》修自身,因此,《论语》是要一生学习的。《朱子家训》是朱熹在弘扬理学为己任,奉行"格物致知、实践居敬"的教育理念,力求重整伦理纲常、道德规范,重建价值理想、精神家园的背景下写成的。朱熹(1130—1202),南宋著名理学家、思想家、哲学家、诗人、教育家、文学家。祖籍徽州婺源(今属江西),出生于福建尤溪,侨寓建阳(今福建南平)崇安。朱熹是宋代理学的集大成者,既是我国历史上著名的思想家,又是一位著名的教育家。他一生热心于教育事业,孜孜不倦地授徒讲学,无论在教育思想或教育实践上,都取得了重大的成就。

无论是朱熹的"读书起家之本",还是他的《朱子家训》都对尤溪成为崇文重教之地产生了重大影响。

（二）课程特色

《弟子规》《论语》《朱子家训》"朱子诗词及名言"做成诵读课程,让学生真实体验熟读百遍其义自现的意境,并自觉化成行动。通过《朱子家训》的诵读,并开展研究性学习,让学生更深入地了解朱子,传承朱子。

（三）课程内容

《弟子规》《论语》《朱子家训》"朱子诗词及名言"等。

（四）课程实施

(1)时间:周一至周五早晨 7:00—7:10。

(2)年级安排:七年级、高一年级诵读《弟子规》《朱子家训》,其余年级诵读《论语》。

（五）课程评价

教师从学生出勤、学习态度、学习效果等方面进行综合评价,注重过程,各方面分别赋予不同权重,最后以学分形式录入学生发展报告。课程考核结果 60 分以上为合格,记 1 分;70 分以上为良好,记 2 分;80 分以上为优秀,记 3 分,并在综合素质考核方面记 A 等。

第九章

长善教育与家校合作共育

长善教育认为，家庭教育要发挥作用，从本质上说就是家长要发挥作用。家长在孩子的成长中始终是最重要的力量。因此，充分发挥和依靠家长，是做好学校教育不可或缺的重要途径。家校合作共育是建设现代学校制度的要求，是家长成长的需求，是新时期学生健康成长的需求，更是教育本质的回归。因此，家校合作共育是新时期学校教育改革的必然趋势。

第一节　美美与共向美行
——家校合作共育才是"最完美的教育"

苏霍姆林斯基说："只有学校教育而没有家庭教育,或只有家庭教育而没有学校教育,都不利完成培养人这一极其复杂的任务,最完美的教育应是两者的有机结合。因此,家校合作共育不是要不要做的问题,而是需要进一步提高认识、进一步扎实推进的工作。正如江苏省政协副主席胡金波在全国 2018 家校合作经验交流会上的讲话所说的:"家校合作是各美其美,不可或缺;美人之美,既'合'又'作';美美与共,任重道远。"

一、国家从顶层强调家校合作共育

党的十八大以来,习近平总书记在不同场合多次谈到要"注重家庭、注重家教、注重家风",强调"家庭的前途命运同国家和民族的前途命运紧密相连",强调"家庭是社会的基本细胞,是人生的第一所学校",强调"家长应该担负起教育后代的责任。家长特别是父母对子女的影响很大,往往可以影响一个人的一生"。

2015 年,《教育部关于家庭教育工作的指导意见》明确了家长在家庭教育中的主体责任。在法律层面明确,教育孩子是父母或其他监护人的法定职责,要依法履行家庭教育责任;在态度层面明确,要严格遵循孩子的成长规律;在能力层面明确,要不断提升家庭教育水平。

2016 年,全国妇联等 9 部门印发《关于指导推进家庭教育的五年规划(2016—2020 年)》,提出到 2020 年,基本建成适应城乡发展、满足家长和儿童需求的家庭教育指导服务体系。

2013 年 2 月,教育部印发的《义务教育学校校长专业标准》强调,义务教育学校校长要"建立健全家校合作育人机制,建立教师家访制度,通过家长学校、家长会、家长开放日等形式,指导和帮助家长了解学校工作情况和学生身心发展特点,掌握科学育人方法"。

2017 年 12 月教育部关于印发《义务教育学校管理标准》,在基本内容部分的"建设现代学校制度"中强调,义务学校管理要"健全和完善家长委员会制度,建立家长学校,设立学校开放日,提高家长在学校治理中的参与度,形成育人合力"。

十九届五中全会关于建设高质量教育体系的建议,就把健全学校家庭社会协同育人机制作为四项重要工作之一。

总之,关注家庭教育,实现良好的家校合作,是谋划教育新发展,实现民族复兴大业新战略。

二、教育现实需要家校合作共育

正如福州二中原党委书记郑捷所说:"现在的学校教育与家庭教育相比社会发展来说是滞后的,造成孩子在学校里和在家里所受的教育是脱节的、断裂的。我们可怜学生是生活在'断裂'的世界里。"

在孩子成长过程中家长责任缺失的主要表现,郑捷总结为:一是将教育的权利拱手相让。二是没有科学的方法,不懂得如何教育孩子。三是过高的期望,孩子伤不起,教育背不起。家长教育的缺失严重阻碍了教育的发展,直接导致家长的"三高一低",即高付出、高期待、高焦虑、低水平。家长教育的严重缺失导致了很多家长不成熟,福建省家长教育专家陈仁德总结为:"内三无(无知、无法、无奈)和外三无(无场所、无教材、无专业人员)。"因此,加强家长教育是当下重中之重的工作。加强家长教育必须通过家校合作共育来实现。

胡金波先生认为:"强国必强教,强教必强家校合作,家校分离的教育是高成本、低效率,高抱怨、低满意,高强度、低效益的教育,是不可持续、不得要领、不受欢迎的教育。强的家校合作是心甘情愿、心满意足的合作,是服从成长、服务成长的合作,是遵循规律、遵守规则的合作,是各司其职、各尽其能的合作。人民满意的教育必是家校合作并取得实际成效的教育。"

总之,当下教育因为家校合作的不到位,已经给下一代的教育带来诸多问题,学校办学如果还是单枪匹马、一厢情愿,不主动寻求家庭、社会的配合,必定做不好立德树人的教育工作。

三、长善教育实践家校合作共育

长善教育以创新内容、创新形式、创新方法为抓手,大力普及科学的家庭教育知识,提高家长的家庭教育水平;努力建设规范的学校家长委员会,提升家长参与学校事务的能力,进而引领家长保持成长姿势,充分发挥家庭教育在加强未成年人思想道德建设与和谐社会建设中的特殊作用,创造未成年人健康成长的良好环境,形成家庭、学校、社会的良性互动。七中人在家校合作共育实践中形成了如下共识:

第一,家校合作共育,为家长提供了重要的学习机会和正式的学习场所。通过家长学校的培训,努力引领家长充分意识到"改变孩子的最好方式就是改变自己,做一个善良的人";要努力引领家长为孩子创造一个和谐的家庭氛围,让孩子享受到家的安全、温馨、幸福。家长要当好孩子的伙伴,给孩子最需要的东西,比如信心、善心等。

第二,家校合作共育,让家校间的良好沟通与合作为学生的健康成长营造出一种积极的文化氛围,有利于学生形成良好的学习态度,积极的世界观、人生观、价值观以及规范的社会道德观念。

第三,家校合作共育,为教师与家长间建立了伙伴关系,有利于促进融洽亲师关系的形成。

第四,家校合作共育,通过家长协助学校,学校帮助家长,形成教育合力,达到最大育人效果。

第五,家校合作有利于丰富学校教育资源,推进现代学校制度建设,让学校从更广的范围获得教育、教学、管理改革与发展的动力,从而提高教育质量。

第二节　家校携手共成长

——家校合作共育　携手生命精彩

为了进一步加强和规范学校家校联系工作,积极发挥家庭教育在未成年人成长中的重要作用,充分利用、拓展和开发各类教育资源,积极发挥家长的沟通、服务、参与和管理作用,增强对未成年人教育的合力,促进家校合作共育工作有效开展,依据有关文件精神,我们制定了家校联系工作实施方案。

一、指导思想

以党的十九大精神为指导,深入贯彻落实习近平总书记关于注重家庭、注重家教、注重家风的系列讲话精神,按照"立德树人"总任务要求,结合七中家长学校的特色,着力构建学校、家庭、社区三位一体的教育网络,培育和践行社会主义核心价值观,全面提高学生的核心素养,为实现中华民族伟大复兴的中国梦服务。

二、工作目标

(一)不断完善班级家长工作管理体系

通过班级与家庭建立班级微信群等方式,实行双向互动,同步教育学生,共同促进学生的身心发展。

(二)为学生营造良好的家庭教育环境

做好家庭教育的服务和指导工作,通过定期组织培训家长活动,帮助家长树立正确的家教观,走出家庭教育的误区,形成教育合力,为学生营造良好的家庭教育环境。

（三）构建立体教育网络提升育人水平

创建"和谐校园""平安校园"，推进素质教育，广开社会育人渠道，积极构建家庭、学校、社会三位一体的立体教育网络，提升学校育人水平。

三、家校共育主要内容

（一）学校指导家庭教育

学校根据《国务院办公厅关于政府向社会力量购买服务的指导意见》（国办发〔2013〕96号）要求，以福建广播电视大学为专业支撑，以学校教育工作实际需求为切入点，以项目购买为主要方式，实施"智慧家长，幸福成长"工程。通过家长教育来支持家长全面参与孩子的成长：一是让家长更能享受为人父母的"趣"；二是让家长"善"于与孩子沟通；三是让家长"勇"于承担为人父母的责任，直面青少年成长的种种问题；四是让家长更"敢"于为子女成长全面参与教育事务。加强对家长的家庭教育理论、内容和方法的指导，更新家长的教育观念和教育水平，创设良好的家庭环境，使家庭成为学校教育的得力助手与有力后盾。

（二）家长参与学校教育

定期召开家长会，创设条件让家长与家长、家长与老师互相交流，分享家庭教育经验。学校成立家长委员会，开放课堂，提高家长参与学校教育的积极性与有效性，保证家长对学校教育的知情权、评议权、参与权和监督权。

（三）创建学生成长档案

建立学生个人成长档案袋，将学生平时情况记录下来，一学期一总结，及时与家长分享孩子成长过程的喜悦和烦恼。实施特殊生跟踪管理，制订计划，建立特殊生成长档案，邀请心理专家有针对性地进行跟踪辅导。

四、家校共育主要途径

（一）举办家长学校、成立家长委员会

学校举办家长学校的主要目的是要有计划地向家长宣传国家的教育方针、政策，宣传、推广、普及科学的教育方法，从而提高家长的教育能力，提高家庭教育的质量和效益。鉴于七中学生人数已近 2500 人，将分层开展形式多样的教育活动。如：组织开始"五会"，即家长委员会、家长会、家长培训会、家长座谈会、家教经验交流会（家长沙龙活动）。家长学校办公室要搞好家校联合方面的组织、协调、督办、存档等工作。

家长委员会是学校、教师与家长之间相互联系的畅通渠道，是家庭教育与学校教育相互沟通协调的纽带。七中家长委员会按"学校牵头、年段负责、服务全校"的原则，参与、落实各项活动。

1.学校家长委员会由政教处主任牵头，由年段负责各年级的家委会组成

各年段推举代表组成，其职责是：审议学校工作计划，参与学校的重大决策，听取学校工作总结，提出改进意见，督促学校各项工作的开展，为年段、学校提供一定的教育服务。

2.班级家长委员会则由班主任牵头，由班内家长推荐代表组成

班级家长委员代表家长的利益和愿望，对班级工作提出意见和建议，还可以审查修订班级工作计划，参与班级教育科研活动，参与班级管理及教师教育教学常规管理，督促班级不断调整工作思路，改进方法，达到最佳育人效果。

（二）召开家长会

按照学校统一要求，各年段必须定期召开家长会，做到有计划、有效果。七年级、高一年段刚入学安排一次，其他年段一般在阶段性考试后或根据本年段实际情况酌情另外安排。在家长会上学校领导及教师要把学校的办学方向、办学水平和教改的成果及举措告诉家长，也可介绍一些科学的育人方法，请有经验的家长作交流，老师和家长把孩子在校在家的表现相互通报，也可让学生参加，让他们亲身感受老师和家长都在关心他们、帮助他们，为他们操心，从而激发学生奋发向上自主管理、自主教育的意识。

（三）开展家委会成员驻校、"家长开放日"、"校长接待日"活动

作为家长，往往迫切希望了解孩子在校的成长与发展状况，学校举行"家长开放日""校长接待日"给家长提供了机会。开放日、接待日的时间定为每周星期五。根据不同年段教学、思想教育发展要求，各年段家委会至少每学期安排两个月驻校值班，并把驻校名单及时间上报政教处，由政教处统一安排相关活动事宜。活动内容包括：巡查学校环境、食堂卫生、教学区宿舍区等安全，督促课间课后学生活动情况，参观班级布置，检查教师常规教学工作（备、教、辅、批、考），翻阅学生作业，参加主题教育、社团、学校大型活动，观看学生成果展示等，让家长看到学校工作的整体水平和学生的发展水平，并提出有成效的建议或意见。

（四）教师定期家访

教师到学生家庭进行家访是重要工作内容之一，作为家长应热情接待。教师家访要仪表端庄，语言文明，一分为二地评价学生，与家长达成一致意见，切忌家访时附带其他与孩子无关的事，而有损教师形象。家长要认真了解孩子在校的表现，主动向老师介绍孩子的优缺点、个性及特长，与教师共同研究教子良方，使家庭教育与学校教育相得益彰。

（五）举办家长培训班

为了提高家教水平，达到家校共育的目的，学校定期分批举办家长培训班，让家长了解、支持、督促学校各项工作，学习孩子各阶段先进的育人经验，不断总结自己，改善方法，为孩子健康成长寻找科学有效的途径。

（六）建立家校联系微信群

家校微信群是学校与家长中交流最便捷、最有效的联系方式。学校要求各班级都建立家长微信群，做到家长全覆盖，不定时向家长介绍家教信息，家庭育子策略，亲子交往途径，并将学校办学思路、办学成果，以及年段、班级相关情况适时向家长通报，家长相关诉求、意见、建议等也能及时表达，学校互动、沟通顺畅，也有助于家长家校工作的稳步有效开展。

（七）家长志愿服务学校

家长服务学校活动是学校与家长、学生共同参加的活动，其主要形式

和内容有以下几种：

（1）家长参加开学典礼；

（2）家长参加班级表彰会；

（3）家长参加成人礼活动；

（4）开展家长经验分享活动；

（5）家长爱心提供"资助学金"。

家校共育融教师、家长、学生为一体，可增进相互了解与合作，加深相互间的感情，有利于调动三方的积极性，达到共同成长的目的。

根据上述 7 项家校合作的途径与措施，结合七中实际，进一步提出了"七彩行动"，并编写了《尤溪七中家校合作共育"七彩行动"实施方案》（见附件 9-1），为不同年段间家长提供了更多的交流与活动机会，使家校合作共育工作更加常规化、系统化、特色化。

五、共育途径具体要求

（一）召开家长会的要求

家长会是班主任、任课教师和家长沟通的平台，家长在家长会上不仅仅是关注学生的成绩，而更应该关注学生的成长过程，让家长树立全面正确的家庭教育观念。

1.家长会内容

家长会主要包括四个方面：一是向广大家长宣传党和国家的教育方针、政策和法规，宣传家庭教育的意义和作用，提高家长对家庭教育重要性的认识，指导家长认真遵守《中华人民共和国未成年人保护法》《中华人民共和国义务教育法》等法律法规，切实承担起法律赋予家长在培养教育子女方面的义务和责任。二是向家长传播科学的家庭教育知识、方法以及未成年人生理、心理发展特点和营养保健常识，指导家长对子女实施道德教育、素质教育及心理健康教育、安全教育等。三是引导家长应从更多的角度来发现学生的闪光点，让家长充分认识到孩子的优势所在，既而发展孩子的能力，给家长指明学生最佳的发展走向。四是引导家长密切关注学校教育、教学工作的重点、难点及热点问题，积极开展家庭教育理论与实践的调查与研究，为学校家庭教育的开展和建设提出意见和建议。

2.家长会原则

将尊重、平等、合作原则体现在家长会的全过程。学校、班主任要积极营造平等、民主的家校交流氛围,在家长会上充分尊重家长,耐心倾听家长的意见与建议,积极进行互动交流,在交流中探讨,在探讨中解决问题,使家校教育得以持续、健康、和谐地发展。

3.家长会准备

家长会必须做到准备充分:计划翔实、目的明确、中心突出、组织有序、时间选择恰当。家长会力求全面,又重点突出;既讲成绩,又谈不足;既有事例分析,又有理论阐述;既有商讨,又要指导。

4.家长会创新

家长会是家校联系的交流平台,学校应该充分利用有效资源,使家长会具有吸引力,让更多的家长积极参与到学校教育活动中来,获得他们的支持,调动他们的积极性与主动性。因此,家长会的内容和形式要不断充实和创新。家长会切忌形式单一,只谈学习,忽略了学生的思想、态度、情感以及生活发展能力等。应该形式多样、不拘一格。各班主任要积极探索、创新家长会的模式,把家长会建成一座心与心之间沟通的桥梁。

家长会有以下参考模式:

(1)活动式:让家长参与教师、学生的活动,在互动的氛围中相互沟通;

(2)交流式:就教育中的共性问题进行理论探讨,或做个案分析,或召开经验交流会;

(3)沙龙式:就一两个突出的问题进行亲子、师生、教师与家长的对话;

(4)报告式:就学生入学后某个阶段或某个共性问题,请专家做报告并现场答疑,以提高家长的教育素质;

(5)展示式:展览孩子的作业、作品或学生现场表演等,让家长在班级(学校)背景中了解自己的孩子;

(6)分类式:可根据不同的内容、类型,分别召开小型的家长会。

(二)组建家委会的要求

各班应当成立班级家委会,由3～5名家长组成,年段从班级家委会中再民主选举产生年段家委会,充分发挥年段家委会的作用,让家长帮助家长,家长培训家长。再从年段家委会主任中,通过"竞选演讲"活动,差额选举产生学校家委会。学校与家委会形成合力,让家委会监督学校教育教学管理、参与出谋献策、帮助解决问题。

（三）家访的要求

家访是家长会的延续和补充，是对学生个案有针对性的研究和教育，是密切联系学校和家庭的一个重要环节。

1.全员参与并确保家访率

班主任每学期登门家访数量原则上不少于20％。对特殊学生要常访、多访。科任教师也要参与家访工作，每学期要对所教学生登门家访不少于10％。

2.家访要突出重点和针对性

要坚持"六个必访"，必访家庭有经常违纪的学生；学习成绩明显下降的学生；家里出现重大事件的学生；学有潜力的学生、特长生；学困生、问题学生；心理和情绪不稳定的学生等。班主任记录家访简要过程、学生家庭和个人情况，以及家长对学校教育的意见和建议等。

3.家访要用心做好访前工作

家访前，教师要精心准备，设计好家访内容，确定家访的目的，明确要解决的问题，事先要与家长取得联系，告知家长家访时间，主动取得支持。

4.教师要宣传教育法律法规

家访中，要宣传家庭教育观念、教育方法；宣传七中教育改革的政策、规定及做法；宣传尤溪七中教育教学改革取得的成绩；通报学校发展情况和学生在校表现情况。了解学生家庭情况、家庭构成、家长受教育程度以及学生与家长的沟通程度，与家长共商提高学生学习能力和养成良好行为习惯的方法措施。家访要以表扬为主，多提学生的优点，多鼓励学生；讲学生缺点，要注意语气，以建议的方式表达。要尊重家长，耐心倾听家长的介绍与意见，做到因人而异，因势利导，切忌训斥学生和家长。

5.家访工作要建立制度规范

建立年段牵头，班主任组织，科任教师参与的全员家访制度。做到学校（班级）每学期有实施家访的方案；家访过程有记录，建立家访档案；期末学校有检查考核，并作为教师评优、评职的重要内容之一。

（四）家长座谈会要求

班主任在班集体建设中定期或不定期地召开学生家长座谈会，是开发家长资源的一种重要活动形式。它对班主任与学生家长保持密切联系，促进学校教育和家庭教育同步进行，形成集体的教育智慧，具有重要作用。

家长座谈会作为一种教育活动,需要班主任认真组织,讲究艺术,发挥其"立体教育"的作用。

班主任要开好家长座谈会必须做到以下几点:

1.小——规模宜小

除非必要,一次家长座谈会无须学生家长全部邀请来。由于时间、地点、工作性质的制约,把所有学生家长都邀请来一起座谈很不容易。即使都来了,人多嘴杂泛泛而谈,个别家长甚至连发言的机会都没有,效果也未必见佳。一般情况下以邀请3～6名家长为宜。且邀请时宜分门别类,如独生子女家长会、后进生家长会、家长经验交流会、女孩子的妈妈会等。

2.精——内容精炼,主题单一

家长座谈会最忌面面俱到,幻想通过一次家长座谈会把所有的问题都解决是很难的。每次座谈一定要目标明确,最好集中解决一个中心问题。或就学校和班级工作计划与管理措施向家长征求意见,或向家长汇报学生各方面的发展情况以求得家长配合教育等。只有内容精炼,主题单一,才能使家长在座谈会上有的放矢,话题集中,谈到点子上,谈得开阔;才能群策群力共同会诊,突破教育中需要解决的难点问题,实现目标。

3.实——内容实在

家长在百忙之中抽出时间来参加座谈会,倘若自己没有多大收获,那么会降低他们再来的兴趣。因此,家长座谈会一定要务实。每次家长座谈会都必须结合学生实际和家长实际展开讨论,确实解决一些实际问题。例如介绍学校、班级的教育教学工作,讨论家长关心的教育问题;互相通报学生在校在家的情况,研究教育学生的对策;探讨如何搞好家庭教育问题等。通过落实这些活动,使家长感到来了有所得,不来有所缺,从而激发他们积极参加下次座谈会的浓厚兴趣。

4.活——形式多样活泼

家长座谈会的形式是多种多样的。根据学生的学习情况,可召开汇报型家长座谈会;根据学生某一方面存在的问题,可召开专题型家长座谈会。家长座谈会没有固定的格式,班主任可根据具体的情况而定。但无论采取何种形式,家长座谈会都应该是班主任和家长思想的双向交流,而不是"一言堂"。要尽量改那种领导讲话、班主任汇报、优秀学生代表发言、留下个别家长训话等固定形式。家长座谈会不光需要严肃的教育话题,适时插入一些娱乐性内容,采取一些欢快活泼的形式,如唱歌、游戏、图片等,不仅可以大大活跃全场气氛,提高会议效果,而且可以使家长产生下次还想再来参加的愉快心情。

(五)家校沟通要求

充分利用微信群,深化家校沟通模式改革。对于大部分的教师和家长而言,微信群可以提高家校沟通的效率,这些信息包括学生在校表现情况、考勤情况、单元测验和考试成绩、学校教育方针政策、通知、期末评语等。班主任及任课教师通过校讯通和微信群可以即时把这些信息发送到家长手中,让家长能够及时了解学校动态发展、教师的教育理念,从而更好地了解孩子在校学习生活,指导孩子的学习和生活。对一些缺乏自觉性、自我控制能力较弱、经常会出现一些过失的学生,班主任或任课教师要及时通过电话联系家长,了解该生在家表现并及时告知学生在校情况。这样,教师和家长都能及时把握学生的基本情况,根据实际表现,富有针对性地督促他们完成各项作业,及时改正缺点,引导他们积极进步。学校要求班主任每学期电话访谈人数不少于班级人数的30%,科任老师不少于15%,并且做好电话访谈的记录。

(六)家长问卷调查要求

为了更有效、更有针对性地开展学校各项教育、教学活动,每学期学校将拟定一份家长问卷调查表,广泛征求家长对学校发展的意见、建议,最终学校将形成调查报告,对一些合理化的意见和建议及时反馈给责任部门并限期进行整改。调查范围和方式根据年级、班级需要确定,问卷调查不少于班级人数的30%。

(七)争取家长参与共育要求

学校确定每周五为家长开放日,专门接待家长,对家长反应强烈的问题进行集中访谈,对实际问题及时予以解决。这一天,年段也可以有针对性地准备一些有关的教育教学活动,让家长进课堂、进操场、进食堂、进宿舍去体验去感悟,增进对校方的了解,征求他们对班级的工作的建议和意见。这样做,有利于加强老师与家长的相互了解与信任,有助于争取家长对教师、对班级、对学校、对整个教育事业的关心、支持、帮助与合作。此外,还通过家委会成员轮流驻校参与共育。

（八）家长专题培训要求

为了帮助家长转变教育观念,提升家庭教育水平,引导家长以积极的心态去面对孩子在成长过程中的各类问题,以充满智慧和艺术性的方式开展与孩子的教育互动,积极主动地配合和协助学校的教学和教育工作,形成教育的合力,学校将和社会公益单位合作,每学期(年)组织开展一次家庭教育专题讲座。同时,安排心理健康专业教师根据学生的阶段性心理变化进行面对面心理调适的专题讲座。

（九）设立"校长信箱"

为了让广大家长、社会各界人士对学校管理、教育教学质量及师德师风建设提出合理化的意见和建议,学校决定设立"校长信箱",及时获取和收集意见,为工作提供参考。

六、考核评价

每学期政教处将对各年段、班级家校联系工作进行全面检查与考核评价(评价表见附件9-2),采取看、听、问、座谈的形式,看资料记载与积累,听教师的汇报,搞问卷调查,请家长、教师、学生座谈。最后总结经验,找出不足,提出修正意见,使家校联系工作向纵深发展。

各年段每学期召开1～2次家长会、组织1～2个月家长驻校活动、策划1～2次家校共育专题特色活动,录制视频资料。

第三节　让花儿尽情绽放

——尤溪七中家校合作共育叙事

育之根本目的是引领和促进一个人的健康成长,而一个小孩的成长之"根"从未离开过家庭,众所周知,一个小孩的健康成长还受社会环境的影响。因此,教育学生绝不仅仅是学校的事。正如苏联教育家苏霍姆林斯基所说:"家庭——是一个人应该学习做好事的起源之地。学校不能没有家庭的配合;学校里集体主义的道德文明在许多方面,就是开在家庭里的许多花朵的果实。"

一、家庭教育之困

1985 年 3 月,在一代鸿儒朱熹诞生地——福建省尤溪县城关水南创办了尤溪县第七中学(以下简称七中)。2016 年 8 月,学校迁到城区西边校址,是一个由一条小溪隔断完全独立的花园式校园。七中是一所完全中学,初中生源全部是在县城无房无户的进城务工或外出打工人员的子女,高中生源为尤溪一中招满之后的学生,也大多来自各个乡镇。基于生源实际和学校的地理环境,学校实行了周一至周五全寄宿全封闭管理。

(一)孩子很烦

——我妈妈赌博输了三十几万元;我爸爸做生意赔了一百多万元,他们要闹离婚,我归谁?

——爸爸,你好!念小学时,我成绩考很好的时候,你会抱我,会给我钱让我随意买东西。我成绩不好的时候,你会狠狠地骂我。这么多年来,你骂我的话我都记得:①你这个败家子;②你真不是个东西;③白生你这个玩意了;④你别回家了;⑤你给我滚;⑥别人都能考上(尤溪)一中,你怎么那么笨?老爸,我没考上(尤溪)一中心里已经很难受了,你还在骂我。你自己在政府工作已经 20 年了,人家都当上书记、县长了,你为什么还是科员?

——我最不喜欢父母的一点是吸烟、喝醉酒骂人、闯红（绿）灯、睡懒觉、讲脏话、偷看手机、一考不好就责骂、一做错事就批评等。

仅对初三一个班 58 位学生的调查，发出这些不同声音的学生超过三分之二。其中有一位学生写最不喜欢父母：吸烟；同时，他写最不喜欢自己：有吸烟等不良习惯。还有诸如男女交往遭到父母武断干涉、父母过于包办、过于管制、过于唠叨等等问题困扰着学生。

（二）家长很难

——我女儿最近老是接到班里一位男生打来的电话，说话含含糊糊的，我也猜不明白。您说咋办？

——我儿子上学期与班级里一位女同学要好，又是送生日贺卡又是一起去滑冰。可是这个学期刚开学不久，他又换了一位女友，不是上学期那位了。您说这孩子，小小年纪就花心，将来会不会变成他爸那么花心？

——老师，我哪里想给小孩买那么好的手机，我不买，他不上学了！

——我儿子一回家不是玩手机就是看电视，从来没有……

上述案例，来自多年来老师收集到的学生日记、作文和日常家访的材料。这些问题困扰着孩子，困扰着家长，也严重影响着我们学校正常的教育教学。

如何让家庭、学校、社会三者紧密结合，优化学校管理，提升家长素养，扩张孩子自然生命、社会生命、精神生命长、宽、高的"三个维度"，促进家长、老师、学生共同成长，成了七中面临的急迫解决的问题。幸运的是，七中 2012 年 7 月就已加入了朱永新教授发起的全国新教育实验，朱永新教授的家庭教育思想，也一直在影响着学校的办学思路，通过几年的探索，更加深刻地感受到家庭教育对学校教育的重大影响。因此，七中决定，新学校、新学年进一步全力推进家校合作共育行动。

二、家长有了学校

学校教育是社会发展到一定历史阶段的产物，未来的教育将是学习社会化。尤溪七中领导深刻地认识到，学习社会化的教育，是正规教育与非正规教育相互补充的教育，是教育—社会一体化的教育。

——家长是学校最重要的合作伙伴。家校合作是家庭与学校以促进学生的全面发展为目标，家长参与学校教育，学校指导家庭教育，相互促进,互相配合,互相支持的双向活动。在经济高速发展、信息爆炸的时代,学校比以往任何时候都更需要家长的支持。

——家长是学校最宝贵的教育资源。不同职业不同文化背景的家长,可以给学校带来丰富的教育内容,可以给学生带来更全面的生命滋养,并能为学校教育管理提供多种支持与服务。家长参与学校教育,能够最大限度地使学校与家庭共同承担起教育学生的责任,使学校拥有了一支强大的、默契的支持者和同盟军。

学校教育需要家庭教育奠基,家庭教育需要学校教育指导,这个重要平台就是家长学校。为此,七中从规范家长学校和家长委员会建设入手,一是突出家长主体,开展系列活动,让家长参与学校教育;二是以学校为主体,开展系列活动,完成学校对家庭教育的指导。在新学年开始,把家长学校建设列入学校学年工作计划。

——明确方向。家长学校要坚持社会主义办学方向,为广大家长和家庭服务。以提高家庭教育水平为宗旨,与家庭教育实践相结合,致力于提高家长科学育人、思想文化素养水平,推进家庭教育改革与创新。

——有权行政。家长学校与家长委员会建设,在实行校长负总责的同时,指定专门的学校班子成员,给定充足工作量,抓好工作的落实,确保行政到位,制度落实。

——有钱办事。一是学校对家长学校和家长委员会工作,按生均3~5元列入学年学校财务预算;二是争取企事业单位、社会团体、民间组织捐款等方式,做好家长教育项目购买服务;三是鼓励家长向有资质的家庭教育机构菜单式购买家庭教育服务。

——有人办事。每年,学校选派一批教师参与家长指导师和心理咨询师培训,目前尤溪七中有30位骨干教师已获国家三级以上心理咨询证书,努力建设一支专兼职的家庭教育工作和领导管理队伍,培养家庭教育志愿者队伍,努力使经营好家庭、维护好家风、涵养好家教,成为每一位教师的必修课。

——能办好事。制定家长学校和家长委员会工作实施方案,建立有序、有效的工作运行机制。真正做到有总体规划和年度计划,领导班子、教师和管理队伍健全,各项规章制度完善,教学场所、设施齐备,教学大纲、教学计划、教材、教学安排落实。

三、家长幸福成长

七中遵循尊重、相信、依靠和发展家长的家校合作共育理念,组织班子成员、班主任,聘请家庭教育专家、学者组成工作小组,对在校学生的家庭教育状况进行深入调查、组建规范的家长委员会、编制家长教育课程、选定家长教育教材等,有效引领家长健康成长和幸福成长。

——对在校学生的家庭教育状况进行深入调查。

一是编制"亲子关系图",从调查学生的父母关系、亲子关系入手,了解和掌握学生家庭教育现状。

二是编制问卷,以无记名方式全方位调查学生对父母和老师的建议、父母对孩子的教育方式等。

三是组织学校领导、老师深入乡镇、社区、家庭,通过广泛的访问等活动,掌握留守儿童、特殊生等家庭教育问题。

四是通过家长委员会成员了解家长对家长学校、家长委员会建设的基本要求。

——组建规范的家长委员会。

在调查的基础上,编制了《尤溪七中智慧家长幸福成长工程实施方案》和《尤溪七中家长委员会暂行管理办法》,并对本学年的家长学校工作和家长委员会建设作了全面安排。如家长委员会建设,首先向学生家长发放征求意见表,广泛征求家长对建设家长委员会的意愿;其次班主任、科任、年段长根据家长的意愿和学校的需要进行协商,推荐产生班级和年段家长委员会。

七中家长委员会,是在班级和年段的家长委员会委员中选举产生。2017年3月10日上午,学校隆重举办第一届家长委员会成立大会,陈利灯校长作学校工作汇报,会议通过投票选举产生首届家长委员会常务委员9人。

在七中家长委员会做出明确分工后,初步建立了家长委员会委员驻校制度,让委员们摸清学校师生的一日生活,使他们从"参与—知情—监督—决策—沟通(家庭与学校)"五个环节中,理清了基本的工作思路,为家长委员会工作顺利开展奠定了基础。

——编制家长教育课程。

根据《全国家庭教育指导大纲》和中学生的生理、心理特点及本地区家庭教育实际,聘请专家和组织教师做好家长教育的课程编制工作。

一是编制学生的自我教育通用课程。如生长与发展、健康心理、认识自我、两性的自我了解等课程;

二是编制特殊生家长教育指导课程。如单亲家庭、留守儿童等的家长教育系列指导课程;

三是编制家长教育的阶段性课程。如对初一学生家长设置了"成熟与幼稚,适应初中阶段特点"的培训课程;对初二和初三学生家长设置了"觉醒与困惑,面对青春期性教育"等12期系列培训课程。对高一学生家长设置了"变化与适应,尽快融入高中学习生活"等12期系列课程。

——选定家长教育教材。

一是选用家长教育通用教材。七中选择福建省教育厅编写的系列家长学校教材《爱的智慧》。该教材的教育理论、教育思想、教育内容、教育原则体现了时代性、科学性和规律性。同时采用案例导入、方法选用等形式,突出了现实性与可操作性,是综合性、系统性、整体性较强的教材。

二是选好家长学校教师教材。通过多方遴选,七中选定了中国家庭教育百名公益人物陈仁德主编的《家长学校教师培训教程》,将它作为家长学校老师的培训与学习的教材,做到人手一册。

四、家校合作共育

七中选择初一、高一新生年段作为本学年家校合作共育全力推进的试点,建立了较为规范的家长学校和家长委员会。

——建立规范的家长学校。七中家长学校以"智慧家长幸福成长工程"为主题,与福建省广播电视大学合作,以项目购买为主要方式,利用多种专业课程资源,为教师、学生和家长服务。

一是教师培训。通过培训让教师全面理解依靠家长的意义、作用等。2016—2017学年七中开学前的教师培训的一项主要内容,就是由福建广播电视大学提供的"架起心灵彩桥"课程。2016年8月26日上午,福州二中原党委书记郑捷教授的《家校合作 回归教育本质》专题讲座,郑教授娓娓动听的演讲激起与会者深深的共鸣,现场时不时响起热烈的掌声。当天下午,宁德师范学院教授郭正光校长带来激情四溢的演讲《落实家长教育 提高学生素养》,郭校长信手拈来许许多多近在身边的教育故事,使大家深受启发,备受激励。通过学习与交流,全体教师明确了家庭教育的重要性,与会教师纷纷表示要加强家长教育问题的研究与实践,因为"教育一个家长,幸福一个家庭,和谐整个社会"。

二是学生培训。通过培训让学生知道父母对自己成长的影响,以小手拉大手的方式让父母能积极参与家长培训。2015年9月26—29日晚上,中国家庭教育指导师、福建省家长学校教材主编陈仁德老师利用四个晚自习时间为初一、高一年段师生作了《帮助家长落实主体责任,促进亲子心灵共同成长》的精彩讲座。陈老师结合自己多年的教育实践和研究,从家长教育的现状、家长教育的实践探究、家长教育的概念谈起,阐述了家长教育的原则和原理,并强调家长教育不等同于家庭教育、孩子问题本质上是家长问题、家长素质决定了孩子成绩、夫妻关系重于亲子关系等。整场讲座陈老师激情四溢,妙语连珠,比喻形象,例子生动,建议实用,不时引得阵阵掌声和笑声。让每个学生深刻地感受到自己的父母要接受再教育。

三是家长培训。"智慧家长 幸福成长"课程的目标是,让家长更能享受为人父母的"趣";让家长"善"于与孩子沟通;让家长"勇"于担当为人父母的责任;让家长更"敢"于全面参与子女成长的教育事务。

为了让所有家长能受益于"智慧家长 幸福成长"课程,学校将同一课程分两次安排,要求家长必须选择一次到位,没有特殊情况不代理,否则都算缺课,不能给予相应学分。有的家长参加培训后,深受启迪,就让自己的爱人来参加第二次安排的课程,以致这个培训误程的家长参训率超过了120%。

针对初一、高一家长的人数,一天的课程分四次安排,2016年11月18—19日针对初一家长,11月25—26日针对高一家长。该课程内容包括陈利灯校长的《家庭教育是孩子教育不可或缺的力量》、福建师范大学的硕士研究生导师邱孝感教授的《智慧家长,幸福家庭》、福建省特级教师、宁德师范学院郭正光教授《落实家长教育,提升学生素养》、家庭教育指导师陈仁德老师的《落实家庭教育主体责任,构建和谐幸福家庭》等主题讲座和互动交流。

培训当日午餐时间,陈利灯校长陪同家长们走进学生餐厅,实地查看厨房环境卫生、餐具消毒、原料采购等工作,切身体验学校食堂生活,进行亲子活动。家长们来到食堂,和孩子们一起洗手,一起排队,一起打饭,食堂里秩序井然。家长们和自己的孩子一起共进午餐,他们的脸上荡漾着幸福的笑容。

培训当日中午,家长们到孩子们所在的班级,各班班主任和任课教师就如何正确引导孩子培养良好的学习习惯、行为习惯,如何注意安全等事项与家长进行了互动交流。与会家长积极交流家教经验,表达了自己将一如既往地支持学校工作,密切配合教师共同教育孩子的愿望。

讲座交流结束,家长还要经过孩子发展和父母教养态度测试环节。通过测试,让很多家长明白和自己长期生活在一起的孩子,对他们的学习与生活具体情况模糊不清,只有做到"情况明、方法对"才能教育好自己的孩子。培训结束之际,学校赠送给家长一张"落实家长主体责任"2017年年历,让广大家长时刻牢记自己养儿育女的责任。

——全面落实家长委员会工作职责。让家长委员会发挥应有作用,让绝大多数家长都能参与孩子教育,完善工作职责的同时,还制定了具体的实施方案——《尤溪七中家校合作共育"七彩行动"实施方案》,树立了"老师和家长是志同道合的教育同盟军,共享孩子成长阳光"的家校合作思想,明确了家校共育七彩目标:阳光、协同、服务、选择、分享、解决、成功。理清了家校共育思路。

一是红色·爱之旅:家长义工队伍建设。制定《尤溪七中家长义工实施方案》,分别建立了家长监督员团队、家长公益团队和家长教师团队。特别是家长教师团队,根据来自不同行业和领域、专长各异的家长,通过调查摸底,组建"家长教师"课堂,通过摸排组合,使家长教师课程成为规范化、系统化、菜单式、互动式的家校课程体系。

二是橙色·健之旅:成立家长俱乐部,确定亲子拓展基地,开展亲子实践活动。

三是绿色·思之旅:"萤火虫"亲子读书沙龙活动。以"营造书香校园、建设书香家庭"为主要目标,制定具体的阅读实施方案和书香家庭评估细则,明确亲子阅读在时间、空间、程序、图书数量、阅读任务、考核检查等方面的具体要求。

四是青色·行之旅:建立家长微课堂。家长微课堂分为校级讲堂、级部讲堂、个案讲堂三类,分别由学校、年段、班级家委会承担。

五是蓝色·恒之旅:家长漂流日记。即每学年每个班级的每一位学生家长把自己教育子女的经验、做法和在教育过程中出现的问题、产生的困惑,以及对学校、教师的合理化建议等,写成书面材料,由家长委员会负责人审阅后装订成册,在学校老师、家长漂流中实现各项工作的改进与提升。

六是紫色·信之旅:家委会一日驻校办公。驻校人员做到"七个一",即听一节课,与一位老师交谈,与一位学生谈心,与一位学校班子成员(含年段长)交流,与一位学校后勤人员交换意见,参与一次学生用餐管理,参与一次监考或学生宿舍值班清洁工作。

七是黄色·和之旅:建立学校老师、学生、家长委员会成员、所有学生家长的常规培训制度。充分利用家长委员会平台对接社会力量,做好家长教育培训、学生与教师的培训工作。研发、制定、落实《班级公约》和与之相适应的《家庭公约》,使老师、学生、家长在学习培训中形成共识,实现家校和谐、师生和谐、亲子和谐。

——完善落实家校合作的考核评估。尤溪七中家校合作考核工作,每半年进行一次;家长教育检查评估,每年进行一次,考核评估结果存入档案。考核内容:

一是家长教育的领导管理与组织建设;

二是家长教育的办学条件和教学管理;

三是家长受教育率是否达90％以上、考核合格率达80％以上;

四是家长实施家庭教育态度的变化、环境改变和水平提高等;

五是家长学校领导、教师论文发表和课题研究情况;

六是家校合作对学校精神文明建设的作用等方面。

七中家校合作共育行动,融合了家庭与学校的关系,家长、老师与学生在"爱、温暖、亲密"的关系中共同成长,拓展了自然生命、社会生命、精神生命的空间,绽放出生命的精彩。

学生如春天的花朵,校园如美丽的花园,家校合作共育正如明媚的阳光。七中正在用家校合作共育实际行动,让花朵在蓝天下尽情地绽放!

附件 9-1 尤溪七中家校合作共育"七彩行动"实施方案

为了办一所能遵循教育规律,回归教育本真,尊重人格教育、促进可持续发展的新教育学校,使广大学生"过一种幸福完整的教育生活",根据国家中长期教育改革发展规划纲要及教育部关于家长委员会建设工作等指导意见,结合学校的工作实际,牢固树立"老师和家长是志同道合的教育同盟军,共享孩子成长阳光"的家校合作理念,精心打造学校、家庭、社区三位一体的育人机制,努力形成目标同向、措施同步、快乐同享的工作合力,特制定家校合作共育"七彩行动"实施方案。

一、指导思想

以党的十九大精神为指导,深入贯彻落实习近平总书记关于注重家庭、注重家教、注重家风的系列讲话精神,按照"立德树人"总任务要求,着力构建学校、家庭、社区三位一体的教育网络,充分发挥家庭、社会在学校教育中的作用,实现学校教育、家庭教育和社会教育的有机结合,实现"优势互补,资源共享,相互促进,共同提高",培育和践行社会主义核心价值观,全面提高学生的核心素养,为实现中华民族伟大复兴中国梦服务。

二、家校合作共育七彩目标

(一)阳光

家校共育培养学生具有阳光的心态和人格。

(二)协同

家校共育,让家长做教育的知情者、建议者、协同者、参与者、监督者。

（三）服务

促进家校合作,服务学生发展,让每一位学生全面发展、多元发展和个性发展。

（四）选择

提供丰富多彩的家校活动菜单,让学生、家长根据实际进行个性化、多样化选择。

（五）分享

家校之间、师生之间、亲子之间、生生之间分享经验、分享快乐、分享成功与失败,丰富学生成长经历。

（六）解决

挖掘学校家委会管理、协调、评价等功能,合力解决家庭育子、学生成长中的各种问题。

（七）成功

家校合作,引导学生认识自我、建构自我、超越自我,帮助每一个学生获得成功。

三、家校合作共育思路(七彩之旅)

一是红色·爱之旅:家长义工队伍建设。

二是橙色·健之旅:开展亲子实践活动。

三是绿色·思之旅:"萤火虫"亲子读书沙龙活动。

四是青色·行之旅:建立家长微课堂。

五是蓝色·恒之旅:家长漂流日记。

六是紫色·信之旅:家委会一日驻校办公。

七是黄色·和之旅:用培训促和谐。

四、家校合作共育原则

（一）目标一致原则

更好地促进孩子身心健康、全面、个性化的发展，实现教师、父母与孩子共同成长，让家庭、学校、社会的所有人过一种幸福完整的教育生活是家校共育的共同目标。

（二）地位平等原则

家庭、学校、社会共同制定规则，确保边界，保障理念的统一性，决策的公开性，最后实现共同治理。

（三）尊重学生原则

在制定各项制度、拟订各项计划中，无论是家庭、学校、社会还是成人和儿童，都必须保证各自的权利，确保在决策上的权利均衡。

（四）机构开放原则

家庭、学校、社会彼此敞开大门。特别是作为合作主导方的学校向家庭和社会开放，家校共同体向社会开放，吸纳更多的社会力量参与。

（五）方法多样原则

家校共育的方法多种多样，没有固定的模式。

（六）长期合作原则

学校的家长委员会制订长期有效、可操作性强的工作计划，明确具体的负责人员。同时确保计划内容的科学性、分工明确，责任到人。

（七）多方共赢原则

家庭、学校、社会及其他成员共同收获共生多赢的硕果，让每一个家庭生活幸福而完整。

五、家校合作共育工作安排

（一）健全组织机构

略。

（二）组建家校合作共育项目团队

略。

（三）家校合作共育"七彩行动"的实施

1.启动试点阶段（2016 年 8 月—2017 年 7 月）

2016 年 8 月，尤溪七中举办"智慧家长幸福成长工程"启动仪式。明确新时期家庭教育工作的意义、主体责任、重要作用、社会支持网络和基本保障措施等，以"终身学习，从做家长开始"的理念为引领，力争全校 95% 的家长接受系统的家长教育专业培训，确定以七年级、高一两个年段作为试点。

试点年段主要工作任务：

（1）教师培训。在福建广播电视大学家长教育专家团队的指导下，一是以家长的"困惑、期待、愿望"为切入点，以"家校携手，提升整体教育质量"为主题组织学校班子成员开展关于家长教育沙龙活动，共同商讨家长教育策略。二是以"教师重在观念改变，学生贵在习惯养成"为目标，以《家长学校教师培训教程》为主要课程，以学生年龄段的生理、心理特点为主要依据，对学校全体教师实施通识培训，让广大教师掌握家长教育的基本知识和技能，为全面铺开家长教育奠定基础。三是以"家长教育志愿者在行动"为主题，以如何服务家长，做好家校沟通为主要目标，组织试点年段的相关教师做好专题培训工作。以年段为面，以特殊生家长为点，有针对性地开展家长教育沙龙、个案咨询等活动。同时把家长学校教师培训列入继续教育培训。四是鼓励学校教师参与专业的家庭教育指导师培训。

（2）学生培训。一是以学生年龄段的生理、心理特点为切入点，以增强学生自信心和学习方向感为主要目的对学生实施培训。二是以"爱是需要学习"为主题，以当前部分家长因不懂爱而对孩子产生"错爱"造成恶果为主要内容对学生实施培训，让广大学生理解、支持家长教育，实现亲子共同成长。三是针对特殊生开展亲子面对面等系列教育培训活动。

（3）家长培训。成立规范的家长学校，提倡"学生入学、家长进校"，每学年家长与学生一起"开学"；开学第一天，家长们通过听讲座、学习基本家庭教育知识，对孩子新学年可能遇到的问题做到心中有数。在此基础上，一是家长学校与省广播电视大学合作，利用多种专业课程资源，每学年进行 2～4 次以"和谐夫妻关系、亲子关系"等系列主题的"智慧家长幸福成长"教育技能操作培训；二是以小沙龙、拓展活动、面对面为主要形式的培训活动，引导家长根据培训内容和家庭实际完成操作性作业，建立家长教育的个人档案，促进家长的专业成长；三是引导鼓励家长充分利用碎片时间参与手机家长网校的学习，完成相应学时，促使家长从普通型家长向"教练型"家长转变。根据家长学习情况，为家长颁发家长学习证书。

（4）成立规范的家长委员会。在开学第一天初步培训后，年段班主任牵头建立班级家长微信群，通过家长群中的交流、电话沟通、家访、家长访校等互动方式，让家长了解班级、了解学校、了解家长，老师从中了解家长，期中考后组织召开家长培训会，分别以班、年段、学校为单位，成立规范的家长委员会，研究、制定家长委员会职责，进一步明确家长委员会的"决策、管理、培训"三项主要职能。根据家长的主体责任，制定和落实家长基本职责。初步建立家长委员会委员驻校制度，让他们"参与—知情—监督—决策—沟通"学校教育教学情况，充分发挥家长委员会参与学校管理、服务学校的作用。组织编写《家长委员会工作手册》，该手册含有家长委员会管理办法、工作职责及选举办法等 13 项内容。拟定并修改《尤溪七中家校合作共育"七彩行动"实施方案》。

2.实施推广阶段(2017 年 8 月～2020 年 7 月)

在总结试点经验的基础上，2017 年 8 月学校全面推广尤溪七中家校合作共育"七彩行动"。具体工作任务如下：

（1）完善学校家长委员会和家长学校的规范化制度建设；

（2）进一步完成"如何做一个合格家长学校教师"的全员通识轮训；

（3）组建以班主任为骨干的家长学校教师团队，实施专题培训培养家长学校的师资队伍，再对家长和学生进行培训；

（4）边实施边完善尤溪七中家校合作共育"七彩行动"的内容。

（四）设计学生成长记录表

每生一份，每班装订成册，各班级按要求及时记录学生在教育教学活动中的不足和取得的各项成果，及时装入档案袋。结合"每月一事"及时进行表扬和鼓励,结合"升级处置方法"及时进行适当处理。

(五)创新形式,抓出特色

充分利用"校讯通""家长微信群""校园网""电子班牌"等发挥现代信息化资源优势,及时上传学校教育教学的正面信息、视频等,及时反馈学生在校的学习情况和行为习惯,及时沟通互动。

(六)将成果汇编成册

按家校合作共育"七彩行动"的内容,确定负责人指导相关年级实施"七彩行动",分类收集整理过程性材料,每学期汇编成册。

项目名称	拟定主题	家委会负责人	学校负责人	学生代表	时间设定
红色·爱之旅	家长义工		陈书来		
橙色·健之旅	亲子实践		陈书来		
绿色·思之旅	亲子阅读		徐华玉		
青色·行之旅	家长微课堂		刘联疆		
蓝色·恒之旅	漂流日记		陈云		
紫色·信之旅	家长驻校		刘联疆		
黄色·和之旅	家长学校		吴厚感		

六、工作要求

(一)高度重视

实施家校合作共育"七彩行动",是践行社会主义核心价值观的基础性工程,是建设和谐校园、幸福校园,提升教育整体水平的重要载体和有效途径。学校每一位教师要明确"政府引领、教育部门主管、学校主办、部门协作、社会力量参与"的家庭教育思路,进一步提高对实施智慧家长教育成长工程的认识,明确家长教育的主体责任,积极主动地参与家长教育各项活动。

(二)明确责任

各处室、年段要有具体责任人,确保工作落实到位。要根据有关要求制订具体可操作性的教育计划,搞好教学保障以及教学的组织实施等工作,要切实做好协调、服务工作。试点年段要全面负责,确保组织落实、队伍落实、责任落实、工作落实,鼓励家庭教育志愿者积极参与。

(三)精心组织

家校合作共育"七彩行动"是一项系统性、知识性和专业性很强的工作,需要各方的共同努力和参与。试点年段要广泛吸纳各方力量,集合智慧、融合资源,打造教育品牌,形成工作合力。要精心计划,瞄准家庭教育中的倾向性问题,找准家庭教育指导科学发展的着力点,创新家庭教育载体,吸引更多的家庭和社会成员参与教育,扩大教育的影响力、吸引力。

(四)结合实际

家校合作共育"七彩行动"要紧紧围绕教育局的中心工作,与提升整体教育质量、打造平安校园等重点工作结合起来,统筹兼顾,协调推进。要以"家长教育贵在观念改变,孩子教育重在习惯养成"为着力点,不断探索"家庭、学校、社会一体,老师、家长、学生培训同步"的课程研发和协同培训机制,营造"政府引与导、学校鼓与呼、小手拉大手"的良好家庭教育氛围,促进家长教育的全面普及。

(五)抓好总结

坚持边实践、边总结、边完善,合力推进智慧家长幸福成长工程的全面实施。要充分利用校刊、网络、电视等媒体,及时推广开展智慧家长幸福成长工程的先进经验和工作典型;进一步加大宣传推广力度,创新工作方法,不断提高推进的工作水平,努力营造一种教育和谐发展的氛围。

七、家校工作评估

(1)学校和家委会共同制定项目落实评估细则,着重从有项目计划、有负责人、有主题、有过程性材料、有成效等各方面给予量化考评。

(2)发放教师、学生、家长项目落实问卷调查表,重点调查项目设计的可操作性、效果和三方的满意度。

(3)学校制定相应的奖励措施,确保家校各个共育项目落到实处。

(4)完成家校合作共育考评表(年段)。

附件 9-2　尤溪七中家校合作共育活动评价表

被考核年段：　　　　　　　　　　　　　　年　　月　　日

考核内容 及分值	工作要求及评分标准	考核办法	得分	备注
成立家委会 （10分）	1.成立家长委员会，有相关工作制度、计划。（4分） 2.定期开展活动，每学期不少于2次，且图片等资料齐全。（6分） 3.无工作制度扣1分，每少开展1次活动扣2分，印证材料不全酌情扣1～3分。	看材料		
召开家长会 （20分）	1.每学期学校召开家长会不少于一次，会议图片、讲稿等资料齐全。（10分） 2.每学期班级召开全体或部分学生家长会议不少于2次，资料真实、齐全。（10分） 以上资料不全酌情扣1～3分。	班主任工作 手册记录		
举办家长开放 日、周（20分）	按学校布置要求，根据每周五的家长开放日的安排，年段分期组织内容丰富，形式多样，效果良好，图片等影像资料齐全、真实。（10分） 无活动安排，资料不详实酌情扣1～3分。	看材料 询问家长		
密切家校联系 （10分）	1.能在年段走廊或学校橱窗开创家教专栏，内容丰富，效果良好，每学期不少于1期。（大于10分） 2.能在校外或社区开辟长期的"家教专栏"或"优秀家长"栏目，内容丰富，导向效果好。（大于10分） 3.积极开展多媒体网络（微信等）沟通、交流平台，效果良好。（大于10分） 4.开办校报，并能展示学生风采，引导学生健康成长；能展示教改成果，能指导家教工作，引导家长支持学校工作，提高家校共育水平，每学期不少于1期。（大于10分） 以上资料不全者酌情扣1～3分。	看图片、材料、 询问学生		

续表

考核内容 及分值	工作要求及评分标准	考核办法	得分	备注
开展家访活动 （30分）	1.建立家访工作常态机制,每学年内家访学生数达到全覆盖,每学期班主任家访不得少于25次、科任老师不少于8次。（30分） 2.每少家访一人次扣1分,班主任每少家访一人次扣0.5分。有记录单位及图片资料,以上资料不全酌情扣2~5分。	看家访图片、家访记录、询问学生		
家校互评工作 （10分）	1.通过调查问卷、座谈等形式请家长代表对学校教育教学工作、师德师风、学生素质进行综合评价,并有相应的统计结果及整改措施。（5分） 2.能积极组织教师、学生、家长开展"优秀家长"评选活动,并对评选结果进行公示,效果良好。（5分） 以上两项不开展者不得分,资料不全者酌情扣1~2分。	看档案、询问学生		
年段总得分:				

参考文献

一、著作类

[1]朱熹.四书集注[M].上海:中华书局,1983.

[2]冯友兰.中国哲学简史[M].北京:北京大学出版社,2010.

[3]奈杰尔·沃伯顿.40堂哲学公开课[M].肖聿,译.北京:新华出版社,2013.

[4]苏霍姆林斯基.给教师的建议[M].武汉:长江文艺出版社,2014.

[5]叶圣陶.叶圣陶教育文集[M].北京:人民教育出版社,1998.

[6]朱永新.中国新教育[M].北京:中国人民大学出版社,2012.

[7]朱永新.我的阅读观[M].北京:中国人民大学出版社,2013.

[8]朱永新.致教师[M].武汉:长江文艺出版社,2015.

[9]朱永新.未来学校——重新定义教育[M].北京:中信出版集团,2019.

[10]查尔斯M.赖格卢特,詹尼弗R.卡诺普.重塑学校:吹响破冰的号角[M].方向,译.福建:福建教育出版社,2010.

[11]陈之华.芬兰教育全球第一的秘密[M].北京:中国青年出版社,2018.

[12]李聃.道德经[M].西安:三秦出版社,2015.

[13]李金钊.基于脑的课堂教学框架设计与实践应用[M].上海:华东师范大学出版社,2013.

[14]霍华德·加德纳.多元智能[M].沈致隆,译.北京:新华出版社,1999.

[15]帕克.帕尔默.教学勇气——漫步教师心灵[M].吴国珍,译.上海:

华东师范大学出版社,2014.

[16]方明,编.陶行知教育名篇[M].北京:教育科学出版社,2005.

[17]李镇西.做最好的老师[M].广西:漓江出版社,2019.

[18]布鲁姆,等.布鲁姆掌握学习论文集[M].福建:福建教育出版社,1987.

[19]蔡尚思.十家论孔[M].上海:上海人民出版社,2006.

[20]张岂之.中国思想史(上册)[M].上海:上海书店出版社,2003.

[21]于丹.于丹《论语》心得[M].上海:中华书局,2006.

[22]张东娇.学校文化管理[M].北京:教育科学出版社,2013.

[23]拉塞尔·L.阿克夫,丹尼尔·格林伯格.21世纪学习的革命[M].杨彩霞,译.北京:中国人民大学出版社,2010.

[24]董平.传奇王阳明[M].北京:商务印书馆,2011.

[25]李政涛.做有生命感的教育者[M].北京:北京师范大学出版社,2010.

[26]凌宗伟.好玩的教育——学校文化重建五讲[M].上海:华东师范大学出版社,2015.

[27]李政涛.倾听着的教育[M].上海:华东师范大学出版社,2018.

[28]倪敏达.《礼记·学记》的教育智慧[M].北京:中国华侨出版社,2017.

[29]周国平.周国平论教育:守护人性[M].修订版.上海:华东师范大学出版社,2017.

[30]德鲁克.卓有成效的管理者[M].北京:首都师范大学出版社,2011.

[31]朱高正.近思录[M].北京:首都师范大学出版社,2011.

[32]陈康金.我与教学案——一个中学校长的创新之路[M].上海:文汇出版社,2009.

[33]刘正荣.整体课堂管理教师手册[M].北京:北京教育出版社,2015.

[34]苏锦秀."五环"教学模式实践研究[M].武汉:湖北科学技术出版社,2016.

[35]艾斯奎斯.第56号教室的奇迹:让孩子变成爱学习的天使[M].卞娜娜,译.北京:光明日报出版,2017.

[36]黄武雄.学校在窗外[M].北京:首都师范大学出版社,2011.

[37]吴非.致青年教师[M].北京:教育科学出版社,2011.

[38]吴刚平.校本课程开发[M].成都:四川教育出版社,2002.

[39]吴甘霖,邓小波.孩子自觉我省心[M].广西:接力出版社,2014.

[40]蔡真妮.用尊重成就孩子的一生[M].广西:漓江出版社,2010.

[41]鲍传友.做研究型教师[M].北京:教育科学出版社,2009.

[42]吴非.不跪着教书[M].上海:华东师范大学出版社,2004.

[43]安德斯·艾利克森,罗伯特·普尔.刻意练习:如何从新手到大师[M].王正林,译.北京:机械工业出版社,2018.

[44]贾容韬.改变孩子先改变自己[M].北京:作家出版社,2013.

二、期刊类

[1]习近平.决胜全面建成小康社会　夺取新时代中国特色社会主义伟大胜利——在中国共产党第十九次全国代表大会上的报告[N].人民日报,2017-10-27(10).

[2]习近平.在北京大学师生座谈会上的讲话[N].人民日报,2018-05-03(5).

[3]习近平.坚持中国特色社会主义教育发展道路　培养德智体美劳全面发展的社会主义建设者和接班人[N].人民日报,2018-09-11(9).

[4]习近平.在纪念孔子诞辰2565周年国际学术研讨会暨国际儒学联合会第五届会员大会开幕会上的讲话[N].人民日报,2014-09-25(09).

[5]李艳华."长善救失"教学原则的今日解读:读《学记》有感[J].现代教育科学(普教研究),2010(4):18-19.

[6]胡玉洁,尹逊才."长善救失"思想在教育中的传播与发展略论[J].新课程研究,2015(2):33-36.

[7]梁涛.孟子"道性善"的内在理路及其思想意义[J].哲学研究,2009(7):28-35,128.

[8]武东生,宋怡如,刘巍.立德树人是新时代中国特色社会主义教育发展的根本任务[J].思想理论教育导刊,2019(1):66-70.

[9]柳彩娟.孟子性善思想中的至善境界[J].云南社会主义学院学报,2012(5):354-355.

[10]李建新.布鲁姆"掌握学习"理论在教学中的应用[J].四川师范大学学报(社会科学版),1999(1):29-32.

[11]张桃梅.布鲁姆"掌握学习"理论述评[J].西北师大学报(社会科学版),1990(2):73-76.

[12]刘崧."教育即生长"与性善论[J].教学与管理,2015(8):1-4.

[13]陈利灯.课改人必须有的品质[J].山东教育,2012,(4):127.

[14]陈利灯,陈仁德.让每一朵花都尽情绽放——尤溪县第七中学"家校合作共育"叙事[J].福建基础教育研究,2017(11):28-31.

[15]陈利灯.学情分析有效服务教学的实践研究[J].福建基础教育研究,2019(5):15-16.

后　记

在尤溪七中任职八年(2011 年 8 月—2019 年 8 月),笔者有幸先后成为福建省骨干校长(2012 年—2015 年)、名校长(2017 年至今)培养人选,在接受培养的过程中,受益最大的就是专家团队对学校办学思想凝练的引领,一是让笔者更加坚定了走长善教育之路;二是按照专家的引领不断思考与完善长善教育体系的构建。也正是基于此,才有了《长善教育》一书的出版。

在本书编撰过程中,笔者紧紧围绕尤溪七中多年来对长善教育的实践探索成果,力图使各部分内容更好地表达出长善教育符合师生的成长规律、学校的发展规律,让教师感受教育是"有道"的,同时引领教师去探索教育之道,走教育幸福之路。

首次编写专著,从专著资助出版申请论证会上得到福建教育学院专家团队的指导,到初稿出来得到福建教育学院郭春芳书记的全方位指导,不胜感激。这个过程特别令人感动的是,笔者将初稿发送给郭书记仅 10 天,他就通过邮件发来 3200 多字书面指导意见,内容包括本书初稿的亮点、存在的问题及建议和关于办学思想专著写作的基本要求。按照郭书记的指导意见,笔者用了将近 4 个月时间进行修改,将第二稿发给郭书记指导,三个月后,郭书记利用在宁德论坛见面之机,专门找笔者面对面指导,并且又给了八条书面建议。此次指导,最令人感动的是,其中第八条的建议是"具体修改意见、建议见文稿",翻开他打印出来的全书文稿,看到的是,大到思想表达的不充分、整段文字重复的指出及不适合的报道类的文字要删除等,小到错别字、标点符号的订正等,如此用心、细心,让笔者不敢怠慢。

经历一次这样的写作过程,笔者深刻感受到这不仅是一次多年办学实践的梳理,更是一次教育思考的洗礼。在此特别感谢郭春芳书记及他带领的团队。同时也非常感谢贵阳市教育局党委原副书记兼副局长陈仕儒先生,2016 年的一次偶遇之后,一直关心笔者的成长和七中的发展,此次,冒昧请他帮助写序,他欣然接受,很是感动。还要感谢七中陈当尧副书记、卢佳参副校长、廖燕情副校长、廖燕仁副校长、池淮清主任、卢佳地主任、胡凤龙副主任等一班人的全力支持,尤其是陈当尧副书记为第二章的内容做了很好的补充。

　　《长善教育》的出版是对尤溪七中多年来实践长善教育的总结,有今天这样可喜的成果,这当中有全体七中人的辛勤投入,有七中领导班子在实践中作出的表率。长善教育各项制度的建设、完善和落实都是全体七中人集体智慧的结晶。在此,向全体七中人致以深深的敬意和衷心的感谢,并以此书诚挚祝愿尤溪七中持续优质发展。

陈利灯

2020 年 12 月